# 王船山莊子學研究——論「神」的意義

施盈佑　著

## 作者簡介

施盈佑，1976 年生，臺灣臺南人。畢業於中興大學中國文學系夜間部（1995 年 7 月～1999 年 7 月）、靜宜大學中國文學系碩士班（2002 年 7 月～2006 年 7 月），現為東海大學中國文學系博士班研究生（2006.9~），研究領域以王船山思想為主要範疇。著有〈再探王逸《楚辭章句》之注釋型態〉、〈王船山莊學之研究：論「神」的核心意義〉、〈從《論語微子篇》管窺孔子「隱」之真實義涵〉、〈船山莊學之研究：探析「凝神」之飽滿義涵〉、〈王船山《詩經》學之開展運用：試析《宋論》中的「主體──《詩》──歷史」〉、〈戴震「理」觀的一個面向：從「後儒以理殺人」談至「分理」的人道貞定〉、〈論《射雕英雄傳》的郭靖：以《中庸》「擇善而固執之者也」作為詮解視野〉〈女性、自覺、解放、困境：李元貞《女人詩眼》的四重協奏曲〉、〈王船山《詩廣傳》義理研究：以「由用證體」之「情」論「人道」的豁顯〉、〈從〈雍也〉詮解《論語》之「中庸」〉等。

## 提　要

　　王敔替《莊子解》增註之時，曾解「其神凝」以為「三字一部南華大旨」。林文彬亦言船山所體證之莊學，實「可以一神字為貫穿」。誠如王、林二人所述「神」可謂是契入船山莊學之關鍵，而且筆者更以為「神」的義理，正可豁顯出船山與眾不同的匠心獨運。不過，令筆者感到疑惑的是，前賢雖然已體察此義理精要，但是卻無人詳加闡釋。因此，筆者嘗試透過推衍論証的過程，勾勒出船山莊學以「神」為核心的義理系統。

　　全文將論証分成三大部份：其一是「船山莊學之核心觀點－論『神』」，首先從氣論神，申明「神」雖源自於「氣」，然而卻非等同。「神」蘊含普遍性及特殊性，「普遍性」是指人人皆具有「神」，此「神」非是神人、聖人或至人所獨具。「特殊性」是指「人道」之特殊性，意即天人合一之應然之自主能動性，此是「人」與「物」的顯然差異。其次，論証「神」的核心意義，筆者藉由「神──心知──形」及「神──明──知」兩條路徑進行詮釋。無論是何種路徑，皆可體證船山莊學實以「神」為義理之樞紐。此部份的研究成果，即是將「神」為義理核心的觀點，透過論証推理，使其不再只是想當然而之事。

　　其二，「論凝神－境界與活動不二」主要是廓清「凝神」的義涵。首先是說明「凝神」之「凝」，非是「欲」、「持」或「執」，而是「自定」，或者是「不可失而勿守」之意。此凝神之「凝」，一是凝存「神」之本然狀態，二是澄清不屬於「神」的外來雜質。其次，則分就「體用不二」、「遊」探究「凝神」，發現「凝神」之義涵，不僅是架構在境界與活動的不可割裂性；更重要的是，船山莊學所謂的「凝神」之義理，顯然是含載人與天地萬有之絕對和諧。

　　其三是「以『神』通解莊書的價值意義──論融通孔、莊之『德』」，此論乃以前述論証為基礎之開展議題。前述已然處理船山莊學以「神」為義理核心之事實，然而船山為何以「神」作為義理核心？筆者以為船山乃是藉由「神」疏通各個義理環節，最終轉化成一套船山所體證的完善義理。此處提舉「德」進行論証，此「德」的詮釋方式，乃是一種關注於最根本之通義之德，實可轉化出一套融通孔、莊之德觀，甚至可提供融通各家各說之可能。要言之，船山莊學以「神」解通莊書，其價值是在重新界定義理概念，此種重新界定有助於消解各家彼此間的相互對立或衝突。

　　總而言之，全文論証不僅廓清船山以「神」解通莊書，更申明船山莊學並非只是單純揀取一個「概念」貫穿整個詮釋系統。在以「神」為核心的義理系統中，船山莊學重新界定義理概念，進而形成一套船山所體證的完善義理。因此，船山莊學以「神」為核心的詮釋基點，實是有別於一般解注莊書者，可謂是匠心獨運的詮釋型態。又，透過「神」這個核心概念，對於船山莊學作一整體性之觀照，而非割裂式的分解閱讀，意即提供船山莊學研究的另一種切入視野。

# 目

# 次

# 第一章　緒　論

## 第一節　船山與船山莊學

### 一、船　山（1619～1692）

王敔〈大行府君行述〉記載：

> 亡考船山府君，諱夫之，字而農，別號薑齋；中歲稱一瓠道人，更名
> 壺；晚歲仍用舊名。居於湘西蒸左之石船山，自爲之記。蒸湘人士莫
> 傳其學；間有就而問字者，稱爲船山先生。所評選有漢魏六朝詩一帙，
> 四唐詩一帙，明詩一帙，古文一帙；緒論一帙，皆駁時尚而辨僞體，
> 名曰《夕堂永日》。人士之贈答者，又稱夕堂先生焉。〔註1〕

船山先世本是揚州高郵人，明永樂初有前人王成任官衡州衛，遂爲衡州之衡
陽人。明亡以後，本有反清復明之志，然而時局已變，不可逆矣，其後遂隱
於湘西蒸左之石船山，世人稱其爲船山先生。有關船山生平大事紀，以及重
要著述，詳見文末附錄「船山生平大事紀及重要著作」，此處不再贅述。

有關前人對於船山之評價，其下臚列部份所論：

> 劉獻廷：「其學無所不窺，於《六經》皆有發明。洞庭之南，天地元
> 氣，聖賢學脈，僅此一線耳。」〔註2〕

---

〔註 1〕王敔：〈大行府君行述〉，《船山全書》第 16 冊（湖南：長沙嶽麓書社，1998
　　　　年），頁 70。王敔（1656～1731），字虎止，號蕉畦，湖南衡陽人。敔乃船山
　　　　之子，不僅纂修家譜，亦曾整理刊行船山遺書廿餘種，即所謂「湘西草堂本」，
　　　　船山事跡及著作得以聞世，其居功厥偉。
〔註 2〕劉獻廷：《廣陽雜記》，《船山全書》第 16 冊，頁 519。劉獻廷（1648～1695），

潘宗洛：「船山之著述等身，湘嶽之逸也，眞砥柱一代之偉人矣。」
〔註3〕

唐鑑：「先生理究天人，事通今古，探道德性命之原，明得喪興亡之故，流連顚沛而不違其仁，險阻艱難而不失其正。窮居四十餘年，身足以礪金石；著書三百餘卷，言足以名山川。」〔註4〕

段諤廷：「知其志在集漢宋之大成，卒能身困而心亨，節艱而學粹，濂溪而後，於吾楚諸儒得不首屈一指哉？」〔註5〕

歐陽兆熊：「船山之文，學《六經》、諸子，故其文不立間架，無起伏照應之迹，而自然合度。」〔註6〕

由引文可知，前人對於船山博通經史，或著述齊身，皆大加讚賞。是故，船山在中國思想史上佔有一席之地，實非僥倖得之。

## 二、船山莊學

何謂「船山莊學」？廣義言之，即是船山對於莊書義理的所有論述闡釋，除了《莊子通》及《莊子解》兩部專著之外，散見於其它著作之相關文字，亦可歸屬之。其次，若是剋就狹義而論，則是純粹以《莊子通》及《莊子解》爲指涉範疇。本文所言的「船山莊學」，乃是狹義之意，亦即界定在《莊子通》及《莊子解》之義理思想。然而，爲何如此界定？主要原因有二：其一，船山著作浩繁，倘若逐一搜尋探究，走馬看花通讀幾過，尋章摘句編織成文固是可能，

字繼莊，別號廣陽子，河北大興人。繼莊主經世致用之學，有《廣陽雜記》五卷傳世，其雖未與船山來往相見，然曾親讀船山著作，故深知船山而推崇之。

〔註3〕 潘宗洛：〈邗江王氏家譜序〉，《船山全書》第 16 冊，頁 521。潘宗洛（1657～1716），字書原，江蘇宜興人。其任湖廣學政時曾延攬人才，遂與王敔相識，進而知有船山，求讀船山著作之後，爲之作傳且交付史館，此是船山的首篇傳記。

〔註4〕 唐鑑：《國朝學案小識》，《船山全書》第 16 冊，頁 544。唐鑑（1778～1861），字栗生，號鏡海，湖南善化人。其學宗伊川、朱熹，著有《國朝學案小識》14 卷。

〔註5〕 段諤廷：《儒粹》，《船山全書》第 16 冊，頁 551。段諤廷（道光歲貢生），字訒庵，湖南黔陽人。其以經學爲宗，著有《十三經集字音訓》，另有散佚《儒粹》一書。

〔註6〕 歐陽兆熊：《楬櫫談屑》，《船山全書》第 16 冊，頁 578。歐陽兆熊（1808～1874），字曉晴，或作曉岑、小岑，湖南湘潭人。道光年間之舉人，爲刊行船山著作的重要推手之一。

但要能不斷章取義，明白每段論及莊生處之旨趣，或恐力有未逮；其二，承前所述，若是傾力於《莊子通》及《莊子解》，不僅研究焦點易於集中，更有利於義理思想的深度抉發。不過，吾人必須申明的是，《莊子通》及《莊子解》固然是本文最直接的論証，然而船山其它著作的相關闡述，亦會援引作爲輔証之資。

## 第二節　研究動機

近世以來，船山學可謂得到空前的蓬勃發展，而且隨著研究學者的不斷投入，在質與量上，皆已積累不少的研究成果。然而，根據筆者的閱讀經驗，在眾多文獻材料之中，船山莊學雖然非屬乏人問津，但是較之於其它船山學之研究，顯然不甚熱絡。剋就學術論文而言，專論僅見林文彬的碩士論文《王船山莊子解研究》，〔註7〕其餘如鄭雪花的博士論文《非常行旅：〈逍遙遊〉在變世情境中的詮釋景觀》，〔註8〕或是周芳敏的博士論文《王船山「體用相涵」思想之義蘊及其開展》〔註9〕等等，皆屬偶述旁及。由是言之，前賢雖已開啓船山莊學的研究大門，然而其後卻未有後進銜接承繼，是故本文即以船山莊學爲研究範疇。

復次，歷來注莊、釋莊及評莊者不勝枚舉，然而因莊文瑰偉奇奧，〔註10〕各家自取其妙，形成了體現經驗或關注焦點之種種差異。〔註11〕誠如曾昭旭

---

〔註7〕 林文彬：《王船山莊子解研究》，台北：台灣師範大學國文研究所碩士論文，1986 年。

〔註8〕 鄭雪花：《非常行旅：〈逍遙遊〉在變世情境中的詮釋景觀》，台南：國立成功大學中國文學研究所博士論文，2005 年。

〔註9〕 周芳敏：《王船山「體用相涵」思想之義蘊及其開展》，台北：國立政治大學中國文學研究所博士論文，2005 年。

〔註10〕 司馬遷：《史記》「莊子者……。然善屬書離辭，指事類情，用剽剝儒、墨，雖當世宿學不能自解免也。其言洸洋自恣以適己，故自王公大人不能器之」（楊家駱主編：《新校本史記三家注并附編二種》第 3 冊，台北：鼎文書局，1995 年，頁 2143～2144）。王天泰在《莊子解》序中言「今夫古人之書，古人之心也。然其中往往有託物寓意，爲洸洋怪誕之詞，而後之讀之者，多苦于不能解……」（台北：里仁書局，1995 年，《莊子解》序，頁 1）。業師徐聖心先生在其博士論文《莊子「三言」的創用及其後設意義》中，亦開宗明義言「莊子文章的瑰偉奇奧，向來爲人視作散文的極變神品。」（台北：國立台灣大學中國文學研究所博士論文，1998 年 5 月，頁 5）……論者猶多，此處不一而足。

〔註11〕 郭象注莊以「獨化」、「無待」爲主；憨山德清直指「莊子以超脫形骸，泯絕知巧，不以生人一身功名爲累爲解預……」見於憨山德清《莊子內篇註》，頁 2～4；唐君毅以爲莊子乃「直下扣緊人生之問題」，見於《中國哲學原論：原

所言,「船山於莊子全書,固屬體會精到,分析簡明,而全幅統系,自在心目者。莊子解一書,要不得不謂爲莊學中之名著也」。〔註12〕按此,本文所欲探究的船山莊學,在此研究歷史脈絡之中,究竟有何殊勝可觀之處?爲何是「莊學中之名著也」?且觀王敔〔註13〕替《莊子解》增註之時,曾解「其神凝」以爲「三字一部南華大旨」;〔註14〕另外,林文彬亦言船山所體證之莊學,實「可以一神字爲貫穿」。〔註15〕誠如王、林二人所述,「神」可謂是契入船山莊學之關鍵,而且筆者更以爲「神」的義理,正可豁顯出船山與眾不同的匠心獨運。不過,令人感到疑惑的是,前賢雖然已體察此義理精要,但是卻無人詳加闡釋。正緣此故,本文的研究首要,即是將此想當然爾之事,經由嚴

---

道篇》卷1(台北:台灣學生書局,1992年,頁344);徐復觀以爲莊子所成就的是藝術人生,中國的純藝術精神,亦由此種思想而導出,見於《中國藝術精神》(台北:台灣學生書局,1998年,頁45～136);張默生言「莊子的哲學,纏是『出世哲學』。他雖不像隱士僧侶的棄絕人事,但卻與現社會無甚交涉,以故他的態度,只是『無爲』、『逍遙』而已」,見於《莊子新釋》(台北:明文書局,1994年,頁86)。……歷來注莊釋莊者不勝枚舉,此處不一而足,是故略引數人爲例,僅爲參照說明之用。

〔註12〕曾昭旭:《王船山哲學》(台北:遠景出版公司,1996年),頁250。對於船山莊學之評價,前人論述甚多,如唐君毅在《中國哲學原論:原道篇》卷1提及「直至明末學者,乃多有見於老莊之異,亦多有見於莊子之言之有近於儒者。如船山其著者也。此乃對莊學之理解之一大進步,而還契於莊子天下篇之言老莊之異之旨者。」(台北:台灣學生書局,1992年,頁344)。如錢穆在《國學概論》一書所言,「船山善言玄理,獨出諸儒。其遺書有老子衍、莊子解、莊子通、……,故於哲理方面,較同時諸家爲深。惟於以後學風,則少所影響耳。」(北京:商務印書館,2004年,頁257),以及在《莊子纂箋》序中所提及,「船山論老莊,時有創見,義趣宏深。……船山則可謂得莊之深微。」(台北:東大圖書公司,1993年,頁3)。如張立文「《莊子》一書,船山通解精到,中其肯綮」(《船山哲學》頁9)等等,族繁不足備載。

〔註13〕王敔乃王船山之次子,其對《莊子解》一書有增註。王孝魚在點校說明該書曾言,「王敔對本書的增註,在他增註各書中,成績最優,用力也最勤。引用古今各家之說很多,對明代名著,亦偶有採錄,但絕不見當時最爲風行的華華副墨及其作者陸長庚的名字。引用最多的是方以智,有十幾條。我們知道,方以智是船山的老友,而陸長庚則是以佛理解莊的。於此,可見王敔在他父親的教育下,在學術見解方面也是壁壘森嚴的。我還懷疑,這個增註,或者是根據當時聽講的筆記而整理擴充起來的。」引於王船山《莊子解·附錄·中華本王孝魚點校說明》,《船山全書》第13冊,頁482。其下有關《莊子解》、《莊子通》或莊書原文,皆是引自同書,是故不再加注出版書局及版本,僅於引文之後標示其篇章名及頁碼。

〔註14〕王船山:《莊子解·逍遙遊》,《船山全書》第13冊,頁88。

〔註15〕林文彬:《王船山莊子解研究》,頁188。

謹的論証剖析，使其具有推衍論証之過程。換言之，本文的研究論証，主要是關注於「神」的義理架構，進而揭示此種義理架構的價值所在。

## 第三節　研究方法

　　剋就研究方法而言，本文主要是採用「文本分析法」，以及「對勘參照法」。首先，說明文本分析法之得失，其優點乃是直接面對文本，在形成個人的理解之後，汲取可供剖析之素材，進而獲取最有利的論述証明。例如本文所欲揭示之「神」或「凝神」，必然緊扣《莊子通》及《莊子解》的相關文字陳述。換言之，文本分析法在探究闡釋過程中，較不易脫離文本。然而，文本分析法亦有其缺點，其缺點則是義理架構之形成，是否為文本必然所有的，或許亦非絕對。簡要言之，研究者嘗試將文本條分縷析之後，再自行組織架構的義理系統，有可能只是研究者的設想、推論。另外，有關筆者於第四章所運用的文本分析法，與一般研究者的研究方法有所差異，此處略作說明。所謂文本分析的客觀性，事實上可以指稱兩種不同層面，其一是純粹呈現文本義涵，亦即包含文本的客觀論述及主觀論述；其二則是純粹呈現文本義涵中的客觀論述，抽離明顯執溺偏頗的闡釋文字，此客觀性是架構在文本，又不囿限於文本。顯而易見的，前述兩種客觀性，實是後者為優，是故本文第四章的論証即採行此法。

　　其次，本文另有採用「對勘參照法」，對勘參照法亦有優、缺點，優點是在對照材料的映顯下，方便呈現主題，當然亦能在相互對照之中，發見吾人所闡述材料的特殊價值。本文主要援引的參照對象，如林文彬《王船山莊子解研究》、憨山德清《莊子內篇注》，以及船山《讀四書大全說‧論語》與《四書訓義‧論語》，冀望在對勘參照的觀照中，能夠進一步有效廓清船山莊學的義理思想。若就缺點而言，則是選材的拿捏尺度較難掌控，或許稍有差池，即會牽動整個義理說明的準確性；再者，吾人所取之對照材料，多半是進行「部份」觀照而非「全面」，因此也容易流於斷章取義的執障。

　　不可諱言的，任何研究方法必然非屬絕對完善，然而此為研究方法的先天限制，亦即無論研究者選取何種研究方法，皆有其優、缺兩個層面。由此故知，研究方法本無絕對好壞之區別，端視吾人如何有效運用，所以如何避免影響推衍論証之客觀性，方是應當著眼之處。

# 第四節　研究概況

　　有關船山學的研究，無論是台灣或大陸，皆積累不少研究成果。因此，其下分就兩地研究現況略行說明：

## 一、台灣的船山研究

　　大體而言，台灣的船山研究乃在持續發展中，自民國 61 年李增財的《從讀通鑑論宋論淺窺王船山的思想》〔註 16〕以來，現今國家圖書館已收藏共計 38 篇學位論文，研究主題涵括了思想哲學、美學、詩學、文學、法學等等。凡此 38 篇之中，涉及船山義理且有助本篇論文撰寫者，則以曾昭旭《王船山哲學》、林安梧《王船山人性史哲學之研究》〔註 17〕及林文彬《王船山莊子解研究》為主。另外，除前述的學位論文之外，筆者多有參照唐君毅的觀點，有關唐氏所論則散見於《中國哲學原論》各冊之中。其下分別簡述之：

### （一）唐君毅《中國哲學原論》各篇

　　有關唐君毅所闡釋船山義理，散見於《中國哲學原論》各篇之中。在《中國哲學原論‧導論篇》〔註 18〕計有二處論及，一是「王船山及清儒與事理」，申明船山乃中國明末清初的思想家中，最能體証且廓清「事理」者；二是「王船山之命日降、與無定命義，及立命者之死而不亡義」，揭示船山承繼張橫渠之重視氣化流行，並且據此變化不定之氣，架構出「命日降」及「性日生」的義理。在《中國哲學原論‧原性篇》〔註 19〕之第十六章中，闡釋船山乃是客觀去觀照道、善、性，因此遂有「道大善小」及「善大性小」之論，另外亦說明「尊生、尊氣、尊情才」等等。唐氏對於船山義理論述最詳者，見於《中國哲學原論‧原教篇》〔註 20〕第二十三至二十五章，無論是人道論或人文化成論，唐氏皆有縝密論証，正可豁顯船山喜言的「立人道之極」。整體而言，唐氏對於船山義理之闡發，並非是全面性的爬梳，然而無庸致疑的，卻

---

〔註16〕李增財：《從讀通鑑論宋論淺窺王船山的思想》，台北：私立輔仁大學哲學研究所碩士論文，1972 年。

〔註17〕林安梧：《王船山人性史哲學之研究》，台北：國立台灣大學哲學研究所碩士論文，1985 年。

〔註18〕唐君毅：《中國哲學原論‧導論篇》，台北：台灣學生書局，1993 年。

〔註19〕唐君毅：《中國哲學原論‧原性篇》，台北：台灣學生書局，1991 年。

〔註20〕唐君毅：《中國哲學原論‧原教篇》，台北：台灣學生書局，2004 年。

有不少眞知灼見，因此吾人實應視爲不可短缺的參考書籍。

### （二）曾昭旭《王船山哲學》

曾昭旭將全文析分爲三：首編詳論船山生平事蹟之事，並且兼雜部份撰著的年代考訂。第二編主要是針對船山著作進行闡釋，諸如船山經學、船山尙書學、船山詩經學、船山禮學……等等，此一部份涵蓋甚廣，幾乎論及所有船山的重要著作，更重要的是，曾氏於此豁顯不少義理，如易之乾坤並建、老子之立體廢用等等。第三編則綜論船山思想，首先將船山義理的根本方向，歸宗於張橫渠，進而抉發「即氣言體」、「天化論」、「人道論」等等。綜觀全文可知，曾氏不僅深懷雄心，爲學亦紮實嚴謹，是故對筆者啓發甚多，此書無疑是研究船山義理的重要書目之一。

### （三）林安梧《王船山人性史哲學之研究》

林安梧《王船山人性史哲學之研究》全文主要是豁顯船山學的重要特質，亦即「人性史哲學」。首章「如何接近船山學」，最重要的核心觀點，即在申明船山學的詮釋起點是「人」。第二章「人性史哲學之建立」，由「歷史」至「政治」，再由「政治」至「人性」，遂架構出「歷史即是人性史」的概念。第三章「人性史哲學的人性概念」，旨在釐清「歷史」與「人性」的雙向理解，亦即通過「歷史」來理解「人性」，以及通過「人性」來理解「歷史」。第四章「人性史哲學的方法論」，此章說明「兩端而一致」的思維模式。第五章「人性史哲學的核心論題」，藉由前章「兩端而一致」的方法論，進而探究「理氣合一」、「理欲合一」及「理勢合一」的三個議題。綜觀林氏所論，所謂「船山人性史哲學」，即是以「人」爲核心樞紐，進而鋪衍出「道」、「人」及「歷史文化」的相互緊密關係。林文固然非屬船山莊學之研究範疇，但是其以「人」所開展而成的「人性史哲學」，正可印證船山莊學重視「人」的基本態度。

### （四）林文彬《王船山莊子解研究》

林文彬《王船山莊子解研究》共計有九章，吾人大致可以概分成三大部份，其一是前兩章，旨在考訂《莊子解》的年代、版本，以及船山解莊之立場等等；其二是第三章至八章，剋就《莊子解》的義理思想，分從「渾天論」、「眞知論」、「人性論」、「處世論」、「政治論」及「孔莊問題」等六個層面進行闡述；其三是第九章，提舉「太虛神體」、「人道之極」、「幽明不二」及「有體無用」等四個結論，揭示船山對於莊書的評議。誠如林氏於序文中所言，「世之治南華、船

山之學者多矣，而專治船山莊子解一書者，則所未聞」，〔註21〕此文可謂船山莊學研究的先驅，實有開創之功，亦拓展了後學新進的研究視野。

誠然，本篇論文既以船山莊學爲研究範疇，必然要與前賢有所不同，否則僅爲陳腔濫調，不足以立論成篇。其下略述本文與林文彬《王船山莊子解研究》之異：其一，林氏論文分就「渾天論」、「眞知論」等主題而論，吾人以爲此種詮釋方式，導致每章論述皆可獨立抽離以觀，難免肢解船山莊學的整體性，或因其片斷化造成義理之不易體證。然而，本文提舉「神」爲核心概念，進以貫穿船山莊學，架構出一套完整的義理系統，冀望得到較爲整體的觀照。其二，林氏雖是船山莊學之研究，不過細察其文可知，主要論証引文泰半是《正蒙注》、《周易內傳》、《周易外傳》、《思問錄》或《讀四書大全說》。此種論証型態的呈現面貌，不僅令人懷疑是船山儒學之研究，而非是《莊子解》研究。有鑑於此，本文將論証大致規範於船山莊學，儘可能將焦點關注於其中，不使研究範疇模糊失焦。要言之，本篇論文固然是承續林氏之後，然則在研究角度或方法上，皆不同於林氏。

事實上，船山晚年所撰注的《莊子通》及《莊子解》，其思想已臻圓熟透澈，對於吾人剖析船山義理，具有重要的研究價值，意即船山莊學實是船山義理中，極爲重要的環節。不過，較爲可惜的是，船山莊學顯然無法得到研究者之大量關注。剋就近代船山莊學之相關研究而言，學位論文僅見林文彬的《王船山莊子解研究》，至於鄭雪花的《非常行旅：〈逍遙遊〉在變世情境中的詮釋景觀》，或是謝明陽的《明遺民的莊子定位論題》，皆是依據主題設置一章爲專論，所以受限於主題或篇幅，難有全面性的探究論述。正緣此故，筆者透過實際的船山莊學研究，冀望能夠在船山莊學的研究領域上，略盡一份心力。

## 二、大陸的船山研究

胡發貴在《王夫之與中國文化》一書中，曾對大陸的船山研究，依其側重問題及表現趨向，概分爲三個時期：

> 一是解放初到文化大革命以前。這一時期學者關注的是王夫之哲學的唯物與唯心性質的辨析，並注重探討王夫之的階級立場和階級屬性。
> 二是文化大革命期間，王夫之的研究被"批林批孔"所左右，論者多

---

〔註21〕林文彬：《王船山莊子解研究·序文》，頁2。

從儒、法鬥爭的角度闡述王夫之的法家特質與改革、變法思想。三是
八十年代所開始的改革開放的新的歷史時期。如果說前兩個階段的王
夫之研究，多受政治影響而呈現出較爲濃郁的"八股"味的話，這一
時期的王夫之研究，則表現出了更爲純淨的學術探求。〔註22〕

誠如胡氏所述，早期大陸學者多將船山視爲「唯物論者」，如張岱年於 1954
年 10 月 6 日的《光明日報》，發表一篇名爲〈王船山的唯物論思想〉的文章，
其它如唐明邦〔註23〕、任繼愈〔註24〕、徐泰來〔註25〕、方克〔註26〕、蔡尚思
〔註27〕等人，亦皆標舉船山乃是唯物論者。無庸致疑的，此正陷溺於嵇文甫
所言，「自是厥後，『王船山』這個名字，一直爲學術界所津津樂道。但是浮
慕其名者多，認眞研究者少。任取一點，隨意發揮」。〔註28〕然而，大陸近幾
年的船山研究學者，已有跳脫「唯物」的僵化思考，〔註29〕如 2000 年張立文

〔註22〕胡發貴：《王夫之與中國文化》，貴州：貴州人民出版社，2001 年，頁 338。
〔註23〕唐明邦：〈傑出的唯物主義思想家〉，湖北：湖北日報，1962 年 5 月 11 日。
〔註24〕任繼愈：〈唯物主義的王夫之爲什麼反對唯物主義的老子〉，《光明日報》，1962
　　　 年 12 月 21 日。此外，任氏於《中國哲學史》一書中之第七篇第四章「王夫
　　　 之的唯物主義思想」（《船山全書》第 16 冊，頁 1290），亦是闡釋船山乃是「唯
　　　 物思想」或「唯物主義自然觀」。
〔註25〕徐泰來：〈船山史觀和歷史唯物主義〉，湘潭：《湘潭大學學報》，1982 年第 4
　　　 期。
〔註26〕方克：〈朴素唯物主義和朴素辯証法相結合的典型形態〉，《王船山學術思想討
　　　 論集》，長沙：湖南人民出版社，1985 年。
〔註27〕蔡尚思《王船山思想體系提綱》曾言「佛老是唯心論，王船山是唯物論。」（《船
　　　 山全書》第 16 冊，頁 1241）。
〔註28〕王船山：《船山全書》第 16 冊，頁 1004。另外，張立文亦曾言「船山思想影
　　　 響的五個階段，都是不同階段的詮釋者依據每一不同階段內外環境、時代需
　　　 要，進行詮釋的。……當然有特殊情況，即在特殊歷史條件、文化氛圍下，
　　　 特別是政治權力干預學術研究，或學術研究爲政治服務的情境下，學術研究
　　　 成爲政治的奴婢，也可以指鹿爲馬，以船山爲尊法反儒的法家。」（《船山哲
　　　 學》頁 480）
〔註29〕近來大陸之船山研究，已在「質」上有所改變提昇，斷言船山爲「唯物論者」
　　　 已不復盛行。不過，依然有些研究者喜言船山是「重實用輕理論」，如曾振宇
　　　 在《中國氣論哲學研究》曾言，「王夫之，卻依然沿著中國傳統文化中「重實
　　　 用，輕理論」的工具理性思路來抨擊純粹科學精神。「六經責我開生面」的王
　　　 夫之，一生都在「盡廢古今虛妙之說而返之實」，「廢虛返實」貫穿于理夫之
　　　 哲學思想的每一側面。」（濟南：山東大學出版社，2003 年，頁 338），曾氏
　　　 以「重實用，輕理論」論斷船山哲學，顯然是有失偏頗。不可諱言的，「實用」
　　　 的確爲船山所重，不過據此論斷「理論」之存在價值，甚至以「輕理論」來
　　　 貫穿船山哲學，實則有待商榷。

的《船山哲學》〔註30〕與 2004 年陳來的《詮釋與重建：王船山的哲學精神》，〔註31〕兩人於義理闡發上甚多且詳，較之早期大陸研究者，實是青出於藍更勝於藍。其下分別簡述兩書大意：

## （一）張立文《船山哲學》

張立文《船山哲學》一書遍覽船山著作，首章詳述船山生平事蹟；第二章申明船山多元性的吸納中國傳統義理，除了儒學之外，當其批判佛、道義理之際，多有汲取可用者；第三章揭示船山義理中，有關「氣」、「太極」及「誠」等三者之關係；第四章探究天道、人道，以及性、情等等；第五章旨在闡釋「道器」無別，而「物器」是有別的；第六章釐清知行的關係，實是「知行相資不離」；〔註32〕第七章說明「合二而一」與「一分爲二」，在船山義理中是「互相聯繫的過程」，〔註33〕亦即是「事物變化運動過程所表現的一種形式」；〔註34〕第八章揭示人道之立，乃是由天道所賦予的；第九章判明船山在宋明理學下之歷史定位。〔註35〕綜觀張氏全文，娓娓說理且徵引宏博，議論辯證亦爲精詳。更可貴的是，張氏已明白駁斥船山爲唯物論者之說法，其言「以中國哲學比附西方哲學的唯心、唯物之分，實乃驢唇不對馬嘴」，〔註36〕亦即脫離早期大陸研究船山者之誤執。

## （二）陳來《詮釋與重建：王船山的哲學精神》

陳來在「緒言」中有是言，「他（船山）的所有思想努力是致力於儒學正統的重建……」。〔註37〕正緣此故，陳氏全文皆是環繞在船山儒學義理，首章是船山對《大學》的詮釋，闡述「道學判釋」、「智爲性體」、「明德之心」等議題；第二章是船山對《中庸》的詮釋，廓清「中之諸義」或「道心人心」等觀點；第三、四及五章，是船山讀《論語》之義理，主要是探究「理氣觀」、「氣質人性論」及「理欲觀」；第六、七及八章，是船山讀《孟子》之義理，

---

〔註30〕張立文：《船山哲學》，台北：七略出版社，2000 年。
〔註31〕陳來：《詮釋與重建：王船山的哲學精神》，北京：北京大學出版社，2004 年。
〔註32〕張立文：《船山哲學》，頁 332。
〔註33〕張立文：《船山哲學》，頁 387。
〔註34〕張立文：《船山哲學》，頁 388。
〔註35〕張立文言船山在宋明理學的歷史脈絡中，主要是承續張載之氣學，可與程朱理學、陸王心學分庭抗禮，鼎足爲三。相關論述參見《船山哲學》頁 455～464。
〔註36〕張立文：《船山哲學》，頁 477。
〔註37〕陳來：《詮釋與重建：王船山的哲學精神》，頁 18。

分別評述「氣體論與氣善論」、「心性情論」及「工夫論」。第九章是船山《思問錄》內篇的詮釋，諸如「理氣」、「動靜」、「神化」、「有無」、「體用」，抑或是「善惡工夫」，皆有闡發。第十、十一、十二及十三章，則是船山《正蒙注》的義理，內容涵概「善惡生死論」、「存神盡性論」及「絪縕神化論」。綜觀全書可知，陳氏意圖將船山義理中的儒學著作，進行具有整體性的觀照及解說。顯然，陳氏投注相當多的精神及時間，方有如此研究成果，是故此書亦屬現今船山研究的必備參考書目之一。

## （三）其　它〔註38〕

此外，大陸學者在船山生平傳記，以及家譜年表等等考訂上，亦有顯著之研究成果，如眾所周知的《船山全書》16 卷，已在 1996 年全數整理成冊。至於生平傳記或是家譜年表之考訂，諸如 1982 年汪毅的《王船山傳論》〔註39〕、1989年劉春健的《王船山學行系年》〔註40〕、1990 年劉志盛、劉萍所合撰的《王船山著作叢考》、1997 年衷爾鉅的《王夫之》、2000 年胡發貴的《王夫之與中國文化》、2002 年蕭蓮父、許蘇民合編的《王夫之評傳》〔註41〕等等。更值得一提的是，前述著作不僅有考訂工夫，對於船山義理也是多有闡發，因此筆者在閱讀過程中也獲益不少。

# 第五節　研究綱要

本篇論文共計有五章，首章「緒論」是分述船山生平、船山莊學之界定、研究動機、研究方法、研究概況，以及研究綱要。

第二章「船山莊學之核心觀點──『神』」，本章主要目的，乃是揭示「神」在船山莊學中的核心意義。首節概述前人對船山「神」觀點之闡釋，相關論述含括兩個層面，其一闡釋船山莊學之「神」；其二則是非船山莊學所論之「神」。第二節從「氣」論「神」，「神」受「氣」之承載，使得「神」具有普

---

〔註38〕事實上，有不少大陸學者論及船山研究之歷史，如王興國曾發表〈船山學研究的新進展──2002 王船山國際學術研討會綜述〉（《船山學刊》，2003 年第1 期，2003.1）等等，本文所論所觀照者，必然無法涵概全部文獻，若有訛誤，望前賢新進不吝指正。

〔註39〕汪毅：《王船山傳論》，上海：上海人民出版社，1982 年。

〔註40〕劉春健：《王船山學行系年》，鄭州：中州古籍出版社，1989 年。

〔註41〕蕭蓮父、許蘇民合編：《王夫之評傳》，南京：南京大學出版社，2002 年。

遍性義涵；另外「神」與「氣」間所存在之差異，則揭示「神」提供人之特殊性。第三節以「神」爲核心樞紐，則分別探究「神——心知——形」以及「神——明——知」，藉此彰顯「神」的核心意義，以及釐清「神」的眞正義涵。基本上，藉由前述論証，大致可以描繪出一個基本面貌，意即船山莊學實以「神」爲核心樞紐，進而開展出種種義理內蘊。其下第三章則將針對「凝神」這個議題，進行一番探究，期與此章相互印証。

　　第三章「論凝神 —— 境界與活動不二」，本章試將論証析分爲四個階段，循序漸進地疏通相關環節，冀望能夠全盤觀照「凝神」的飽滿義涵。所謂四個階段，即鋪衍成本章四個小節，此處先概略性提點簡述，詳細論証則見諸於本章各節：首節「論凝神之凝」，吾人在契入「凝神」這個主題之前，必須先行廓清「凝」的義涵，因爲有關「凝」的解讀，實是左右「凝神」之義。何謂「凝」？本節以「執」、「持」、「欲」及「存」，與「凝」對勘參照，進而豁顯「凝」只是體証或歸復「神」之本然狀態，亦即不使其有所蕩失而勿守之義。第二節「從體用不二論凝神」，主要目的是透過對體用結構的觀照，進而證解凝神的飽滿義涵，乃是境界與活動之不二。第三節「從遊論凝神」，藉由對「遊」的闡釋，不僅再次印證凝神是境界與活動之不二，並且在論述辨析過程中，亦會說明凝神的活動義，乃是具有多種層面之可能。簡言之，「活動」乃是在凝神的境界中，個體生命的種種活動，其有種種層面之可能，而非囿於單一表現型式。諸如單純面對自我生命的精神自由、對天地萬有的應對活動，抑或是具有現實效用之活動，皆是所謂的「活動」。基本上，藉由第二、三章的論証闡釋，吾人已可印証「其神凝」乃是莊書大旨，抑或船山莊學實以「神」爲義理核心。

　　第四章「以「神」通解莊書的價值意義 —— 論融通孔、莊之『德』」，本章論証分成三部份，首先討論「前人對船山莊學中孔莊問題的見解」，因爲本章涉及融通孔、莊的問題，而曾昭旭、林文彬及謝明陽等人，已有提出相關看法。不過，本章無論在理解取徑上，抑或是關注焦點上，皆有所差異，因此必須先行釐清。復次，藉由對「合於天德」、「不滑和者德也」及「德者自得」的闡釋，抉發船山莊學所體證之正面意涵之「德」，乃是一種通義之「德」。此部份會援引《讀四書大全說》及《四書訓義》的義理，申明船山此通義之「德」，乃是可以融通孔、莊之「德」。最後，針對「形之德」與「名之德」，揭示船山莊學所駁斥的負面意涵之德。總之，經由本章對「德」之

剖析論証，已然澈見船山莊學以「神」解通莊書的價值，即是以「神」疏通各個義理環節，最終轉化成一套船山所體證的完善義理。

　　第五章「結論」，則是總結全文的論証成果，並且略提論文尚未處理的問題。

# 第二章　船山莊學之核心觀點──論「神」

　　誠如王敔、林文彬所言，船山莊學實以「其神凝」〔註1〕或「神」〔註2〕為義理核心；然而，前賢雖已覺察「神」的核心意義，但是卻無人詳加闡釋，因此豁顯此義即是本文研究之首要工作。本文嘗試分就兩個層面進行闡釋，本章先抉發「神」的核心意義，下一章則廓清「凝神」的真實內蘊，統觀兩章所論之後，吾人即可印証「其神凝」乃是莊書大旨，或言船山莊學實以「神」為義理核心。

　　承前所述，本章論証推衍之首要，即是揭示「神」在船山莊學中，具有義理架構的核心地位，更是整合貫通諸多概念的樞紐。〔註3〕然而，船山在解通莊書之際，為何「神」有明顯的突出意味？為何會傾心關注於「神」？「神」的概念從何衍生而出？為何將「神」當成解莊之核心？「神」之確立解決了何種問題？總之，吾人雖已察見船山以「神」為核心觀點，但是整體的義理內涵卻未朗現。有關此中的諸多問題，本章會在各節次中嘗試解決釐清。在進入主文之前，此處有一點必須先行澄清，本文論述過程中，時有涉及船山

---

〔註1〕王船山：《莊子解‧逍遙遊》，《船山全書》第13冊，頁88。

〔註2〕林文彬言「可以一神字為貫穿」（《王船山莊子解研究》頁188）。

〔註3〕熊十力在《佛家名相通釋》一書中，批述「心心所」時曾言「凡某一大學派之專著，其思想自成宏大深密之系統。其名詞恒如一獨立國之語言，初學讀之，不能不為其所困；然倘能不憚艱阻，反復數過，精心以求之，久而必尋得其思路，蛛絲馬跡，此牽彼引，千途萬轍，莫不貫穿，思路既得，一切了無餘蘊矣。」船山為大家之流，故其文深閎博廣，然而如熊氏所言，初學讀之而困，若能精心尋其思路，便可貫穿無礙。本文所論之「神」，即是進入船山莊學之方便門。見於熊十力：《佛家名相通釋》（台北：明文書局，1994年），頁50～51。

其它的義理概念，如「氣」、「形」、「知」、「明」、「性」、「德」等等。然而，本文乃以揭示「神」爲闡釋主軸，若非論証辨析之絕對必要，涉及其它義理之時，僅作援引而非全盤解通。

　　詳觀船山解通莊書，吾人不難察覺「神」具有極高的出現頻率。儘管使用次數之多寡，無法直接有力証明其影響力，不過藉由對「量」之基本認知，進而再揭示其「質」，此雙管齊下即可抉發「神」之重要性。本章首節，先概述前人對船山「神」觀點之闡釋，此概括兩個層面，其一闡釋船山莊學之「神」；其二則是非船山莊學所論之「神」。第二節從「氣」論「神」，「神」受「氣」之承載，使得「神」具有普遍性義涵；另外「神」與「氣」間所存在之差異，則揭示「神」提供人之特殊性。第三節以「神」爲核心樞紐，則分別探究「神——心知——形」以及「神——明——知」，藉此彰顯「神」的核心意義，以及釐清「神」的眞正義涵。第四節小結，則是收束本章所論。

## 第一節　前人論船山義理之「神」

　　因船山學之盛起，研究者隨之日益增多，相關期刊或專著可謂琳琅滿目。然而，船山所學博深龐雜，間接促使這門研究領域，猶如百花齊放而各顯其豔，此種研究現況，積累了可觀的文獻資料。不過，令筆者較爲疑惑的是，根據個人的閱讀經驗，「神」在船山莊學中具有舉足輕重之地位，但是相關問題之探究，僅林文彬碩論《王船山莊子解研究》之曇花一現。而且因研究視野側重不同，林氏雖有抉發部分義理內蘊，但整體而言則深論不多。按前所述，有關前人對船山莊學「神」之探究，因受限於相關研究文獻的匱乏，是故本文以前人論述船山義理之「神」〔註4〕爲取材基準。此類文獻多數散見於專論船山哲學之著作中，本節即先羅列前人之說，其中包括了曾昭旭《王船山哲學》、張立文《船山哲學》、陳來《詮釋與重建：王船山的哲學精神》、林文彬的碩士論文《王船山莊子解研究》及嚴壽澂《近世中國學術通變論叢》。然復須知，前引書籍所論之「神」，張、陳二氏大多引用《正蒙注》、《周易內

〔註4〕有關船山莊學中之論「神」，亦可參照唐君毅論莊子之「神」，此類文獻可見於《中國哲學原論：原道篇》卷1之頁343～357，以及頁415～418。《中國哲學原論：原論篇》卷2（台北：台灣學生書局，1993年）之頁242～249。唐氏所論莊子之「神」，與船山所論者或有相通，或有相互發明，是以筆者亦視爲重要文獻資料。

傳》及《思問錄》；〔註5〕曾氏解讀船山莊學之焦點，則非置放在「神」概念上；林氏澈見「神」之核心意義，然而因爲問題意識的展開方向，是以相關論述並非在抉發「神」的義理；嚴氏僅將「神」置放在「相天」義理之中，徒作宗教思想而論。其下即針對搜集的文獻資料，概略性的提點分析。

## 一、曾昭旭《王船山哲學》

曾昭旭《王船山哲學》有專節討論船山《莊子通》及《莊子解》，〔註6〕不過曾氏側重探究船山莊學中的儒學元素，亦即船山解莊通莊之時，體現出儒、莊有何異同。其言：

> 按以上一段乃船山於聖學中爲莊子置一席地也。此一席地即是「自處於無體之體，以該群言，而捐其是非之私」。緣聖學之全，乃是有體有用，立體以生用，用而還成其體者。至於其體，在人即是形色之實，乃主觀之道德實踐所由生發；在國家即是禮樂刑政，乃客觀之道德事業所由推行。然諸子不能體其全，而或得其一察以自好，故莊子悲之也。然莊子雖悲之而亦無能復其體用之全，則亦只有「寓體于用，而無體以爲體」，以消極地遮撥群言之執著矣。按此此處所謂「寓體于用，而無體以爲體」者，其意蓋謂莊子但標天均環中之用，而不立發此神用之體也。聖人立之，故其用可還滋其體而建立眞實之道德事業；莊子不立，遂只能有消極的虛籠群言之用，而不能還以建立眞實道德事業也。……。據以上之疏解，吾人乃可知莊子之學，實於聖學唯差一間矣。雖由此一間之差，使莊學不能有積極之贊天地化育之功；然亦以唯差一間，而使莊學至少爲無妄之學，至少具消極之和同眾端，護道於不裂之功。〔註7〕

曾氏以爲船山見莊學在「體」通同於聖學，然而卻不同於聖學之「積極之贊天地化育之功」，只能「消極地遮撥群言之執著」。曾氏僅是概括性的評論船山莊學，因此並未剋就「神」概念進行深論，不過觀其言莊子「天均環中之用」爲「神用」，亦已傳遞曾氏察覺「神」在船山莊學中之重要地位。

〔註5〕此法亦可見於思想史的撰寫上，張學智在《明代哲學史》一書中（頁564～579），有關船山義理之撰寫，論及「神」這個重要概念時，張氏僅是徵引《正蒙注》及《周易外傳》爲主，全然不見《莊子解》或《莊子通》之文例。

〔註6〕曾昭旭：《王船山哲學》，頁240～250。

〔註7〕曾昭旭：《王船山哲學》，頁242～243。

曾氏在闡釋船山莊學過程中，並未明白揭示「神」之義涵。不過，該書第四章論及「心之主動應幾」﹝註8﹞之時，對於「神」之義理則多有闡發。較爲可惜的是，其所援引之文獻資料，亦以《正蒙注》、《周易外傳》及《讀四書大全說》爲主。筆者以爲若能將《莊子解》、《莊子通》納入討論，實可對船山學之「神」，有更全面的體察。

## 二、張立文《船山哲學》

張立文在《船山哲學》一書中提及：「船山認爲，君子所希望的是聖人境界，聖到了純熟的程度，便是神，神固合於天均。這便是即顯即微，即體即用的化境」。﹝註9﹞張氏將「神」視作聖人之境，並且據此開展而論「體用不二」及「即顯即微」。另外，在其書第六章「形神物遇知覺發」亦有談及「神」，其言：

> 所謂神，從認知意義上說是指思維器官的功能，古人一般以「心之官則思」，神便是心的功能。但船山「神」的涵義多樣，約有這樣幾層意思：一是運動變化的條理或理則。……二是神妙莫測。神妙莫測是指氣或事物變化過程中一種現象或不可預測一種變化，具有奧妙、神妙的色彩。……三是人的思維能力和精神意識活動。「心之神」，即是指心的能力和活動。……神的理性思維活動與耳目見聞的感性經驗活動不同。見聞的感性之知，只是已經見到聽到的，是耳目感官直接或間接與對象相交接而獲得的，有一定的局限性。神的理性體知不受人的感覺器官的限制，可以依據已有的感性經驗進行分析、推理；也可以超越空時的限制，對過去未來的事物的變化可進行預設或預測；可以觀照、明瞭不可見聞的事物的原理、道理。﹝註10﹞

然而，書中引文計有《張子正蒙注》十六條，以及《思問錄外篇》一條，此十七條引文無一出於《莊子解》或《莊子通》。因此，本文以船山《莊子解》爲研究範疇之時，僅可將張氏論「神」之相關文獻，視爲輔助資料而非絕對適用者。其次，筆者以爲張氏「神的理性體知不受人的感覺器官的限制，可以依據已有的感性經驗進行分析、推理」之論，亦非妥當明確。在《莊子解》中的「神」，除了不受耳目見聞所限，更深層的義涵則是超脫理性及感性，其

---

﹝註8﹞ 曾昭旭：《王船山哲學》，頁405～418。
﹝註9﹞ 張立文：《船山哲學》，頁97。
﹝註10﹞ 張立文：《船山哲學》，頁304～307。

呈現爲理性、感性之上的絕對體知。

　　另外，張氏在其書第七章「和合動幾爲生生」中，亦有不少篇幅涉及「神」。如「所謂神，有清通之義。……神是指氣未凝聚爲形象的不可見的狀態，清通而至神；……氣未聚成形象，是一種清通流行的狀態，便是神。」〔註 11〕又如「神是一種精神……」。〔註 12〕大致而言，張氏此章所論與前述相仿，〔註 13〕實無太大出入，唯其言「從存神而向內盡性，再外推合天或事」，〔註 14〕此論揭示「神」在天、人間之關鍵性，然張氏立論雖佳，但未能結合《莊子解》而詳論實爲可惜。倘若能夠援引《莊子解》，即可知「神」在天、人之間，極具重要性之價值。其不僅是天人貫通之體現可能，更能確立「人」之特殊存在價值，甚至將努力實踐賦予根源且永久之認同。「神」在張氏以《正蒙注》爲主的文獻中，缺乏前述之義涵，因此吾人不可直接以張氏所論之「神」，等同於《莊子解》中船山所論之「神」，否則將會以偏概全。有關「神」在天人之間之價值，涉及「神」在儒、莊之思想義理之地位，本文第三章會有深入之探討剖析，此處不再贅言。

## 三、陳來《詮釋與重建：王船山的哲學精神》

　　陳來《詮釋與重建：王船山的哲學精神》有三處論及「神」，其一是有關《思問錄》的「神化」觀念；〔註 15〕其二是《正蒙注》的「存神盡性論」；〔註 16〕其三亦屬《正蒙注》，不過是統論「神、氣、理、誠」四個概念。〔註17〕首先，陳氏以「變合」論「神化」，此乃証論「清虛一大」之未喪，然與本文所言之「神」，指涉層面或義涵相去甚遠，故存而不論。其次，「存神盡性論」之論述重心，擺放在如何「存」其「神」，或者言如何「凝」其「神」，此對於存神方式有清晰的闡釋。最後，陳氏統合「神、氣、理、誠」而論，其界定「神」的義涵爲「神指理」、「神則是指人的精神理智，我們簡稱神知」、「神就是所謂天地生物之心，

---

〔註11〕張立文：《船山哲學》，頁 373～374。
〔註12〕張立文：《船山哲學》，頁 374。
〔註13〕張立文在《船山哲學》第七章「和合動幾爲生生」中，有關論「神」之引用文獻，除了一則引用《周易內傳》之外，其餘皆引於《張子正蒙注》。
〔註14〕張立文：《船山哲學》，頁 375。
〔註15〕陳來：《詮釋與重建：王船山的哲學精神》，頁 265～267。
〔註16〕陳來：《詮釋與重建：王船山的哲學精神》，頁 348～354。
〔註17〕陳來：《詮釋與重建：王船山的哲學精神》，頁 379～389。

天地生物之心也就是天地生物之理」、「神，其意義指能變合者」及「神是虛靈的能動者，這個意義可以通貫于天和人。實事上，船山對天化之神的規定折射著他對人的心神的理解」。

綜觀前述，誠如陳氏所言「船山所使用的神的概念往往變易不一，不容易把握。這當然和《正蒙》本身大量使用神的概念，而意義複染有關」。〔註18〕不過，陳氏引用文獻如同前述之張氏，其以《正蒙注》爲取材底本，此類研究資料雖可輔助吾人認識船山論「神」，但卻未能直接論斷船山莊學中「神」的眞正義涵。〔註19〕

## 四、林文彬《王船山莊子解研究》

林文彬的碩士論文《王船山莊子解研究》，論及「神」之章節計有三處，其一是剖析「神與明之知」；其二以「存神」言莊子解之政治論；其三是針對「太虛神體」探究莊子天人之學。其下各引一則觀之：

> 可見莊子所求之知，乃爲一由神所發越之知（眞知），此神明之知，與天均同運，遍照六合，爲一無限之知；而聞見之小知，乘一時之感豫而發，量有所止，爲一有限之知，實不以與於大道。〔註20〕

> 「昭曠」、「獨有」、「見獨」，實皆存神而入於天之境界，洞澈通明，聞見皆眞，無所不容，無所不達。故存神之聖人，能靜定無爲，肆應無方，動無不當，舉無不宜；既不徇於前人之跡，亦無跡之可傳，一皆在其眞知灼照之中，過而去之，無所彌留。此存神而過化，所謂「善行者無轍跡」是也。〔註21〕

> 莊子之學，天人之學也，而其通合天人之管籥則在於神。……神即

---

〔註18〕陳來：《詮釋與重建：王船山的哲學精神》，頁383。

〔註19〕不可諱言的，船山在《正蒙注》中，對於「神」之描述，確實兼涉天、人。不過，吾人必須釐清的是，《正蒙注》所論之「神」，其內涵較爲複雜，「太虛神體」與人之「神」是混用的（可參照《正蒙注》中的〈神化篇〉）。換言之，其宗旨在透顯「神」是天賦予人的，亦即傳遞「神」是人通天之管道。純粹由此發論，「神」似乎是一個高高在上之形上存在，使得人之意味變得較爲淡薄。然而，船山在《莊子解》中，「神」之內涵雖然是承天而得，但多置放在「人」身上去作開展（船山解〈養生主〉「寓於形而謂之神，不寓於形，天而已矣。」見於《船山全書》第13冊，頁125），此即兩書最大之不同。

〔註20〕林文彬：《王船山莊子解研究》，頁58。

〔註21〕林文彬：《王船山莊子解研究》，頁121。

> 清虛‧大，太虛之神。太虛之神爲渾淪一氣之良能，靈妙變化，因
> 應無方，動而皆成，不滯於一隅。莊子由渾天而契悟，得其環中之
> 旨，即以太虛之神爲體，以爲肆應逍遙之要也。〔註22〕

綜觀上引之文，無論是「神明之知」、「存神而入於天之境界」，抑或「通合天
人之管籥在於神」，林氏所論之「神」皆側重於人入於「天」之境界。不可諱
言的，此已透顯「神」在天人關係上的重要性，不過，反覆咀嚼林氏所論，
即可察見「神」在字裏行間，「天」之意味濃厚，而「人」則相形淡然。這與
筆者閱讀經驗不同，筆者以爲《莊子解》中，「神」抉發了兩個重要訊息，其
一如林氏所言，「神」是天人貫通之樞紐；其二則是「神」賦予人一個特殊存
在價值，既能自我肯定，亦能將自我實踐的意義變成永恆性。

　　林氏以「太虛之神」言「神」，並視爲莊子天人之學之基。此類評斷依然
不脫《正蒙注》之思考模式，然筆者以爲未得《莊子解》之精妙。吾人不可
僅將「神」立放於天人之學，進而全然不作他論，「神」在「人道」上有更多
義涵，此方是船山論「神」之精要。復次，林氏論「太虛神體」之後，續論
「人道之極」，並言「莊學雖由太虛之神體以立論，然與聖人之教畢竟相去有
間，要其蔽，則在於躐等師天，未立人道之極」。〔註23〕吾人思量林氏所論，
其關注「神」實是落在師天之上，然而此是船山抨擊莊學，而非船山本身之
義理。要言之，林氏所言之「神」，是船山解莊而以爲莊子之「神」，並非是
船山莊學之「神」，兩者有別，需分辨之。正緣於此，林氏論「人道」之時，
對「神」隻字未提。此論雖是承船山評莊之論，然而卻未見船山論「神」之
精要，筆者以爲船山在《莊子解》中所透露之訊息應不以此爲限，有待深論
者猶多，留待下文即有詳論。

## 五、嚴壽澂《近世中國學術通變論叢》

　　嚴氏在《近世中國學術通變論叢》〔註24〕一書中，論「神」之處有二：
其一是「《思問錄》與船山思想」，此文以《思問錄》爲研究範疇，雖然涉及
「神」的相關義理，只可視爲船山莊學論「神」之輔證。其二，在「莊子、
重玄與相天：王船山宗教信仰述論」一文中，多有闡釋「神」，並且其直言「船

---

〔註22〕林文彬：《王船山莊子解研究》，頁 168。
〔註23〕林文彬：《王船山莊子解研究》，頁 173。
〔註24〕嚴壽澂：《近世中國學術通變論叢》，台北：國立編譯館，2003 年。

山宗教思想的重心，在於其『相天』之道，此一思想，與其創造性的解讀《莊子》頗有關係」。〔註25〕然而，較令筆者疑惑的是，在論証過程中只有援引 13 條《莊子解》之文例，若與其餘文例對照，實難察見其「首要性」或「重要性」。如言「儘管形質之內仍有其神，仍有其理，但此神此理，已失其固有的作用」，〔註26〕嚴氏乃以《張子正蒙注》為徵引文獻，然則在《莊子解》亦有顯例可供闡釋。是故筆者以為，嚴氏雖已觸及船山莊學「神」之重要性，然而關注焦點只留滯於「相天」的宗教思想，此不足以觀照「神」的整全義涵。

綜上所述，有關如何解讀船山莊學之「神」，吾人可以概略區分成兩種解讀型態，其一是以船山莊學為本，其餘著作所論者為輔，然而不可以賓為主；其二則是對船山所有著述進行全盤考察，再依此整體論述之「神」，逆証船山莊學之「神」。此兩種解讀型態，前人皆有取用，不過多數研究者乃以後者為尚。筆者以為不同的解讀型態，必然各有其優缺，然而本文既以船山莊學為研究主軸，倘若要真正了解船山莊學之義理，當以第一種方式為佳。誠如戴洪森箋注《姜齋詩話》曾言「隨所用而別」及「隨所指而立義」，〔註27〕隨其所用而有不同的方式，隨其所指涉者而有不同的義涵，此無非指明不守其藩籬，順隨具體文脈而論。復觀船山著作浩繁，涉略多家思想，其中或有可通比附之處，然其義理概念之闡釋，卻不可一概論之。若遇相同相似之義理概念，吾人應隨其命題立義不同，或因疏解體察層面之相異，即要「適其所適」。換言之，審視船山博大之學，不可盲目相互套用，否則易失於扣盤捫燭之嫌。其下即從船山莊學本身契入，首先是針對「氣──神」〔註28〕問題進行探究。

〔註25〕嚴壽澂：《近世中國學術通變論叢》，頁 50。

〔註26〕嚴壽澂：《近世中國學術通變論叢》，頁 60。有關嚴壽澂所提及「宗教」一詞，吾人必須有所說明，否則易使人產生混淆。且觀牟宗三於《中國哲學十九講》（台北：台灣學生書局，1983 年）所言「道德的神學」，其言「儒家有個天來負責存在，孔子的仁和孟子的性是一定和天相通的，一定通而為一，這個仁和性是不封不住的，因此儒家的 metaphysics of morals（道德底形上學）一定涵著一個 moral metaphysics。講宇宙論並不一定就是宇宙中心，就好像說神學並不一定函著神學的道德學（theological ethics）。康德也講神學，但是他的神學就不函神學的道德學，他正好反過來，是道德的神學。神學的道德學是把道德基于宗教，道德的神學是把宗教基於道德，這兩者的重點完全不同，正好相反」（頁76），吾人若要言船山義理具有「宗教思想」，即如同牟氏論孔子、孟子，或是論康德一般，只可置放在「道德的神學」上，離此而論則會違逆船山義理。

〔註27〕戴洪森箋注：《姜齋詩話》，北京：人民文學出版社，1981 年，頁 220。

〔註28〕船山解〈達生〉「神者，氣之神」（《船山全書》第 13 冊，頁 301）。

# 第一節　從「氣」論「神」

　　平心而論，倘若吾人審視莊書原文，有關「神」根源於「氣」〔註29〕的立論，其實並無明確且直接之描述。不過，藉由爬梳不同段落之文字，仍有其蛛絲馬跡可尋。因此，本文先行說明莊書中「氣──神」之聯繫關係，以利釐清部份問題。莊書原文觸及此議題者，如〈德充符〉有一段莊子對惠施之言，「道與之貌，天與之形，無以好惡內傷其身。今子外乎子之神，勞乎子之精」，〔註30〕莊子意指天、道予人形貌，然而惠施卻自外其神，疲役其精。據此可知，神顯然是天所賦予者，且其為內存者而非屬於外。不過，此論未言及神、氣之關係，再以〈天地〉引文觀之：

> 泰初有無，無有無名，一之所起，有一而未形。物得以生謂之德。
> 未形者有分，且然無間謂之命。留動而生物，物成生理謂之形。形
> 體保神，各有儀則謂之性。（《莊子解·天地》，《船山全書》第 13
> 冊，頁 224）

由此段引文可知，神是存於形體之中，然而「形體」從何而來？在〈知北遊〉及〈至樂〉皆有提及：

> 生也死之徒，死也生之始，熟知其紀！人之生，氣之聚也；聚則為
> 生，散則為死。若死生為徒，吾又何患？故萬物一也：是其所美者
> 為神奇，其所惡者為臭腐。臭腐復化為神奇，神奇復為臭腐。故曰：
> 『通天下一氣耳』，聖人故貴一。（《莊子解·知北遊》，《船山全書》

---

〔註29〕有關莊書所言之「氣」，可以參見唐君毅之言，「大率在莊子，此氣之一名，
　　　　在人則與心及身之形之名相別，而較心及身之形之義，更深一層；在天則與
　　　　物之形、質之名相別，亦較形質之義深一層。言人身與物之『形』，乃自其現
　　　　狀說；言身與物之『質』，乃自其內容之堅實者說；言心，則自有所知說·言
　　　　氣則自其非定形定質之存在，而為一流行之存在，亦在心之底層，而恆能虛
　　　　以待物之生命說。故言『通天下一氣』，即言一切有定形定質之物，皆為一存
　　　　在的流行、或流行的存在，而亦實亦虛，而更自以其虛，涵其他之物之氣之
　　　　實，以相通相涵相生，以合為一氣者。故此氣之一名言概念，乃所以表有定
　　　　形定質之一切物，能自超化其定形定質，以合為一存在的流行或流行的存在，
　　　　以為此一切有定形定質之所依，與所歸者。自此一氣為一切物之所依而相繼
　　　　以生言，則此氣為一切物之母之原或元始，而莊子大宗師有『氣母』之名，
　　　　漢人即更有『元氣』之名矣。」引於《中國哲學原論：原道篇》卷 2（台北：
　　　　台灣學生書局，1993 年），頁 246。然而，本文所論莊書之「氣」，剋就與「神」
　　　　相關者而論，因此復觀唐氏論莊子之「氣」之詳，非本文所能為者。
〔註30〕王船山：《莊子解·德充符》，《船山全書》第 13 冊，頁 154。

第 13 冊，頁 333）

> 不然。是其始死也，我獨何能無慨然？察其始而本無生，非徒無生
> 也而本無形，非徒無形也而本無氣。雜乎芒芴之間，變而有氣，氣
> 變而有形，形變而有生。今又變而之死，是相與爲春秋冬夏四時行
> 也。（《莊子解‧至樂》，《船山全書》第 13 冊，頁 286）

要言之，人之死生問題，只是氣之散聚問題。所謂「死生」問題，即是人之
「形體」之死生，因此與「形體保神」合觀，吾人可以推衍得知，「神」是隨
氣聚成形而存在於形。

其次，如〈達生〉篇有神、氣並見之記載，其文言「壹其性，養其氣，
合其德，以通乎物之所造。夫若是者，其天守全，其神無隙，物奚自入焉！」
〔註 31〕若能壹性養氣合德，則人能冥合大宗，在此種天人合一之狀態下，
神可凝而無間隙。此文固然不是直接論証神根源於氣，不過亦可印証神、氣
有密切關係。再如〈知北遊〉「精神生於道，形本生於精，而萬物以形相生」
〔註 32〕、〈庚桑楚〉「欲靜則平氣，欲神則順心」〔註 33〕等等，此類材料不
一而足。要言之，吾人若能汲取莊書各段文字，並且加以整合辨析，不難察
覺「氣 —— 神」之義理架構。

姑且不論「氣 —— 神」在莊書是否彰顯，剋就船山解通莊書而言，毋庸
置疑的，「氣」亦爲重要概念，〔註 34〕因爲所論之「神」必以「氣」爲底基。
是故，吾人既以「神」爲研究核心，此種「氣 —— 神」的義理架構，必然需
要進行申明辨証的。其下即概分爲兩要點進行論証，其一是「氣與神之關係」；
其二則是在「氣與神之關係」之基礎上，進而闡釋「神」之普遍性及特殊性。

---

〔註 31〕王船山：《莊子解‧達生》，《船山全書》第 13 冊，頁 294。

〔註 32〕王船山：《莊子解‧知北遊》，《船山全書》第 13 冊，頁 337。

〔註 33〕王船山：《莊子解‧庚桑楚》，《船山全書》第 13 冊，頁 367～368。

〔註 34〕船山所論之氣，不僅在解通莊書極爲重要，在其整體義理架構上，歷來亦被
視爲必然討論之課題。如唐君毅所論，「（船山）……而有其『希張橫渠之正
學』，重氣化之流行之論，以教人即氣見道，即器見理，而大此心之量之論也。
船山之言氣化之流行，不只從自然宇宙之變言……」引於《中國哲學原論：
導論篇》（台北：台灣學生書局，1993 年），頁 623。又如張立文曾言「船山
升格被程朱認爲是形下層面的氣……船山以氣的實有性來統攝理、太極、
道。……從而建構了細密的氣本論哲學邏輯結構。」引於張立文：《船山哲
學》，頁 462～463。諸如此類之說亦可見於陳來、林文彬、曾昭旭……等等研
究者之著作，此處不一而足。

## 一、氣與神之關係

　　按船山解通莊書之詮釋文字，顯然直接以「神」根源於「氣」，其解〈在宥〉篇言及：

> 吾身固有可在天下，可宥天下者，吾之神也。貴之愛之，弗搖之以外淫，而不與物遷，則五藏保其神明，……神者，天氣之醇者也。存神以存萬物之天，從容不迫，而物之不待治而治者十之七。(《莊子解·在宥》，《船山全書》第 13 冊，頁 207)

「神」是指人得天地一氣之醇者，換言之，吾身之「神」乃是根源於天地一氣。另外，船山解〈達生〉之「望之似木雞矣」亦言：

> 蓋神者，氣之神也。而氣有動之性，猶水有波之性。水即無風，而波之性自在。中虛則外見者盛，故氣虛者其息必喘。無以定其能波之性，則止水溢而波亦爲之興，未可急求其靜也。急求之，則又以心使氣，氣成而神易變。守氣者，徐之徐之，以俟其內充，而白不外溢。內充則神安其宅，外不溢則氣定而終不變，舉天下可悅可惡可怪可懼者，自望而反走，純氣不待守而自守矣。(《莊子解·達生》，《船山全書》第 13 冊，頁 301) 〔註35〕

船山言神乃是氣之神，而且守氣使內可充，內充則神能安於內。此處所謂「安」，是指「神之棲於氣」〔註36〕之「安」。由此可知，前文所言「神者，天氣之醇者也」〔註37〕之根源關係，其所謂「根源」並非是指「生」之前後關係，而是揭示氣承載神，〔註38〕亦即申明神依存於氣聚之形，故船山言「蓋人之生也，形

---

〔註35〕船山在《張子正蒙注》卷 2〈神化篇〉亦言「故神，氣之神」，引於《船山全書》第 12 冊，頁 77。

〔註36〕王船山：《莊子解·達生》，頁 163。有關神不離氣而存，在船山《張子正蒙注》卷 2〈神化篇〉亦曾提及，其言「蓋氣之未分而能變合者即神，自其合一不測而謂之神爾，非氣之外有神也。」人得天地一氣而成形，形存有得天地之氣，倘若人不被耳目之形所執，則可保存氣之純然本然，此即「合一不測」，此即「神」。另外，「氣之所生，神皆至矣。氣充塞而無間，神亦無間，明無不徹，用無不利，神之爲德莫有盛焉矣。」神是以「氣」爲存在依據，所以兩者是並生並存的。引於《船山全書》第 12 冊，頁 82 及 78。

〔註37〕此天氣之醇者，正可與《張子正蒙注》卷 2〈太和〉所言之「神者，氣之靈，不離乎氣而相與爲體……」相互參照。引於《船山全書》第 12 冊，頁 23。

〔註38〕鄭世根以爲莊書所論之「氣」，是指實體，並且是宇宙萬物的根源性。此論可與船山言「氣承載神」相互參照，「氣」若爲根源實體，則不僅「神」爲其承載，宏觀之，天地萬有皆亦受其承載。鄭文見於《莊子氣化論》(台北：台灣

成而神因附之」。〔註39〕推衍而論，氣之存在狀態，顯然足以影響神之存在狀態。有關此種相互牽扯之存在型態，唐君毅評述莊子之神、氣，其曾言「此神氣之不變，亦可只說爲氣之不變，如可說之爲『純氣之守』（達生）亦可說爲神之守，如言『純素之道，唯神是守』（刻意）」。〔註40〕而船山在解通莊書過程中，更是窮極筆墨加以闡釋，其下即探詢此種關係，首先引船山解〈達生〉之言：

> 物者，氣之凝滯者也。象貌聲色，氣之餘也。人之先合於天，爲命
> 之情者，純而已矣；無所凝滯，更生而不窮，不形於色而常清。唯
> 人之達乎此，淫于物而化於物，則物之委形，塊結于中以相雜，憂
> 患水火交相窒慄而純氣蕩；則且化天之純氣，爲頑鄙、窒塞、浮蕩
> 以死之氣，而賊天甚矣。守其純氣，棄世以正平，得而不淫，失而
> 不傷，藏身于天而身無非天，形且與情同其純妙，而爲德于生者大
> 矣。夫人之雜氣一動，開人之「知巧果敢」，以閟天之純，則其散而
> 更生者，害延不已，于是攻戰殺戮之氣動於兩間，而天受其累。故
> 守之者不得不嚴，而棄物者不得不若遺也。（《莊子解·達生》，《船
> 山全書》第 13 冊，頁 295）

此段大意可分兩方面言，一是人雖承天之純氣，然而人若淫于物，則使本然之純氣蕩失，進而轉化成頑鄙窒塞之氣。〔註41〕二是守其純氣則人能合於天，合天之謂即〈大宗師〉「通天人之大宗也」。〔註42〕此處所論氣凝滯於物，船山於其下文，將「氣」字抽離而置換成「神」：

> 神不凝者，物動之。見可欣而悅之，猶易制者；見可厭而弗惡，難
> 矣；見所未嘗見者，弗怪而弗懼，愈難矣。乃心一動而神不守，且
> 病其形。夫物之所自造，無一而非天。天則非人見聞之可限矣。而
> 以其習見習聞，爲欣爲厭爲怪，皆心知之妄耳。……故神凝者，不
> 見天下之有可怪，因不謂天下之無可怪。霸者自霸，怪者自怪。志
> 壹於霸，則怪亦霸之徵也。無所容其忿懥之氣，而純氣周流浹洽于

---

〔註39〕 學生書局，1993 年），頁 63。
〔註39〕 王船山：《莊子解·人間世》，《船山全書》第 13 冊，頁 124。
〔註40〕 唐君毅：《中國哲學原論：原道篇》卷 2，頁 247。
〔註41〕 此處所論，船山在《張子正蒙注》卷 1〈太和篇〉亦有提及，其言「人生而物
　　　 感交，氣逐於物，役氣而遺神，神爲氣使而迷其健順之性，非其生之本然也。」
　　　 氣之本然狀態之喪失，乃是因爲氣逐於物，而且氣隨物動，亦使神失去導航
　　　 地位。引於《船山全書》第 12 冊，頁 16。
〔註42〕 王船山：《莊子解·大宗師》，《船山全書》第 13 冊，頁 156。

> 吾身，出入中央，舉無所滯，怪不能傷，而形全矣。(《莊子解·達
> 生》，《船山全書》第 13 冊，頁 300～301)

所謂「物動之」而「神不凝」，如同前引「物者，氣之凝滯者也」，並且以「純
氣周流浹洽于吾身」來描述「神凝者」。匯整船山兩段之論証，其間唯一差異，
是在物動與神不凝之間，添加了「心一動」。不過，船山對於心、氣之關係，
亦有申明：

> 心一而已，而使之雜以擾者，是非也。是非交錯于天下，皆生于知。
> 知以生是，是以形非，歧塗百出；善者一是非也，暴者一是非也，
> 交爭而擾不可言矣。夫知生于心，還以亂心，故盡人之心不可勝詰。
> 心各有知，不知者不肯詘不知，則氣以憤興，既以忤人之心，復以
> 犯人之氣。暴人之氣尤爲猛烈，則惡其美也深，見爲齕己，而報以
> 齕也倍酷。然且以吾心之善，吾氣之正、乘而鬭之，先自喪其和平，
> 德又惡得而厚，信又惡得而矼邪？欲伸其氣則心必雜，心雜而月、
> 口、色、容交失其則；乃至彼此交齕，身死國亡，猶曰吾直言之氣，
> 自伸于千古。心知之蕩德，一至此乎！(《莊子解·人間世》，《船山
> 全書》第 13 冊，頁 128)

> 心既逆而氣復相持以不下。(《莊子解·人間世》，《船山全書》第 13
> 冊，頁 129)

> 心齊之要無他，虛而已矣。氣者生氣也，即緣天之和氣也。參之以
> 心知而氣爲心使，心入氣以礙其和，于是乎不虛。……心含氣以善
> 吾生，而不與天下相搆，則長葆其天光，而至虛者至一也。(《莊子
> 解·人間世》，《船山全書》第 13 冊，頁 132)

> 以心使氣，盛氣加入，鄙人之爲也。(《莊子解·應帝王》，《船山全
> 書》第 13 冊，頁 178)

歸納船山所言，旨在說明不可以心使氣，心若以己知而生是非，則「氣以憤
興」；反之，氣守於純，心即能一而不雜。夫然，吾人若依循其文脈，即可發
見氣、心及神三者是相互牽動的。綜觀上述，船山所揭示的「氣──神」關
係，可歸結爲兩個要點，其一即是「神」棲於「氣」之承載關係；其二則爲
「凝神」以守其「純氣」之相互影響關係。〔註43〕

---

〔註43〕船山解〈達生〉言「此言持志凝神，以守純氣，精而又精之妙合乎自然也」(《船

## 二、神之普遍性及特殊性

　　按前文之辨析論証，吾人已可體知「氣──神」之共存關係。復次，本文要據此共存關係，進而抉發「神」之普遍性及特殊性。首先言「神」賦予人之普遍性，船山解〈養生主〉曾言：

> 蓋人之生也，形成而神因附之。形散而不足以居神，則神舍之而去；
> 舍之以去，而神者非神也。(《莊子解‧養生主》，《船山全書》第 13
> 冊，頁 124～125)

「神」依存於氣，則氣聚而形成，因此隨形成而附之者。此即意味船山從「氣」而論「神」，使「神」成為人人具有者，因此所謂的真人、至人、神人及聖人，其與一般人之差異，非是在「神」之有無，而是在「神」之凝或未凝也。此種觀點可見於船山解〈逍遙遊〉：

> 夫豈知神人之遊四海，任自然以逍遙乎？神人之神，凝而已爾。凝
> 則遊乎至小而大存焉，遊乎至大而小不遺焉。物之小大，各如其分，
> 則己固無事，而人我兩無所傷。視堯舜之治跡，一堯舜之塵垢秕糠
> 也，非堯舜之神所存也；所存者神之凝而已矣。(《莊子解‧逍遙遊》，
> 《船山全書》第 13 冊，頁 89)

剖析「神人之神，凝而已爾」之義涵，可以提煉出兩個訊息，其一是神非神人所獨有者；其二則是神人之神，與常人最大不同處，乃在於「凝」。若將此段引文縮合前段引文，兩相參照之後，更可彰顯「神」之普遍性。再援引船山解〈大宗師〉觀之：

> 夢者，神交于魂，而忽現為影，耳目聞見徜徉不定之境，未忘其形象
> 而幻成之。返其真知者，天光內照，而見聞忘其已迹，則氣歛心虛而
> 夢不起。生死禍福皆無益損于吾之真，而早計以規未然之憂，其以無
> 有為有，亦猶夢也，皆浮明之外馳者也。浮明之生，依氣以動。氣之
> 動也因乎息，而天機之出入乘焉。歛浮明而返其真知，則氣亦沈靜以
> 內嚮，徹乎踵矣。天機乘息以升降，息深則天機深矣。耆欲者，浮明
> 之依耳目以逐聲色者也。壅塞其靈府，而天機隨之以上浮，即有乍見
> 之清光，亦淺矣。耆欲填胸，浮明外逐，喜怒妄發，……真人之與眾
> 人，一間而已。無浮明斯無躁氣，隨息以退藏而真知內充，徹體皆天

山全書》第 13 冊，頁 305)。

矣。(《莊子解・大宗師》,《船山全書》第 13 冊,頁 158)
夢之起,導因於有應忘而未忘者存之故,使其神交于魂而不能凝。倘若吾人可忘其所忘,則氣歛心虛使浮明返於眞知,此時神爲主而徹體皆天。文末所言「一間而已」,是指眞人能「氣歛心虛」能「歛浮明而返其眞知」。此眞人之能,即是以神役氣、明之神凝狀態。此處有旁及「神爲主」之問題,然而該問題非本節所及,故留待下文解說,相關論証可見於第三節。

綜觀所述,船山莊學從「氣」論「神」,使得「神」具有先天之普遍性。在「氣──神」的義理架構中,提供天人合一及萬物皆備於我的基本場域,而開啓天人合一之鑰,則是直指人能自主能動合天之「神」。要言之,氣可承載神,此處僅是開示人之「神」之普遍性,尚未顯豁人之特殊存在意義。是故,下文即是探究此一問題。

不可諱言的,「神」之普遍性必須藉由「氣」之存在,方可被證成。而且歷來研究莊學者,將關注焦點擺放在「氣」概念上的,亦不乏其人。如鄭世根《莊子氣化論》一書中提及:

> 莊子非常強烈的反對二元對立性的「心」與「物」之辯、「心」與「身」
> 之分,而一向尋求兩者之間的「和諧」哲學──在莊子中,其中心
> 概念爲「氣」。〔註44〕

筆者以爲鄭氏此處之論,切中「氣」之精要,即「統一和諧」是在「氣」上得到根源性之共通基礎。然而,吾人不禁要問,氣聚形成之「氣」已可呈現普遍性,爲何不在「氣」上直接申明普遍性?爲何要再提出「神」這個概念?船山莊學在「氣」之外,另外標舉「神」以言普遍性,此舉不免有畫蛇添足之慮。實則不然,倘若僅停滯於言「氣」而不言「神」,「氣」所能給予人的支撐,只是普遍性的存在,只是共通的基本條件,只是統一和諧的可能性。因此,在此種義理範疇之中,天人和諧屬於可能完成,但是缺乏「應然」完成,是故船山莊學必須言「神」以發明此「應然」。〔註45〕

〔註44〕鄭世根:《莊子氣化論》,頁 10。
〔註45〕此意即如《正蒙注》卷 1〈太和篇〉所言,「氣無可容吾作爲,聖人所存者神爾。」引於《船山全書》第 12 冊,頁 20。陳立驤於〈王船山天道論性格之衡定〉一文中,曾言「船山所說的『太和』、『太極』、『誠』、『天』、『道』與『神』等,基本上都是氣,都是必須通過氣來瞭解,並規定其實質內涵的。氣與它們每一者係『同指而異名』,都是指涉同一宇宙本體的不同稱謂而已。」(《鵝湖月刊》第 28 卷第 4 期,頁 34),按陳氏所論「神」、「氣」之關係,實可等同言之,與本文體察有所差異。基本上,船山莊學所示之「神」,固然是源於

　　吾人試觀船山莊學之「氣」,「氣聚成形」並非只適用於人而已,此「氣」亦能聚之而爲物。換言之,人之形是氣聚而成,物之形亦是氣聚而成。緣此之由,若以「氣」言普遍性,則人物則無所區分,亦即「人」之存在價值,或言存在意義,實與萬物等同而無所殊別也。在「氣」的義理範疇之中,無法提供「人」之特殊存在意義,然而反觀「神」在普遍性之外,亦可兼具豁顯人之特殊存在意義。其下即引船山解〈逍遙遊〉之言:

> 唯內見有己者,則外見有天下。有天下於己,則以己治天下:以之爲事,居之爲功,尸之爲名,拘鯤鵬于枋榆,驅蜩鷽于冥海,以彭祖之年責殤之天,皆資章甫適越人也,物乃以各失其逍遙矣。不予物以逍遙者,未有能逍遙者也。唯喪天下者可有天下;任物各得,安往而不適其遊哉!(《莊子解·逍遙遊》,《船山全書》第13冊,頁90)

按引文所述,人若是有己,有己而有天下,則天人已分。此執己而不以神用,〔註46〕則陷溺淪喪於功名,進而「物乃各失其逍遙」。換言之,人若能揚棄有己(無我),則能逍遙而「予物以逍遙」。因此,船山以爲「物」之逍遙與否,取決於人之能否逍遙。端視「神」之特殊性,人之逍遙在於神凝,而物卻無此「天氣之醇者」〔註47〕之「神」。唐君毅解莊之說亦有闡發:

> 則謂大鵬,即是逍遙者,固非;大鵬之飛固有待,即無待,亦只是鳥,其不能有人之逍遙,不待辯也。〔註48〕

唐氏主要宗旨乃是批判郭象注莊,未得莊文之深意。然而,吾人審視所引之文,呈現在其字裏行間的是:人、物之間存在著根本的差異,此差異即物不能有人之逍遙。筆者推衍其義,所謂「不能有人之逍遙」,實指人可凝神而自主冥合於

---

　　「氣」,然則兩者非是全然等同的。其次,陳氏乃是剋就「天道論」而發,研究範疇亦非是圍繞在船山莊學,是故不可直接套用於船山莊學。

〔註46〕有分有辨即是神未凝,亦即「不以神用」。此闡述可見於船山《莊子解·逍遙遊》頁86~87,其言「視宋榮子則爲神人;彼於分有定,於境有辨,以形圍而不以神用,而忘分忘辨者,不測之神也。」

〔註47〕船山言「形體雖移,清醇不改」,至人所亟養者,即此「天地清醇之氣」,亦是生之主者。見於《船山全書》第13冊,頁293。

〔註48〕唐君毅:《中國哲學原論:原道篇》卷2,頁352。此處之說法,亦可參見唐氏〈王船山之人道論通釋〉,其言「禽獸不能凝善以爲性,而人獨能凝善以爲性。故人物之中,人性獨尊而異於物性。人性善而有人道。人道者,人之所獨有以繼天道者也。」(《中國哲學思想論集:清代篇》,台北:牧童出版社,1976年,頁97。)人異於物,人能凝善而成人道繼天道,此即神之發用。唐氏此論雖是闡釋《讀四書大全說》,但與本文之辨証,正可相互印合。

天，物則不然。物必待人之逍遙而遍照於物，或言「物各還物」，〔註49〕方得其逍遙。因此，在人自養凝神以不擾於物的說法中，物之逍遙是被動性的。〔註50〕誠然，所謂人之逍遙，船山莊學即釋爲「神凝」後之開展而已，「神」即是人不同於物之特殊存在之顯。相同的論述義涵，亦可見於船山解〈人間世〉：

> 如是以入遊其樊，知道之所知，而不以心耳生知，其知也，虛室之白，已養其和而物不得戾。若然者，凝神以坐，而四應如馳；即有不止者，亦行乎其所不得不行。（《莊子解·人間世》，《船山全書》第 13 冊，頁 133～134）

試演其義，人既不得已而入此人間世，則應凝神以消弭心耳之知，並以心齋之虛含養純氣而不失，如此方可「不與天下相搆」，〔註51〕而使「物不得戾」。不可諱言的，此段引文在闡釋之主題義涵上，與前引船山解〈逍遙遊〉之文有所差異；不過，就其廓清人之神凝與物之關係上，確實可印合前述而相互發明之。另外，曾昭旭在闡釋船山義理之時，曾言「人之天」與「物之天」之分：

> 唯人與物雖皆爲天化之一端，而同爲一客觀存在之物，卻實有基本之不同，所以船山復於此切分「人之天」與「物之天」也。此中之不同即在物但爲一物理的存在，而受初生一命之型所限定，即但具順承天理之坤德，而不具自我作主，起道德創生之用之乾德也。故物之存在，唯是有限的、形而下的。而人則不然，人以具乾德故，其存在乃除卻天賦之初生一命外（此命船山謂之初命），更能自我發用，以開發此宙之密藏（或曰「性」之密藏，以性即具存宇宙萬理故），以與知或建構一屬於人之世界。〔註52〕

〔註49〕王船山：《莊子解·逍遙遊》，《船山全書》第 13 冊，頁 92。船山言「凡遊而用者，皆神不凝，而欲資用於物，窮於所不可用，則困。神凝者，窅然喪物，而物自效其用，奚能困己哉？……知以己用物，而不以物用物，至于無用而必窮，窮斯困矣。一知之所知，則物各還物，無用其所無用，奚困苦哉？」（《船山全書》第 13 冊，頁 91～92）神凝而逍遙者，於物無用，即還物之本然狀態，不以己意因之。此不因物之際，即是人不執陷於己知己意，則人得逍遙，物亦還物而逍遙。

〔註50〕船山在《讀四書大全說》亦言及物之被動性：「夫人之所以異於禽獸者，以其知覺之有漸，寂然不動，待感而通也。若禽之初出於殼，獸之初墜於胎，……是何也？禽獸有天明而無己明……」，所謂「有天明而無己明」，意味著禽獸是被動性之受天所照。引於《船山全書》第 6 冊，頁 850。

〔註51〕王船山：《莊子解·人間世》，《船山全書》第 13 冊，頁 132。

〔註52〕曾昭旭：《王船山哲學》，頁 357。

此段文字雖非針對船山解通莊書而立論，然而觀其基本思路，亦可與船山莊學應和，意在發明人能自我發用。換言之，亦即人具有「存神以存萬物之天」〔註53〕之主動性，而物則不可自我作主。〔註54〕船山解〈徐無鬼〉有言：

> 人之於天，無一間之離者也。心復其心，則其於天，如水之依土，影之於人，有恃之以往而不憂其損。物之於天，抑未有一隙之或離也。則物恃物之天，我之待物亦恃其天，而固無損矣。……則以己入天而己危，以己入物之天而物危。（《莊子解・徐無鬼》，《船山全書》第13冊，頁387）

分就人、物合天而論，人合天之條件，是人復其心而已；〔註55〕物合天之條件，除了「物恃物之天」，另外必須人能「待物亦恃其天」。因此，人合天是自我個體可完成之事，物合天則不然，其尚須抑賴人待物而恃其天。夫然，曾氏之說即通同於此，不過，剋就其闡釋重心，兩者亦非全然等同。本文據船山莊學所論之「神」，揭示人、物之異，實是側重於人之特殊性之抉發；然而曾氏所論不限於此，其關注層面涉及甚廣，吾人不可不察。〔註56〕附帶一

---

〔註53〕王船山：《莊子解・在宥》，《船山全書》第13冊，頁207。

〔註54〕此義於《思問錄・內篇》亦有闡明，船山言「知、仁、勇，人得之厚而用之也至。然禽獸亦與有之矣，禽獸之與有之者，天之道也。好學近乎知，力行近乎仁，知恥近乎勇，人之獨而禽獸不得與，人之道也。」（《船山全書》第12冊，頁402），簡述其義，禽獸只有「天之道」，而人則有主動好學、力行及知恥之「人之道」。另外，林安梧在《王船山人性史哲學之研究》一書中，亦曾言「既皆爲道所開展的世界，然則有所別何在？船山區分了『天之天』與『人之天』，……船山一方面肯定人亦是天地萬物之一，如禽獸草木一樣都是天道無心的造化，但他又特地強調草木禽獸『有天明而無己明』，唯獨『人則有天道而抑有人道』。因此禽獸草木無自主性，惟有人才有自主性。有了自主性的人一方面是天道所造，但另一方面則亦是一具體而微的天道的化身或天道的肖像，也因此人才有參贊天道的可能。」（《王船山人性史哲學之研究》頁55）林氏所論針對《讀四書大全說》而發，然其言人之自主性是「天道所造」，即是本文不斷重覆提及的，人得天地一氣之醇者之「神」。

〔註55〕此處船山所論之人合天，亦即《莊子解・徐無鬼》所言「內全其天而外全人之天」（《船山全書》第13冊，頁385）。另外，船山解〈秋水〉有提及，「天者自然之化，……。既已爲人，不得而不入；絡馬穿牛，不容已則不已之，無不可爲也。而不以馬之宜絡，遂絡其牛；牛之須穿，並穿其馬；則雖人而不滅天。天懷於內，然後可以人寓於外。」（《船山全書》第13冊，頁277～278）姑且此論是否合宜莊子原義，吾人細察船山之言，馬牛之宜絡宜穿，乃是取抉於人，因此人合天而不滅天之復心，可能建立在「馬宜絡」、「牛宜穿」之上，則筆者以爲此牛馬之逍遙，間接取抉於人。

〔註56〕有關曾昭旭所論，可見於其書《王船山哲學》頁354～361。

提，前文所釋之特殊性，主要是關注於人與其它萬物之異。然而，人與人之間亦存在歧異性，船山指明世俗之人，與神人、至人或聖人之差異，是在於「神」之凝不凝。人之凝不凝其神，是受其「剛柔靜躁各有所偏繫」〔註 57〕之影響，意即人人皆具有「神」，但是在自我的實踐工夫上，可能會有難易之分。不過，吾人必須釐清的是，「難易之分」無法泯除人人皆可自「凝」其「神」之真實可能。

綜觀上述所論，吾人已可體見船山莊學之「神」，實是架構在「氣——神」之義理範疇之中。〔註 58〕並且，此種架構揭櫫「神」的兩項內涵，其一是從氣論神而得之「普遍性」，亦即神是人所共具者，而非是神人、至人、真人或聖人所獨有。因此，人尋求個體完善之實踐工夫，有其最根源之依據。其二則是氣雖承載神，然而神非等同於氣，神別具特殊義涵。所謂神之「特殊性」，是指人道之彰顯，亦即天人合一之應然之自主能動性，此與「物」有顯然之差異。〔註59〕按前述兩項得知，倘若純粹就「氣」闡釋莊子，或許將淡化「人道」之意味，然而船山卻極為重視「人道」，其曾言「但君子之學，不鹵莽以師天，而近思人所自生，純粹以精之理，立人道之極；則彼知之所不察，而憚於力行者也」。〔註 60〕因此，「神」概念之確立，既可鞏固「人道」之特殊性，亦能不喪失「天道」之普遍性。換言之，在「神」的義理涵概之下，人是兼具主體之自主能動性，以及趨同客觀天道之應然，並且缺一不可而互依互存。是以，吾人可以歸結一個結論，「氣」所給予人之普遍性是人物同具的，「神」則賦予人更深層之普遍性，此普遍性中涵攝人之特殊存在意義，故筆者以「神」為契入船山莊學之鑰。「神」為船山莊學之核心概念，既已有所朗現，下文再針對神之相關議題作論述，進而更見其堂奧。

〔註57〕 王船山：《莊子解·達生》，《船山全書》第 13 冊，頁 298。
〔註58〕 林安梧曾提及「船山之『重氣』則上提到本體的層次而說，他創造的詮釋張載的《正蒙》，而強調『氣』是本體，氣自有陰陽兩端而氤氳相盪……，重氣一脈則凸顯了『存在的歷史性』。」（《王船山人性史哲學之研究》頁 15），林氏所謂「上提到本體的層次」，即是船山莊學中之「神」。此外，林氏認為「重氣」的思維邏輯，乃是關注人的「存在」問題，這亦是本文所謂神之普遍性。按此可知，兩處研究本文雖異，但是船山學的基本義理，實可貫通無礙的。
〔註59〕 船山莊學以人具有「神」之自主能動性之可能，進而分判人、物之差異，不過此處必須釐清一事，此自主能動之可能性之差異，只是証成人之特殊存在型態，並非否定了物與天之聯系性。
〔註60〕 王船山：《莊子解·則陽》，《船山全書》第 13 冊，頁 395。

# 第三節　以「神」爲核心樞紐

　　船山從「氣」論「神」之基本架構中，確立了「神」之普遍性及特殊性，此種兼具普遍性及特殊性的雙重內涵，鑄就「神」爲船山莊學核心之基礎。然而，本文既視「神」爲船山莊學之核心，必然需要相關義理爲佐證，否則將自陷於管中窺豹。不過，在進入論証辨析之前，此處必須先行釐清一事。船山在闡釋「神」之時，喜用「主 —— 賓」型態來表述與它者之關係。而筆者以爲「主」可切中「神」之精妙，但是有申明或界定之必要。所謂「神爲主」之「主」，實是抉發「神」具有核心意義，而非是指涉價值序列上之高低位階。眾所周知，船山喜言道器爲一，或者理氣爲一，亦即在其義理架構中，諸多核心概念其實是並列共舉的，而非有絕對之上下區分。倘若在進一步詮釋其義，則「神爲主」應該詮釋爲「神」位居於樞紐地位，而非異於其它概念之孤懸高立者，此實爲船山方便權說之故。

　　然復須知，「神」既爲船山莊學之核心樞紐，其必然與諸多概念形成一縝密之義理系統。此一系統性之義理架構甚廣，倘若要通盤辨析疏通，實非筆者現今能力所及。因此，筆者設想三種論証闡釋之法，繼而擇優從之。其一，「神」是天氣之最醇者，吾人可由「神」逆証於「天」，進而揭示其有核心價值；其二，「神」乃是天人貫通之可能，藉由探究天人關係以指明其核心意義；其三，天所賦予「人」之種種中，實以「神」最爲特殊且核心，「人」得此天氣之醇者，遂能順隨造化而成己，同時亦成人成物，因此「神」之彰顯應落在「人」。試觀上述三條闡釋路徑，無論是從「天」論「神」之核心意義，抑或從天人關係論「神」之核心意義，皆屬可行之路，然而筆者以爲非是最佳路徑。船山解莊曾有「人道之極」之言，而且前節「從氣論神」已然指出「神」賦予人之普遍性及特殊性，因此吾人若要詮釋「神」之深層內蘊，唯有擺放在「人」方有意義可言，而且從「人」之成己、成人、成物而言，亦已証得「天」或「天人關係」。倘若運用前述兩種方法作闡釋，「神」之核心意義不必是在「人」上實現，則「人」顯然被淡化或忽視了，此即背離船山所言的「人道之極」。

　　依據前論，吾人既知「神」的核心意義，應是落實在「人」方能彰顯。然而，如何從「人」去掘發「神」之核心意義？船山解〈逍遙遊〉曾提及，「神

凝者，窅然喪物，而物各自效其用，奚能困己哉？」〔註 61〕剋就「神凝者」能「窅然喪物」而言，吾人則可分就兩方面來推敲，其一窅然喪物之基礎，乃在於無己，如船山所言「唯內見有己者，則外見有天下」。〔註 62〕因此，人如何去照觀自我，直接影響神之凝或未凝；其二是「窅然喪物」是對客觀知識之超越，船山曾言「蓋物論之興，始于小大之殊觀」，此小大之分之辨，實是「彼我不相知，而不能知其所不知」，〔註 63〕意即人以客觀知識去建構外在事物，而自陷於知其知之客觀知識。因此，窅然喪物所傳遞的訊息是，此「物」只是物本身，不是人以客觀知識所建構之物。要言之，「神」顯發於「人」的核心意義有二，即忘己及去知。此正如莊書〈大宗師〉對顏回「坐忘」之描述，其言「墮肢體，黜聰明，離形去知，同於大通此謂坐忘。」〔註 64〕所謂通同大宗之坐忘，實是以「神」消解「形」及「知」的負面性質而言。據此，本文試將其消解歷程回溯至源頭——「神」，再分由兩條路徑解通之。〔註 65〕其一是「神——心知——形」，此涉及人觀照自我之態度，即忘其所忘，不忘其所不忘；其二則是「神——明——知」，此涉及人觀照世界之方式，亦即對客觀知識限制之超越。其下即開展而論：

## 一、論「神——心知——形」之關係

　　試問「神」為何義？這是研究船山莊學之「神」，必須承擔且解決的一個核心問題。然而，吾人應該如何去揭示其內在義涵？筆者以為，藉由探究「神」與其它概念之關係，即可擷獲一些重要訊息，進而釐清「神」的內在義涵。因此，下文即探究「神——心知——形」之關係。

〔註 61〕 王船山：《莊子解・逍遙遊》，《船山全書》第 13 冊，頁 91～92。
〔註 62〕 王船山：《莊子解・逍遙遊》，《船山全書》第 13 冊，頁 90。
〔註 63〕 王船山：《莊子解・秋水》，《船山全書》第 13 冊，頁 268。
〔註 64〕 王船山：《莊子解・大宗師》，《船山全書》第 13 冊，頁 174。
〔註 65〕 筆者此處之想法，乃是受日籍學者池田知久所啟發。池田知久在其書《莊子：「道」的思想及其演變》有論及，「南郭子綦、顏成子游問答的下文中的、提出每個人類之『我』也許是世界的主宰者的假說而論述之處，立足於『我』在原理上是由身體的『形』和精神的『心』構成的二元論，從『我』的兩個側面探索世界的主宰者。……據此，人類這個存在者也是由『枝體』『形』的身體和『聰明』『知』的精神構成的。」引於池田知久：《莊子：「道」的思想及其演變》，黃華珍譯（台北：國立編譯館，2001 年），頁 401～402。筆者將池田所言之「形」、「知」問題，與本文所欲探究的「神」合而觀之，藉由此種論述方式，不僅可以體知「神」，更可傳遞船山莊學中「形」、「知」、「心」及「明」之義理。

唐君毅在《中國哲學原論：原道篇》一書中曾言：

> 養生主所論，則要在還觀吾人每一人之生命與心知之關係，而自求
> 加以調理之道，以使之得不自相對反，而相摧損。此調理之道，即
> 所以養爲吾心知之原之生命主體，亦即所以養此心知。通觀此篇全
> 文，自是貴生，然尤貴此心知之行于生命之中，而于與生相反之死，
> 則當不見其是死。故與齊物論之重靈臺之心之知之通物我，知是非，
> 而不見利害生死之旨，亦正相照應。〔註66〕

唐氏以爲養生主之宗旨義涵，乃是對個體生命之內在和諧而發聲。此處所言
「內在和諧」，即是生命與心知的「不自相對反」。爲何會有自相對反？唐氏
下文指出「然人之生命之流行，又恆有生理上心理上之阻礙。」〔註67〕誠如
其言，人必然有生理與心理之客觀限制，而且生命心知與此客觀限制相互衝
突，則生命心知即會受到折損傷害。對於此種內在衝突，筆者以爲船山莊學
提供了吾人解決之道，即「神──心知──形」。然而，在「神──心知─
─形」的義理架構中，船山莊學傳遞給予吾人何種訊息？又是如何去解決內
在衝突？此間諸多問題，尚待下文逐一辨析釐清。

有關「神──心知──形」的義理架構，船山在解〈養生主〉之序文言：

> 形，寓也，賓也；心知寓神以馳，役也；皆吾生之有而非生之主也。
> 以味與氣養其形，以學養其心知，皆不恤其主之亡者也。其形在，
> 其心使之然，神日疲役以瀕危而不知，謂之「不死奚益」。而養形之
> 累顯而淺，養知之累隱而深。與接搆而以心鬭，則人事之患，陰陽
> 之患，欲遁之而適以割折傷其刀。養生之主者，賓其賓，役其役，
> 薪盡而火不喪明；善以其輕微之用，遊於善惡之間而已矣。(《莊子
> 解・養生主》，《船山全書》第 13 冊，頁 120) 〔註68〕

---

〔註66〕唐君毅：《中國哲學原論：原道篇》卷 1，頁 358。
〔註67〕唐君毅：《中國哲學原論：原道篇》卷 1，頁 363。
〔註68〕船山此處所論，可以參照《張子正蒙注》「陰陽之糟粕，聚而成形，故內而
爲耳目口體，外而爲聲色臭味，雖皆神之所爲，而神不存焉矣。兩相攻取
而喜怒生焉。心本神之舍也，馳神外徇，以從小體而趨合于外物，則神去
心而心喪其主。知道者凝心之靈以存神，不溢喜，不遷怒，外物之順逆，
如其分以應之，乃不留滯以爲心累；則物過吾前而吾已化之，性命之理不
失而神恒爲。舜之飯糗茹草與爲天子無以異，存神之至也。」(《張子正蒙
注》《船山全書》第 12 冊頁 95。) 此處亦涉及神、心及形之問題，神爲主，
而心是神之舍，形則是陰陽之糟粕而已。觀其大義，概可與船山解〈養生

按引文所示，神、心知及形的基本關係，其實已然呈現。船山直言「養生主」之「主」，非是指「形」或「心知」〔註69〕之養，甚至指摘僅養其形或心知者，乃在疲役眞正之「主」，亦即「神」。復次，船山言養形或養知皆是累生，而且指明人自知有「形」，乃是「心使之然」。換言之，吾人對「形」之執著，可說是根源於心知之所識，此心知之累是隱而深的，是故養知之累甚於養形。正緣前由，船山以爲個體生命最理想之狀態，即是主、賓、役各適其位，各適其位即可達至內在和諧而不自相對反。

有關「各適其位」之問題，衷爾鉅在闡釋《周易外傳》「故形非神不運，神非形不憑……」有一段論述，筆者以爲可與本文相互發明：

> 形和神是憑（或載）與運的關係。憑即憑依、依托之意，與"載"義同等。"運"即轉動，含有支使之意。其新意就在這一"運"字上。說形非神不運，神非形不憑，即肯定形體是精神的憑藉、依托。精神若沒有形體則失所憑藉；形體沒有精神，則形體無以運轉，失了支使者，其形體就如死者尸體上無聽無視的耳目。〔註70〕

按論者之意，形、神乃是載、運之關係，換言之即是相互依存的。然則，相互依存是就其存在狀態而言，倘若問及發用之情況，則有所謂「賓主」問題。以譬喻明之，神形關係如同人開車，「運」者即是駕駛操控之人，「載」者即是汽車。剋就「人開車」存在型態而言，人與車是兩者缺一不可的；不過，若要申明其運作（發用）之主導權，則是指向「運」之「人」。復次，在行駛的過程中，若是車子損壞報銷，人自然會下車離去而改變「人開車」之型態，〔註71〕則此「車」只是「前此者之未有，後此者之不留」〔註72〕之「假」而

---

主〉所言者互通。另外，船山所言「心知寓神以馳」，已然將「神」與「心知」作了區別，此與錢穆在《莊老通辨》中所闡釋的莊子之「神」，兩者稍有差異。錢氏其文曾言「神」指「心知」，然而據船山之論，心知是「役」而神是「主」，絕非屬於等同。（錢穆：《莊老通辨》，台北：東大圖書公司，1991年，頁191～229。）

〔註69〕所謂「心知」，乃是指氣爲心使，使本有醇然之氣變爲「不虛」。可參照船山解〈人間世〉「心齋之要無他，虛而已。氣者生氣也，即暉天之和氣也。參之以心知而氣爲心使，心入氣以礙其和，于是乎不虛」（《船山全書》第13冊，頁132）

〔註70〕衷爾鉅：《大儒列傳：王夫之》，頁172。

〔註71〕此即船山所謂「寓於形而謂之神，不寓於形，天而已矣」（《莊子解·養生主》，《船山全書》第13冊，頁125），形毀而神離，神即歸復天地一氣中，此時在人所謂的「神」，在天即爲「天」而已，亦指改變存在型態。

〔註72〕王船山：《莊子解·天道》，頁120。

已。是故，形屬汽車之載，神屬駕駛員之運，亦即神是主，形爲賓，此義不可混淆。〔註73〕

剋就「神——心知——形」的架構而言，若能使三者各適其位，則個體生命即可同大化流行而無所窒礙。不過，值得吾人注意的是，此種理想的生命狀態，在船山莊學中，皆是用以表述至人、神人或聖人。因此，吾人可知「神」雖然是理想生命狀態之核心，但是多數情況下顯然受到架空或錯置。「神」如何被架空或錯置？試觀船山解〈養生主〉之言：

> 以有涯之生隨無涯之知，實則以其知隨其生也。爲善爲惡而至于有厚，無他，求以利其生而已矣。徇耳目口體之欲則近刑，徇見聞毀譽之迹則近名。唯恐其形之傷，而役其知以爭大軱，自以爲養生而神王，身幸免于剬剕，而違天以全人，惡知人之殘也多矣乎？是則知不任過，而殘其生者即其生，唯得賓而忘主也。故不得已而寧近右師之刑，勿近樊雉之名。名者，天之所刑也。（《莊子解·養生主》，《船山全書》第13冊，頁123）

人於世間之種種作爲，無非是要求利於「生」，然而所謂的「利生」之實際運作，世人常以爲落在「耳目口體之欲」，或是「見聞毀譽之跡」之上。甚至，人擔慮其生之形受到傷害，又將其利生之作爲，落在趨使其心知以爭「大軱」。所謂「大軱」，即「大名之所在，大刑之所嬰，大善大惡之爭，大險大阻存焉，皆大軱」〔註74〕爭大軱者雖免於刑，卻反而落入天刑（名）之桎梏，是以船山批判其爲「違天以全人」，亦即只是「得賓而忘主」，養其賓而主卻喪失其位。其次，人欲利其生，遂關注於耳目口體或見聞毀譽，因而近於刑名。倘若與「刑」相較之，「名」給予養生之賊害，實是過猶而無不及。船山對於「名」，亦有一番嚴辭：

> 老聃所以死而不能解其懸者，亦未能無厚而近名也。名者眾之所會，不遊其間而入其會，則雖不靳言而必有言，不靳哭而必有哭之者矣。天懸刑以懸小人，懸名以懸君子。一受其懸，雖死而猶縈繫之不已；而不知固有間也，不待釋而自不懸也。然懸于刑者，人知畏之；懸于名者，人不知解。避刑之情厚，而即入于名。以樂召樂，以哀召

---

〔註73〕 不可混淆是因爲「形爲神用則靈，神爲形用則妄」，引於《張子正蒙注·動物篇》（《船山全書》第12冊，頁109）。

〔註74〕 王船山：《莊子解·養生主》，《船山全書》第13冊，頁122。

哀，自怛其化，而且以納天下於樊中。養牛之主者，所惡莫甚於此。

（《莊子解・養生主》，《船山全書》第 13 冊，頁 124）

船山對於君子自以爲有別於小人，〔註75〕提出了深刻的告誡，君子若懸于「名」實無異於小人懸于「刑」，而且「名之所在，即刑之所懸」。〔註76〕夫然，懸于名者易使人「不知解」，甚至「自以爲養生而神王」，其害猶大矣，君子應要有所自覺。〔註77〕是故，船山方言「故不得已而寧近右師之刑，勿近樊雉之名。名者，天之所刑也」，此正印合莊子爲何有「澤雉十步一啄，百步一飲，不蘄畜乎樊中；神雖王，不善也」〔註78〕之言。

　　船山莊學在「神──心知──形」的架構中，既然不以「形」或「心知」爲生之主，而吾人要如何去面對此生之有？莊書首篇〈逍遙遊〉揭示了「至人無己，神人無功，聖人無名」，〔註79〕至人、神人及聖人皆是神凝且大而化之者，亦即理想的人格型態。然而，三者爲何能夠安於理想型態？或者如何能夠達至內在和諧？〔註80〕莊子揭示了一種特殊的存在方式，一種異於世人的特殊存在型態，即無己無功無名之「無」。徐復觀曾言「莊子的『無己』，是無掉爲形器所拘限的己，而上昇到與道相通的德、的性」，〔註81〕誠

---

〔註75〕此處所言之君子，是指僅有小知之君子或小儒，此類君子處涉人間世，以「耳目口體之欲」爲不可，而以「見聞毀譽之跡」爲努力方向，此種態度不僅無益於養生，反而使其更加受到侵害，此刑、名皆是養生之忌。甚至，相對於「刑」而言，船山對「名」之批判，顯得更嚴厲些。

〔註76〕王船山：《莊子解・人間世序》，《船山全書》第 13 冊，頁 126。

〔註77〕船山在〈人間世・序〉中言「生死可外，而況于名？物不能傷，而後庶幾於化。此篇爲涉亂世以自全而全人之妙術，君子深有取焉。」（《船山全書》第 13 冊，頁 126）。另外，在解〈天道〉亦曾言「因其自然，則仁義之形且不立，而況於名？仁義之形名之不立，而況於是非？擊鼓而求亡子者，循名以求形之謂。」（《船山全書》第 13 冊，頁 242）船山嚴厲批判君子有仁義之形名，其言仁義之形，已是違背自然天理，更何況是仁義之名。

〔註78〕王船山：《莊子解・養生主》，《船山全書》第 13 冊，頁 123。

〔註79〕王船山：《莊子解・逍遙遊》，《船山全書》第 13 冊，頁 86。

〔註80〕本文此處所論之內在和諧，乃是針對論述主軸而發。有關至人無己之整體內涵，除了指明內在和諧之外，更應融攝天人、人我、人物之和諧。

〔註81〕徐復觀：《中國人性論史：先秦篇》（台北：台灣商務印書館，1999 年），頁396。船山解〈庚桑楚〉亦有相類之論述，其言「而以衛生爲經，則見有其生而衛之。有其生則有己，有己則有人；我耦未喪，而離山失水之爲患，網罟螻蟻之爲憂，則固未足以語至人之德也。」（《船山全書》第 13 冊，頁 351）所謂「衛生爲經」而有己有人，即是未能「無己」，若能「無衛之心」方可「無己」；另外其言「至人之德」，則是徐復觀所言「與道相通的德」。

如徐氏所言,「無」實是要消解個體生命之累。返觀船山莊學,對於形或心知的消解,船山亦持相同之看法。且看船山對執於形軀生死之批判,援引其解〈達生〉之文而論:

> 命之情者,天命我而爲人,則固體天以爲命。唯生死爲數之常然,無可奈何者,知而不足勞吾神;至于本合于天,而有事於天,則所以立命而相天者,有其在我而爲獨志,非無可奈何者也。……惟於其生也,欲養其形而資外物以養之,勞形以求養形,形不可終養,而適以勞其形,則形既虧矣;遺棄其精于不恤,而疲役之以役於形而求養,則精之虧又久矣。……至人之所以亟養其生之主者此也。外物之累,順之而近刑,逆之而近名,皆從事于末,無有能與於天。故達情者,兩不屑焉。論至于此,而後逍遙者非苟求適也,養生者非徒養其易謝之生也,爲天下之大宗師而道無以加也。(《莊子解‧達生》,《船山全書》第 13 冊,頁 293)

述其義,人承天命而生,若能體天以爲命,則視生死爲常,〔註82〕知即不勞吾神,此亦即船山解〈大宗師〉所言「而不可知之死任之于天,則知不蕩而停以盛矣」。〔註83〕反之,人不以「神」爲生之主,僅是將養生視爲養形而已,則其養形必然欲「資外物以養之」,遂又與物相互牴牾,己既爲物所累而物亦受其害,〔註84〕而且「說生而非能益生,惡生而無能不死」。〔註85〕由此可知,船山駁斥執於形軀生死者,乃是以神役使心知而求形之養,最終只能自困於

---

〔註82〕有關體天以爲命,而視生死爲常,亦可參照船山解〈大宗師〉所言,「生之、死之命也。命則有修、有短,有予、有受,而旦與暮、天與人、相爲對待,非獨立無耦之眞也。」(《船山全書》第 13 冊,頁 163。)此處所言之「命」,是船山承莊文原義,是指不得已之客觀限制,非是船山喜言「命日降」之「命」。據此可知,「體天以爲命」之「命」,實與船山《讀四書大全說‧雍也》「天無一日而息其命,人無一日而不承命於天」(《船山全書》第 6 冊,頁 677。)之「命日降」之「命」,並無衝突矛盾,雖皆言「命」,然而指涉內涵不同。吾人可以參照唐君毅之言,「莊子之安命,唯安於不得已;而船山之言無定命之命,則直指客觀宇宙歷史之大化之神,闉闉之不已,往來之不窮而說。」(唐君毅:《中國哲學原論:導論篇》,頁 624。)

〔註83〕王船山:《莊子解‧大宗師》,《船山全書》第 13 冊,頁 157。

〔註84〕船山解〈知北遊〉亦言,「此其昧也,惟滯於不神之形,而於物求之。」(《船山全書》第 13 冊,頁 345)所謂不神之形,是指以養形爲養生者,而其形是主,神已被忽略架空,故言以「不神」表述神已蕩失之意。此處可與內文所論,相互參照。

〔註85〕王船山:《莊子解‧大宗師》,《船山全書》第 13 冊,頁 159。

生死之桎梏。是故，船山以爲「形之存亡，不足用爲憂喜」。〔註86〕另外，船山解〈德充符〉亦有相似說法：

> 生死者，人之形生而形死也。天地即有覆墜，亦其形覆形墜也。渾然之一氣，無生則無死，無形則無覆墜。生死、覆墜，一指之屈伸爾。屈伸改而指自若，此則命物之化而爲之宗者也。寓形于死生，皆假也，假則必遷。而渾然流動于兩間，宅於至虛而不遷。不能遷則不能遺，不能變。用心於無形，以養其無形之眞，則死生聽諸形之成毀，而況一足乎？（《莊子解‧德充符》，《船山全書》第 13 冊，頁 145）

生死只是有形之成毀，然而人卻有其無形之眞，此無形之眞是「宅於至虛而不遷」，亦即沒有成毀之問題。此「宅於至虛」的「無形之眞」爲何？船山此處並未明言，吾人可引另文合觀：

> 神則不依形以存，無形無自，無自無得，不於己見有心。（《莊子解‧天地》，《船山全書》第 13 冊，頁 230）

> 守氣者，徐之徐之，以俟其內充，而自不外溢。內充則神安其宅。（《莊子解‧達生》，《船山全書》第 13 冊，頁 301）

> 則氣歛心虛而夢不起。生死禍福皆無益損于吾之眞。（《莊子解‧大宗師》，《船山全書》第 13 冊，頁 158）

統觀三段引文可知，神非是依形而存的，其雖是隨著氣聚而存於形，〔註87〕但此無形之眞之神，應該是要安於氣歛內充而心虛之宅。因此，「形」固然有其「有形」之成毀，而「神」卻是「無形」之眞，「無形」亦即申明其無成毀。要言之，人無法養其神，最主要的原因，乃是執於有形之形，而執形又是「心使之然」。〔註88〕如何撤除此種主觀幕幛？船山解〈逍遙遊〉曾提及：

> 視宋榮子則見爲神人；於分有定，於境有辨，以形圍而不以神用，

---

〔註86〕王船山：《莊子解‧大宗師》，《船山全書》第 13 冊，頁 167。
〔註87〕此處所論之氣聚形成而神附之的概念，可以參照本章第二節所論「從氣論神」。另外，吾人必須有所釐清的是，船山莊學所謂的「神不依形以存」，雖不同范縝《神滅論》所言「神即形也，形即神也。是以形存則神存，形謝則神滅也」，然則亦非等同與佛教義理中的「神不滅」論。簡言之，船山並非豁顯個體之神之永存，而是個體凝神之清明，將歸復於天地一氣之中，使後起之人永有「清明之氣」，是故唐君毅方言「賢聖之不朽義」非是指涉「個體輪迴」之不滅，此爲吾人必須明辨的。唐氏的說法，可查見於《中國哲學原論‧原教篇》頁 617～622。
〔註88〕王船山：《莊子解‧養生主》，《船山全書》第 13 冊，頁 120。

而忘分忘辨者，不測之神也。視列子則見爲聖人；彼待其輕清而遺其重濁，有所不極，若遊無窮者，塵垢糠粃皆可御，而不必冷然之風，則造極而聖也。於鄉國見其功名，唯有其己；內外定，榮辱辨，乃以立功。御風者，去己與功而領清虛之譽，遠垢濁之譏，自著其名而人能名之。若夫「乘天地之正」者，無非正也。天高地下，高者不憂其亢，下者不憂其汙，含弘萬有而不相悖害，皆可遊也。……己不立則物無不可用，功不居則道無不可安，名不顯則實固無所喪。爲蜩、學鳩，則眇乎小而自有餘，不見爲小也。爲鯤、鵬，則蝥乎大而適如其小，不見爲大也。是乃無遊而不逍遙也。（《莊子解‧逍遙遊》，《船山全書》第 13 冊，頁 86～87）

按引文所論，吾人可分由兩方面作說解：其一，船山評述宋榮子非是神人，因爲宋榮子有分有辨，僅是以「形圍」，而不以「神用」者。人若未能忘分忘辨，則「不測之神」即喪失其位，是故船山直指宋榮子非神人也。要言之，所謂執於「形」，即是執於「有己」，有己是以己之形、己之心知爲主，而非是以「神」爲主。其二，如何能夠達至「無己」？如何能夠「忘分忘辨」？唯有去己、去功、去名而已。其言「己」若不立，則物無不可用；「功」若不居，則道無不可安；「名」若不顯，則實固無所喪。「去」是指復歸本然狀態之工夫，亦即是實踐工夫義，而「無己」之「無」則是偏重於境界義，「去」與「無」其實是一體兩面之表述。是故，船山言「無者，忘己以忘物也」。〔註89〕

然復須知，「無己」是指「忘其所忘而不忘其所不忘」。所謂的「忘其所忘」即是忘形、忘心知，〔註90〕「忘形」是針對外在形軀之「去己」，「忘心知」即是洗滌靈臺之「刳心」。至於「不忘其不忘」，〔註91〕即是要「存神」，或言「凝

---

〔註89〕王船山：《莊子解‧至樂》，《船山全書》第 13 冊，頁 284。

〔註90〕徐復觀在論述「莊子的藝術地生死觀」時曾言「忘是出於忘知忘己」，徐氏所言「忘知」即吾人所謂的「忘心知」，而其所言「忘己」，亦即吾人所謂的「忘形」。見於徐復觀：《中國藝術精神》，頁 111。

〔註91〕船山於《莊子通‧逍遙遊》曾言，「知兼乎寡也。知兼乎短，而後長不辭短也。知兼乎輕，而後重不略輕也。知兼乎小，而後大不忘小也。不忘小，乃可以忘小；忘小忘大，而「有不忘者存」，陶鑄焉，斯爲堯舜矣」（《船山全書》第 13 冊，頁 496），此「有不忘者存」即是本文所論之「不忘其所不忘」，亦即是「神」。另外，該書論《莊子通‧德充符》亦提及，「若夫『不忘其所不忘』，而形與貌在焉，天之所以成，成之所以大，渾外內，合精粗，凝道契天，以不喪其所受」，此段文字所言之「不喪其所受」，即是指受於天之神（《船山全書》第 13 冊，頁 501）。

神」。首先闡釋「忘其忘」之工夫，「無己」乃是相對於「有己」而言，有己則有人、有天、有物，己遂自隔於天地萬物。因此，去己即是忘此分辨，亦即「忘」有人、有天、有物及有己，是故船山言「坐忘，則非但忘物，而先自忘其吾」，〔註92〕而莊書亦言「忘乎物，忘乎天，其名爲忘己」。〔註93〕倘若再深論之，爲何會「有己」，則「有己」又是起因於「有心知」，除了前文已引的「其形在，其心使之然」之外，船山解〈人間世〉亦有提及，其言「忘其心乃可忘其身」。〔註94〕由此可知，吾人雖將「忘其所忘」區分爲「忘形」及「忘心知」，然而實際上兩者卻是相互依存的關係。

再言何謂「刳心」？船山以爲「刳心者，刳去其心之知也，是謂棄之」，〔註95〕然而又何爲要棄其「心知」？因爲「心知」是「皆強索而不能遇者也」，甚至會「攖人之心」。〔註96〕船山解〈徐無鬼〉曾提及：

> 夫以人入天而知意橫行者，目視之而心隨目以別妍媸，耳聽之而心隨耳以耳以分逆順，則靈臺本靈，而耳目變其故，故性命之情與耳目交相爲病。若目止於視，耳止於聽，心旌不搖而無所樂也，無待顯也，則天下且如人之瞥遇於鏡影之中，無求無攖，喜怒捐而抱德以煬和，內全其天而外全人之天，一喪而眞全矣。（《莊子解·徐無鬼》，《船山全書》第 13 冊，頁 385）

此段指明，若以「耳目視聽」役使心，心即搖蕩不定，則本靈之靈臺受到遮蔽，即喪其眞。〔註97〕反之，心不爲耳目視聽所趨使左右，人則能「內全其

---

〔註92〕王船山：《莊子解·大宗師》，《船山全書》第 13 冊，頁 174。
〔註93〕王船山：《莊子解·天地》，《船山全書》第 13 冊，頁 226。
〔註94〕王船山：《莊子解·人間世》，《船山全書》第 13 冊，頁 135。
〔註95〕王船山：《莊子解·天地》，《船山全書》13 冊，頁 219。此處所言「是謂棄之」，亦即不存成心之意，猶如船山解〈在宥〉所言，「絕聖者非絕之，棄知者非棄之。有絕之棄之之心，則亦多知之敗矣。無有者，過而去之而已」（《船山全書》第 13 冊，頁 217），又言「而過而去之，以不迷於所宿」（《莊子解·天地》，《船山全書》第 13 冊，頁 220）、「過而去之，不損其眞」（《莊子解·在宥》，《船山全書》第 13 冊，頁 211），所謂「眞」即是天人無分之眞，亦即是神。此「過而去之」亦即莊文所言「應而不藏」之義也。
〔註96〕此句意涵截取至「然因此以通乎事而明民，則抑有陰陽以遂群生之情也，而玄同圓運之德喪矣。蓋終忘其獨而攖人之心也。心知也，聰明也，文言也，皆強索而不能遇者也。知事無事，知通無通，收視反聽，無爲爲之，過而去之，象罔矣，乃可以無得而得也。」（王船山：《莊子解·天地》，《船山全書》第 13 冊，頁 221）
〔註97〕耳目視聽倘若遮蔽本靈之靈臺，正如船山解〈秋水〉所言，「見見聞聞，思

天而外全人之天」。此處揭示靈臺受到遮蔽，是因爲心受到耳目視聽所役使，然而耳目非是役使心者，何爲役使心者？唯「神」而已。要言之，心受「耳目視聽」而有習見習聞，人之成心遂成，成心阻斷天人本來之通同狀態，亦即「神」不可凝。另外，船山解〈達生〉曾提及：

> 神不凝者，物動之。見可欣而悦之，猶易制者；見可厭而弗惡，難矣；見所未嘗見者，弗怪而弗懼，愈難矣。乃心一動而神不守，且病其形。夫物之所自造，無一而非天。天則非人見聞之可限矣。而以其習見習聞，爲欣爲厭爲怪，皆心知之妄耳。心知本無妄，而可有妄。（《莊子解・達生》，《船山全書》第 13 冊，頁 300）

由是言之，船山所謂的「心知」，乃是指心動而存其習見習聞之知，此心知已非是「本無妄」者，而是有「成心」之「心知」。「成心」是「人皆忘盡忘其初，而從吾心之所好」〔註 98〕之「心之所好」者，亦即船山所言「則有心而適以迷其心」〔註 99〕之「有心」。因此，吾人必須有所體認，刳心是「刳其取定之心」，〔註 100〕然而卻不失必有存之「神」。有關習見習聞使心知轉變爲成心，唐君毅對此亦有闡釋：

> 以生爲主者，即言人之生命與其生活習慣等，爲心知之主也。心知與生活習慣相結合，而有成心，人更本其成心，以運其心知而接物，則有「知」，而其知亦各以其成心爲師。〔註 101〕

> 化除吾人之生命與心知之内外間之對反。此則要在使吾人之生命中之生活習慣，不與心知結合，形成一定型之成心，以桎梏此生命與心知之流行。〔註 102〕

唐氏申明「成心」是心知依據個體生活習慣而成，而此成心正是桎梏生命與心知流行者，此即使個體生命產生了内在衝突與對反。船山曾言「成心立乎中，……心死而氣溢」，〔註 103〕是故，吾人要「刳心」，使心成爲至虛狀態，則氣内充而

慮之所不通，如彼其無窮，而所見之天地亦小矣」（《船山全書》第 13 冊，頁 271）。亦即無法觀照天地萬有，故其所見之天地，只是一己之天地，豈能不小哉？

〔註 98〕 王船山：《莊子解・繕性》，《船山全書》第 13 冊，頁 266。
〔註 99〕 王船山：《莊子解・天地》，《船山全書》第 13 冊，頁 226。
〔註 100〕 王船山：《莊子通・天地》，《船山全書》第 13 冊，頁 507。
〔註 101〕 唐君毅：《中國哲學原論：原道篇》卷 1，頁 360。
〔註 102〕 唐君毅：《中國哲學原論：原道篇》卷 1，頁 361。
〔註 103〕 王船山：《莊子解・田子方》，《船山全書》第 13 冊，頁 321～322。

「神」安於它。反之，若是心已爲成心，則心不虛而神亦無法受到安置。

　　論述至此，吾人已抉發「神──心知──形」中之「忘其所忘」者，即「心知」與「形」。然復須知，船山莊學倘若只是停留在「忘其所忘」，人的全部生命即會不斷被消解、否定，天地宇宙僅能是天道，那麼人之存在即無所憑依，亦無船山所言「立人道之極」。〔註104〕因此，在「忘其所忘」的當下，另有所謂的「不忘其所不忘」者。援引船山解〈田子方〉、〈刻意〉及〈徐無鬼〉之文而觀：

> 至人之神氣不變，則四支百體之爲塵垢，死生之爲晝夜，有其大常，無不可登之高，無不可臨之深，即以之決死生於一矢，而不見有己。忘吾而不忘其所存，奚待正其躬若象人哉！（《莊子解‧田子方》，《船山全書》第 13 冊，頁 329）

> 莊子之學，雖云我耦俱喪，不以有涯之生殉無涯之知，而所存之神，照以天，寓諸庸，兩行而小大各得其逍遙，懷之含之，以有形象無形，而持之以慎，德不形而才自全，淵涵而天地萬物不出其宗。（《莊子解‧刻意》，《船山全書》第 13 冊，頁 261）

> 逐形外馳，而神已不完。唯其見我處眾人之上，下之足以窮嗜好，上之足以施政教，使天下遂其孤心，以一臨萬，執迷而自有也。喪其一者，忘其居高之身，與天下同生而無孤立之己志；則己無求於天下，亦不望天下之求己，晏然寧靜，還於泰定之宇。此固性情之所本適者，人皆有之，爲其安身立命之故土。唯自忘之而不忘其所可忘，則若在他鄉而離其故宅。茶然疲役之時，聞此而釋然，亦可以知靈臺之本靈，不迷而即悟矣。（《莊子解‧徐無鬼》，《船山全書》第 13 冊，頁 371）

歸攝三段引文所述，無論是「忘吾而不忘其所存」、「所存之神」，或者是「唯自忘之而不忘其所可忘」，船山所揭示的義涵，顯然是存在著「不忘」，此不

---

〔註104〕曾昭旭以爲「工夫論意義的兩端一致論」，乃是不以天道說而建構在人道中，倘若只在天道，個體生命「亦即一個健全的生命，永只有承體起用的如如，而永無過咎」。然而人有自我迷失之種種，必須經過一番自覺工夫，主動的自我疏通，使「天道之本體發用而顯爲人之此一個體」。誠如曾氏所論，僅在天道上觀照人，則如本文所言只有「忘其忘」，然而人道之確立，實以自我能夠主動疏通自覺，此種人主動冥合天道，即是「不忘其所不忘」之「神」。曾氏之論，可見於《存在感與歷史感：論儒學的實踐面相》（台北：台灣商務印書館，2003 年），頁 1～11。

忘亦即是「所存之神」。〔註105〕總之，如同船山解〈列禦寇〉所言「忘生則生達矣，忘知則知達矣」，〔註106〕如何能兼有「忘」與「達」？此即必須有不可忘者存——「神」。歸結前述，筆者試將「神——心知——形」之關係，繪製成一圖示如下：

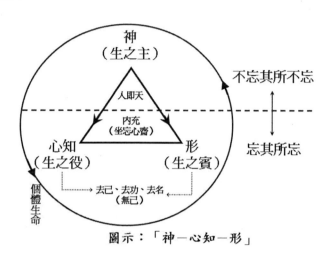

圖示：「神－心知－形」

　　綜觀所論，從忘形忘心知，進而到不忘其「神」。船山莊學揭示個體如何觀照自我，自我的存在價值不在「形」或「心知」，而是在「神」。「神」動天隨，可在宥天下，能勝物而不傷。承前節「從氣論神」所揭示的，「神」兼具普遍性及特殊性之義涵，而在以「神」為核心的「神——心知——形」架構中，正可彰顯其深義。吾人藉由探究人之存在價值，從形、心知收攝至最根源的「神」，〔註107〕因此個體特殊性及普遍性獲得最終極肯定。

## 二、論「神——明——知」之關係

　　〈應帝王〉篇末有言，「至人之用心若鏡，不將不迎，應而不藏，故能勝物而不傷」，〔註108〕試問何謂「用心若鏡」？牟宗三曾提及，道家是境界形態

〔註105〕船山解〈達生〉曾言「人之先合於天，爲命之情者，純而已矣」，此人承於天之純者，即是可逆証於天之「神」，是以所謂「不忘者」即是此「純」者，亦即「神」。見於王船山《船山全書》第13冊，頁295。
〔註106〕王船山：《莊子解·列禦寇》，《船山全書》第13冊，頁459。
〔註107〕本文所論可參見船山《莊子解·繕性》「合無形有形於一致」（《船山全書》第13冊，頁272）。
〔註108〕王船山：《莊子解·應帝王》，《船山全書》第13冊，頁183。

的形上學，並且此型態是以「玄智」呈現出非實有型態的形上學。〔註109〕按牟氏所言，道家思想是以「玄智」觀照世界，而「玄智」即是「用心若鏡」之顯發。然而，何謂「玄智」？筆者以為所謂的「玄智」，即是藉由神使明之明，穿透直貫客觀知識，使人不受客觀知識之限制，進而躍進為「真知」。是故，吾人如何看待莊子以玄智理境去觀照世界？此正如船山所言「鏡以光應物，而不炫明以燭物，一知其所知，而不以知示物」，〔註110〕其所提供的觀照路徑即是「神——明——知」。換言之，莊子以玄智理境觀照世界的方式，在船山莊學中實以「神」的顯發作為核心。

　　大體而言，在「神——明——知」之義理架構中，神與明時常被視之為等同，而明與知則多有混淆之見。誠然，三者之間存在著諸多問題，有待吾人層層剝落，以發見其本然面貌。有關神、明及知之關係，船山解〈列禦寇〉有一段重要論述：

> 明者，神之所函也。神者雖發見於明，而本體自如，雖未明而固無所詘者也。緣明有知，神則非不知而固無知也。緣明有知，則見為有徵，而欲以盡天下而平之，故曰「莫若以明」。而不知明隨外謀，則與神相離，徇耳目以外通，而不喪其耦；其流也，乃至為苞苴竿牘，用以成兵刑之害。夫內以自葆其光者，神也。外以凌大火大浸而不害其逍遙者，神也。使人之意消而化，以其神而通物者，神也。神葆其光而天光發，虛室之白，無不照也。如是以為明，則固可使照物之天矣，故又曰「莫若以明」。神使明者，天光也；明役其神者，小夫之知也。故至人以神合天。神合天，則明亦天之所發矣。神與天均常運，合以成體，散以成始，參萬歲，周偏咸乎六宇；而明乘一時之感豫以發。其量之大小，體之誠偽，明之不勝神也明甚。而愚者恆使明勝其神，故以有涯隨無涯，疲役而不休，而不知其非旦暮之得此以生也。故休乎天均者，休乎神之常運者也。神斯均，均斯平，平斯無往而不徵。緣守督以懷諸獨，而葆其光，出入乎險阻而不傷，凝神其至矣。（《莊子解·列禦寇》，《船山全書》第13冊，頁461）

此段引文涉及神、明及知之諸多問題，無疑是判讀神、明關係之重要材料，

---

〔註109〕牟宗三：《智的直覺與中國哲學》，引自《牟宗三先生全集》卷20（台北：聯經出版社，2004年）。

〔註110〕王船山：《莊子解·應帝王》，《船山全書》第13冊，頁183。

是故林文彬在其碩士論文亦有專節論述。〔註111〕然而，林氏雖已論及神、明之主賓問題，但是筆者以爲船山之言，可待闡釋推論者猶多。筆者析其梗概爲四，分而論之。

其一，有關神、明之主賓問題。船山開宗明義言「明者，神之所函也」，可見神與明是不同之指涉，而且是神函明，非明函神。不過，此處所言之「函」，意義尙未明確界定於賓主問題。下文提及，「至人」以神合天而休于天均，即是以「神」使「明」。在「以神使明」的論述中，神、明顯然有主賓之問題，倘若不是以神使明，而是「以明役其神」，人則限於「小夫之知」而無「天光」可言。因此，在人應以神合天之前提下，「神」是應然且必然之主，否則人合天即變成空談。是故，船山以爲人要摒棄「明役神」，而存其神以使明。〔註112〕要言之，船山反覆論証辨說只有一事，即「神」爲主爲體，而「明」爲賓爲用。〔註113〕吾人若能把握前述所示，即可在解讀上無所滯礙，如林文彬以「耳目感官與外物感豫而成之小知也」解「明乘一時之感豫以發」，〔註114〕筆者以爲有待商榷而存疑其說。吾人試取全段文字觀照，「明乘一時之感豫以發」並非直指負面之小知，只是表述「明」是「神」發用之現象而已。另外，有關「量之大小」及「體之誠僞」之義涵，亦是昭然若揭。「量之大小」是指神是體而明是用，用是偶發之天光，然體是天光之顯，其量之大小自不待言。至

---

〔註111〕林文彬：《王船山莊子解研究》，頁56～58。林氏主要解讀爲「『明』與『神』最大之不同，一在量之大小，一在體之誠僞。耳目入據心官，蕩其純氣之和，神乃不凝，此即明使神之知，其體爲僞；心之虛氣純和，其神凝一，則耳目爲役，此即神使明知，其體爲誠。」林氏已然標示出明、神之賓主關係，其言明使神則神不凝，此爲以「明」爲主；若神使明則神凝，此爲以「神」爲主。另外，林氏依據船山解〈列禦寇〉中的「其量之大小，體之誠僞」，進而斷定「明」與「神」之區別，乃在於「量之大小」及「體之誠僞」。筆者以爲此種解讀方法，僅是順讀文句表面之義涵，雖無偏頗，亦無詳闡。要言之，筆者深覺林氏之言，既啓船山莊學論神、明之問題，然而受限於論述架構，故未能深論其精要，極爲可惜。。

〔註112〕船山在解〈列禦寇〉曾言「以去明而養神爲要」(《船山全書》第13冊，頁452)。

〔註113〕唐君毅論莊子之「神」，曾言「以神明言靈台靈府之心，尤莊子之所擅長。神與明之異，唯在「神」乃自其爲心所直發而說，「明」則要在自其能照物而說，故明亦在神中。」其以神爲「自其爲心所直發」，而明是「自其能照物」，亦可揭示神是體，而明是神體發用照物者。見於《中國哲學原論：原道篇》卷2，頁47。

〔註114〕林文彬：《王船山莊子解研究》，頁57。

於「體之誠偽」，乃是申明以神為體為主，則「神使明」之「神」為誠；反之，若以明為體為主，則此「明役神」之「明」為偽。換言之，以神為體，則明無不誠，若是明自以為體，則明非誠而是偽。是故，船山方有「明之不勝神也明矣」之言，亦即人之自主能動，應是顯發於「神」而非「明」。

其二，神明是一。按前段論，神、明有其主、賓之分，然而此主賓之分，非是運作發用之時之分，只是申明何者為「主導」者。是故，吾人論其主賓非是隔斷神、明為二。且引船山解〈大宗師〉觀之：

> 夫使其有真知也，而以其所知所好者卻物之不齊，以孤立虛寂之宗，則有天有人，相與為耦而非一矣。以天勝人而相與爭，抑不勝矣。夫天，天也，人亦天也。「勞神明為一」者，見天而不見人之一天，則「命物之化」，渾然一致，無能益損之真隱矣。真人者，……而一之以天；……天不與人為耦，生不與死為耦，統于一宗而無不「朝徹」，夫是乃謂之無假而真。（《莊子解・大宗師》，《船山全書》第13冊，頁162～163）

船山以「見天而不見人之一天」解「勞神明為一者」，揭其箇中緣由，實是「勞神明為一者」視天人為二，已然喪失真明真知。天人本是一，天是人之天，而人之天即為天，此即真人之「天不與人為耦」。反觀，若有天有人則自設其限，人之神失去本然狀態而未能凝，遂使「神」、「明」為二，是故要勞心而使其為一，卻不知其本來即「一」也。唐君毅闡釋莊書「以明」之論，正可與船山此處所解通同，其言「勞神明以求為一，乃先執一偏，而更往執其他之一偏，有執而不免於窒礙，則勞矣」。〔註115〕約而言之，船山雖論神明有主賓之分，但是就其本然狀態而言，兩者並無區隔。因此，「神主明賓」與「勞神明為一」之間，並無相互衝突之矛盾，若以此詰難船山莊學之疑，則誤謬矣。

其三，知的客觀限制。船山言「明役其神者，小夫之知也」，其指涉神失去主導性，而明遂成一偽體之明，再由明有知之知，亦成一「小夫之知」。是故，此「小夫之知」是指個體自我設限於知之意。然而何謂個體自我設限於知之知？即是知之本有客觀限制。知的本有客觀限制，可徵引船山解〈齊物論〉之文：〔註116〕

---

〔註115〕唐君毅：《中國哲學原論：導論篇》，頁260。
〔註116〕下引之文，見於王船山《莊子解・齊物論》，《船山全書》第13冊，頁97～108。

> 萬有不齊者，知之所自取，而知之所從發者又誰耶？
>
> 成心者，閑閑間間之知所成，於理固未有成也。
>
> 限於其知，以爲成心。
>
> 見此之爲此，而不知彼之亦有其此，自知而不知彼，遂怙之以爲明。
>
> 皆限於所知，而不至於未始有物之天。其所不至，則其所虧也。
>
> 莫若以明者，皆非明也；間間閑閑之知，爭小大于一曲之慧者也。寓庸而無是非，無成虧，此則一知之所知而爲眞知。然後可謂之以明。

而其解〈逍遙遊〉亦有相關論述：

> 所以必重言者，人之所知盡于聞見，而信所見者尤甚於聞。見之量有涯，而窮於所不見，則至大不能及，至小不能察者多矣。……人之生心而爲言者，不一而止，則勿惘於見所不及而疑其非有矣。（《莊子解·逍遙遊》，《船山全書》第 13 冊，頁 82）

無論是「知之所自取」、「限於其知」、「自知而不知彼」抑或「人之所知盡于聞見」，吾人歸攝其義即可察見，常人之知乃是「知其知」而已。另外，莊書原文〈大宗師〉有言，「夫知有所待而後當，而所待者，特未定也」，[註117]因「所待者」的變化無定性，使其知與所知者之間，是否能夠完全等同一致，確實是令人質疑。夫然，人即據此「知其知」而沾沾自喜，甚至以爲觀照天地之所有。[註118]豈知此舉，不過是自守其蒙昧無知之藩籬而已，此亦船山莊學批判猶甚者。船山解〈逍遙遊〉曾提及，人若要能逍遙，不執限於心知是必要條件，其言「逍者，嚮於消也，過而忘也。遙者，引而遠也，不局於心知之靈也」。[註119]不可諱言的，知確有其客觀限制，即「知其知」之侷限。然而，莊子或船山莊學所關注的，當然非是僅止於此，其要吾人反思省察此「知其知」之限制，以「知其所知」進而能夠體知「不知其所不知」，亦即船山所言「非不可知也，耳目心思之數量，止於此也。」。[註120]對此，唐君毅甚解其義：

---

[註117] 王船山：《莊子解·大宗師》，《船山全書》第 13 冊，頁 157。

[註118] 客觀知識僅限於「知其所知」，而不能達至其「所不知」。船山解〈秋水〉曾提及，「智不足以知天而知道」（《船山全書》第 13 冊，頁 281），此「智」即是知其所知之客觀知識，倘若吾人停留於客觀知識，則永遠無法知天知道。

[註119] 王船山：《莊子解·逍遙遊序》，《船山全書》第 13 冊，頁 81。

[註120] 王船山：《莊子通·達生》，《船山全書》第 13 冊，頁 511。

人之此心知，一往求見其非所見，聞其非所聞，不求見其所見，聞其所聞；而其心乃行盡如馳，是謂不能自適其適，自得其得，人乃失其性命之情矣。則所謂自聞自見，亦非謂一無所聞一無所見；而只是：自求聞其所方聞，自見其所方見之謂；即只是：有所聞，則自聞此所聞，有所見，自見其所見；而使此心知不外馳，乃循耳目之所及以內通，以神直與所見所聞相遇之謂也。〔註121〕

唐氏之旨，只在「以神直與所見所聞相遇」〔註122〕而已。換言之，若吾人真能以神使明，進而將知轉化成為「真知」。此真知之「知」，如唐氏所言「自聞自見」，而非是「求見其非所見，聞其非所聞」，此即超脫知之本有客觀限制，涵攝知與不知。另外，池田知久對道家思想中，絕對性之「知」（即真知）亦有精闢辨証：

那個相對更高的「知」「言」，說是「無知」「不言」這種對「知」「言」的否定不徹底的、有限度的……。而且，這是和到甚麼程度都是停留在相對的「知」「言」的惡無限的否定不同，對那些進行真無限的否定之後終於到達絕對的否定、即絕對的肯定。〔註123〕

絕對否定及絕對肯定，是一種無相對的絕對性，此即「真知」的狀態。是故，莊書「故知止其所不知，至矣」〔註124〕之「至」，而船山「皆知也，皆不知也。

〔註121〕唐君毅：《中國哲學原論：原性篇》（台北：台灣學生書局，1991年），頁62。唐氏對此深有體知，在該書自序中（頁7），亦曾提及「凡依上述哲學家自為宗主之態度以為言者，意不在於先究他人之言之本義，即恆長於自道其所見之義理，亦能『以仁心說』其所見之義理示人，而未必『以學心聽』他人之言，以見他人所見之義理，則於智未能無虧。」此思路直承孔子「知之為知之，不知為不知，是知也。」（錢穆：《論語新解》，台北：東大圖書公司，2000年，頁53。），然學者文人多執泥於己心而不自知，以己見為至理，不可接納他人之言，從古至今皆然也。

〔註122〕余英時曾言「王船山在三大儒中理學的興趣最高，因此他曾正面地從哲學上討論到「聞見之知」的問題。船山仍在宋明理學的傳統之中，依然承認人的認知能力得之。所以他提倡程朱一派「格物窮理」之學；而勸人不要學陸王一派的孤僻，祇講「存神」兩字。……」（〈清代思想史的一個新解釋〉，余英時等著：《中國哲學思想論集：清代篇》，頁34。）余氏所言甚是，「存神」非只是主觀體驗，其真實的顯豁更是靠見聞知識的啟發為基礎。此義通同於唐君毅所論。

〔註123〕池田知久：《莊子：「道」的思想及其演變》，頁579。池田對知、言，或是對無知、不言之論証甚詳，吾人可參照其書第十三章「『無知』『不言』的提倡和辯證法的邏輯」，頁557～581。

〔註124〕王船山：《莊子解·齊物論》，《船山全書》第13冊，頁112。

是之謂『知止其所不知』」〔註125〕之「皆」、「知者任其知,不知者任其不知」〔註126〕之「任」,其實是直指「無相對之絕對性」之「眞知」。

其四,有關神、明及知之關係。按前文之論,已將神明問題作一釐清,然而依據船山言「繇明有知,神則非不知而固無知也」,其中尚涉及「知」之問題。不過,此段引文未有詳論,援引船山解〈齊物論〉合觀:

> 限於其知,以爲成心,而憑氣之所鼓,不知其兩可兩不可,而獨有所是,偏有所非,小成之知見,成百家之師說,而儒墨其大者也。儒墨爭飾其榮華,而道隱矣,兩可之言亦隱矣。夫其所以的然爭辨於是非者,自謂明也。斤斤然持而以之,而豈眞明也哉?明與知相似,故昧者以知爲明。明猶日也,知猶燈也。日無所不照,而無待於煬。燈則或煬之,或熄之,照止一室,而燭遠則昏,然而亦未嘗不自謂明也。故儒墨皆曰吾以明也。持其一曲之明,以是其所已知,而非其所未知,道惡乎而不隱耶?(《莊子解・齊物論》,《船山全書》第 13 冊,頁 102)

其文大意乃是,人若困執於己知,是其所自是,非其所自非者,則此小知之見是自謂之明,而非眞明之「明」。復次,船山將明、知喻爲日、燈,兩者雖然近似,然而在「照」上有所不同,「明」是無所不照,然「知」則止於一室而已。〔註127〕再深論之,如船山解〈徐無鬼〉所言「知天者,知其大而已矣。……有其不知,則明無不徹矣」,〔註128〕「明」之能「無不徹」,歸因於「有其不知」。換言之,人之明存在兩種基本型態,一是假之明,或言自以爲是之明;另一則是眞明。〔註129〕假之明即是在「知其知」之外,更以己知度思其所不

---

〔註125〕王船山:《莊子解・齊物論》,《船山全書》第 13 冊,頁 112。

〔註126〕王船山:《莊子解・應帝王》,《船山全書》第 13 冊,頁 183。

〔註127〕《莊子・逍遙遊》「豈唯形骸有聾盲哉?夫知亦有之。」(《船山全書》第 13,頁 88)形骸有聾盲,而知亦有聾盲,所謂知之聾盲即是神未凝,而使知止於一室也。

〔註128〕王船山:《莊子解・徐無鬼》,《船山全書》第 13 冊,頁 389。

〔註129〕援引船山解〈天地〉之文佐論,其言「神則不依形以存,……神之所往來,而光之無所捐者也。天地猶是也,萬物猶是也,參萬歲而成純,受萬事而不紘。遊此者,灼見夫神光之四徹,而不扃閉於偶爾之明,以爭昭闇。」(《船山全書》第 13 冊,頁 230~231)此處所論之「神」,是神凝之神。其文所言,人若以神凝之「神」往來天地之間,即可由此貫通天人之神,灼見「神光之四徹」,進而免於「扃閉於偶爾之明」。其所言「神之所往來」即是以神使明,此發用之明即是眞明也;反之,不以神使明者,則是假明。

知者；眞明則是知其知，不知其不知，亦即船山所言「知止於其所不知」。〔註130〕推衍其說，「明」是「去彼之所謂明，以用吾眞知之明」，〔註131〕意即去己之成心之知，或言去己之自以爲明，而使明爲神所發用役使者。若能如此，則所謂「緣明有知」之知，便屬眞知之「明」。

綜合上述，筆者試將所洞察之「神——明——知」關係，繪製成一圖示，茲以概括說明：

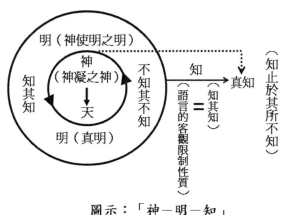

圖示：「神－明－知」

船山所謂「緣明有知，神則非不知而固無知也」，意在說明「神」是直接發用爲明。按此，知之問題是存在於神發用之明之上，即圖示所標之「實線」。然而，神與知並無直接之關係，倘若眞要言其有所謂的聯系，亦屬間接性質，即圖示所標之「虛線」。〔註132〕另外，圖示中亦指明「神」與天之關係，唯有神凝以合天，契入天人合一之循環不息中，方有其下之眞知、眞明之顯發。換言之，「神」指個體生命承天地純氣而能達至客觀化的主體；「明」是在個體生命之凝神當下，以客觀化的精神主體面對天地萬有，進而超越世俗所執泥之物我分立，意即主體無有私心之明澈狀態；「知」則是在主體明澈狀態之當下，對於天地萬有呈現出眞正的深刻認知，而非陷溺於習見習聞之知。因

〔註130〕王船山：《莊子解・齊物論》，《船山全書》第 13 冊，頁 116。
〔註131〕王船山：《莊子解・齊物論》，《船山全書》第 13 冊，頁 93。
〔註132〕〈天地〉有言「知通於神」，而此處所言之「通」，不同於船山所言「由明有知」。「通」只是指有聯系，非必然的直接關係，然而「有」則是指直接性質的連結。是故，莊書雖有言「知通於神」之文，筆者乃以「虛線」示之。誠然，此「虛線」之聯系，亦即有「通」之義。

此,「神——明——知」不僅體證「明」、「知」是以「神」爲趨動基礎,更揭示在超脫「成心」的自設迷障之後,實可澈見天人、人我及人物之本然狀態。而且在此「神——明——知」的涵概範疇中,知識領域之知(知其知),並非是被消極否定的,〔註133〕只是不可以此知去度思「不可知」。〔註134〕吾人可以有更確切的說法,意即「知」只是以神使明而認識世界的途徑之一(知

〔註133〕此處所論之「非消極否定」,乃是指「超越」本有之限制而言。業師徐聖心先生曾言,「三言與一般的語言問題實大不相同。……反而正爲超越一般對語言的概念限制、觀念運作、預期心理、使用慣性、以及用於指稱描述的兆有基礎,三言直接由『道』的體證發爲音聲,重點在三言軌跡、風貌如何相應於其所體驗的形上之道,而不只是擬仿於道而已。」(《莊子「三言」的創用及其後設意義》,頁206。)莊子以三言超越語言本有之客觀限制,故三言已非一般之言。本文所論之知亦是如此,眞知已非一般之知。言、知合觀並論,乃是參照池田知久所言「『知』和『言』……,原先看成屬於人的主觀的、主體的行爲之點是相同性質的東西,或者至少是作爲有親近關係的東西一起處理的。」(池田知久:《莊子:「道」的思想及其演變》,頁564。)以及唐君毅所言「則莊子之言其超是非辯論之言之境,雖是有謂,是言,而此有謂,即同時爲無謂,此言同時爲無言;而其謂亦即謂『無謂』之謂,其言亦言『無言』之言,如由無言之境而流出之言也。」(唐君毅:《中國哲學原論:導論篇》,頁269。)

〔註134〕此義可參照唐君毅所言,《中國哲學原論:原道篇》卷2「莊子之言神,則多只指人之心神、如逍遙遊之言其神凝之神,養生主以神遇之神。莊子言神之語甚多,不必盡舉。此心神之爲神,則要在自此心之合于氣,而虛以待物時,無一般之心知,而感無不應,即同于鬼神之感格之「不可度思」,故名此心神爲神。此心神之感無不應,即恆遍運而不滯,以變化無方,而亦不爲所接之物之形之質所定,其義即有與氣之義相同者。然自此心之神依心之知之遍運不滯說,則其義初連于心知。故庚桑楚于上所引「欲靜則平氣」之下一語曰「欲神則順心」。順心之知以遍運,是爲神。則與吾人之生命之氣之在心知之底層,及其外之天地萬物之氣,不必有心知者,其義又不同。此中之吾人生命之氣,天地萬物之氣與神,及一般心知之關係,當是依此人之一般心知之底層,以說一虛而待物之生命之氣,更依此一心知之不爲定形定質之物所限,而有其遍感遍運,以言其爲心之神,而得合于其虛而待物之生命之氣,如應帝王篇所謂「合氣于漠」;而此神亦即與此生命之氣同流,亦如爲此氣之表現,而可合名爲神氣。」(頁246～247)據唐氏所論,「神」是超越一般心知而「不可度思」,此表述非是描摹「神」之不可掌握之神祕性質,相反的是,「神」是內存己者,因爲其自存己身,故無「掌握」或「不掌握」之事。而「不可度思」則是傳遞「神」非屬自是其是、自非其非之一般心知。倘若停滯於一般心知,人則以己知爲知,進而據己知度思不可知者,此即「神」未發用,或言神被心所役使而蔽,是故其層次是超越跳脫於一般心知,是更高層次的「眞知」,是知其所知,而不知其所不知。不過,此處需要辨明釐清,「眞知」是「神」所發用之顯,而非等同於「神」之全體。

其所知）。要言之，在此「神──明──知」的義理架構中，吾人可以清楚瞭解「神」爲「主」之核心意義。然而，明與知是否能爲眞明、眞知，即在於能否體証此「神」。如何能夠體証「神」？唯有洒掃靈臺以返於虛，使人能同天于和諧且應物兩無所傷，此亦即觀照世界之最根本方式──「神」而已。

## 第四節　本章結論

　　有關船山「神」概念，散見於各項著作之中，然而其義涵複染而多樣。試觀船山學之研究者，除了林文彬觸及船山莊學之「神」，其餘前賢多將重心擺放在船山莊學以外之著作。對於此種研究現況，筆者以爲甚是可惜，因爲「神」在船山莊學中，無疑是一條清晰可尋之義理思路。

　　船山從「氣」論「神」，使「神」提供每個生命，皆具備有普遍性及特殊性之雙重存在內涵。普遍性是天道落實在人道上的，特殊性則是人道可以逆証於天道，兩條路線是貫通並存的，而非只是單行道。換言之，天道無法落實在人道，即代表著人道沒有逆証天道；人道沒有逆証天道，則天道即不能落實在人道。至於，文中嘗試探究「神──心知──形」的自我觀照，以及「神──明──知」的個體觀照世界，乃是企圖更加顯發「神」之核心意義。

　　總之，藉由本章所論，吾人大致勾勒出船山莊學之梗概，船山莊學實以「神」爲核心樞紐，進而開展出種種義理內蘊。本章闡釋之宗旨，主要聚焦於「神」之根源，以及「神」在個體生命所透顯的核心意義。其下第三章則將針對「凝神」這個議題，進行一番探究，期與此章相互印証。

# 第三章　論凝神──境界與活動不二

　　基本上，藉由前章的辨証剖析，吾人已然抉發「神」的核心意義。本章則是開展而論，針對「凝神」這個議題，進行一番探究及釐清。船山解〈列禦寇〉曾提及：

> 一篇之義，於此而始抉其藏。《莊子》全書，亦於此而啟其邃。……緣守督以懷獨，而葆其光，出入乎險阻而不傷，凝神其至矣。故曰，此莊生之學所循入之徑也。(《莊子解‧列禦寇》，《船山全書》第13冊，頁461)

顯而易見的，「凝神」乃是「莊生之學所循入之徑」，因此直接影響吾人闡釋船山莊學的適當性。然而，如何理解「凝神」的義理內蘊？本章試將論証析分為四個階段，循序漸進地疏通相關環節，冀望能夠全盤觀照「凝神」的飽滿義涵。所謂四個階段，即鋪衍成本章四個小節，此處先概略性提點簡述，詳細論証則見諸於本章各節：首節「論凝神之凝」，吾人在契入「凝神」這個主題之前，必須先行廓清「凝」的義涵，因為有關「凝」的解讀，實是左右「凝神」之義。何謂「凝」？本節以「執」、「持」、「欲」及「存」，與「凝」對勘參照，進而豁顯「凝」只是體証或歸復「神」之本然狀態，亦即不使其有所蕩失而勿守之義。第二節「從體用不二論凝神」，主要目的是透過對體用結構的觀照，進而證解凝神的飽滿義涵，乃是境界與活動之不二。第三節「從遊論凝神」，藉由對「遊」的闡釋，不僅再次印證凝神是境界與活動之不二，並且在論述辨析過程中，亦會說明凝神的活動義，乃是具有多種層面之可能。簡言之，「活動」乃是在凝神的境界中，個體生命的種種活動，其有種種層面之可能，而非囿於單一表現型式。諸如單純面對自我生命的精神自由、對天

地萬有的應對活動，抑或是具有現實效用之活動，皆是所謂的「活動」。第四節「本章結論」，則是收束全文所論。

# 第一節 論凝神之「凝」

　　船山解〈逍遙遊〉曾言，「神人之神，凝而已爾。凝則遊乎至小而大存焉，遊乎至大而小不遺焉」，〔註1〕觀此文所示，船山指明神人與常人之異，乃在神之「凝」或「未凝」，「凝」則小大皆可遊。據此可知，船山莊學對於神凝，實有高度自覺的識察及體証，而且「凝神」之「凝」亦是舉足輕重。然而，此段引文乃是體証後之理所當然，若要確切釐清「凝」之義涵，則必須要有更詳細的論証。〔註2〕職是之故，本節嘗試汲取相關的文字論述，並援引船山莊學所判批之「欲」、「持」、「執」及「存」，與「凝」對勘參照，冀望從中描繪出「凝」之基本樣態。

　　剋就「神」之本然而言，其為承天氣之醇者，意即絕對之「醇」而已。不過，「凝神」之「凝」乃指其發用而言，發用即可能衍生出正、反兩個趨向。所謂正向發用是以「神」為主，凝其神以存天人貫通之本然，此為「凝神」真正義蘊之所在；〔註3〕其次，所謂的反向發用，則是非以「神」為主，亦即神不王，或是自以為神王，姑且稱之「假」凝神。援引船山解〈養生主〉：

> 唯恐其形之傷，而役其知以爭大軱，自以為養生而神王，身幸免于剬刖，而違天以全人，惡知人之殘也多矣乎？（《莊子解・養生主》，《船山全書》第13冊，頁123）

船山指明樊雉之神王，顯然是「違天以全人」，其「神王」乃是「自以為神王」。此樊雉之神王，不僅於養生無益，更是反傷己生。據此可知，「神」固然是天人貫通之可能之保障，然而當吾人受到種種之影響，遂有產生偏移錯置之可能。此中問題值得吾人省思，試問樊雉既已「養生而神王」，船山卻又直接批

---

〔註1〕 王船山：《莊子解・逍遙遊》，《船山全書》第13冊，頁89。

〔註2〕 筆者以為此間之落差，可舉譬喻明之。例如人明白車子是一輛供人行駛的交通工具，與人明白車子的製造過程以及組構之種種零件，兩者雖然皆是「明白」車子，但是顯然有所落差。此落差非指是非對錯，而是剋就體証的深淺而言。正緣此由，吾人既要探究「凝神」之「凝」，必然要抉發其義涵內蘊，因此僅從一段引文闡釋，僅可窺見部份而已。

〔註3〕 有關「神」之正向發用，其相關論証可參見本論文之第二章第三節「以神為核心樞紐」，其中「神——心知——形」及「神——明——知」之闡釋。

判爲「違天以全人」，何也？歸根究柢而言，即是誤解或扭曲「凝神」之「凝」。夫然，「凝」之脫軌演出，無疑直接扼殺「神」的正向發用。正緣此故，下文即針對易於混淆之「凝」，進行一番探究及釐清。

首先，闡釋辯証「凝」非是「欲」。船山解〈達生〉曾提及「欲凝神而神困，欲壹志而志棼」，〔註4〕何謂「欲凝神」之「欲」？此處所論之「欲」，其義落在「求取」，亦即「神」本未凝，而欲凝其本然未凝之神。然復須知，在船山莊學之中，「神」顯然本是一個清明通徹之天人合一狀態，其所以未能凝，或人不順其情，或有己有物……等等，使其喪失本來之狀態。是故，凝神之「凝」應是凝其本來狀態而不失之意也，而「求取」之「欲」顯然與此義相悖。換言之，剋就「欲」之求取義而言，其隱含天人本屬不一之狀態，亦即「欲」是本然有分之自覺意識；然而，「神」是即人即天之本然無分，己若以爲有分而「欲」合之，則「神」陷落於執障而不完已。此正如同「勞神明爲一」之「勞」，〔註5〕倘若吾人以爲「神」非本存者，即會「欲」之或「勞」之。歸結所論，「凝神」之「凝」非是「求取」之「欲」，而是凝存本然狀態之「不失」，其義甚明。

承前所述，有關「凝」與「欲」，吾人尙須解決另一個疑難。船山直指凝神之「凝」非是「欲」，然而莊書〈庚桑楚〉卻有「欲靜而平氣，欲神則順心」〔註6〕之文，此是否意味著船山所論凝神非「欲」，與莊書所論「欲神則順心」之「欲」相互衝突？誠如所示，兩人皆有言「欲神」，然而船山視爲負面性質，莊文乍看之下卻是正面論述。不可諱言的，此種相類的詮釋現象，極可能造成解讀論証上的困窘。不過，吾人若是稍加推敲，即可洞察其中曲折。按莊書所言「欲神則順心」，吾人可分由兩個層面辨析：其一，在「欲神則順心」這個句子結構中，「神」與「心」是兩個必要組件，亦即「欲神則順心」屬於一個完整架構。倘若單純抽離「欲神」而孤立觀照，原義已然蕩失無存。是故，莊書非是有「欲神」之論，此不可不察。其二，端視「欲神則順心」之言，實是牽涉「心」與「神」之關係，亦是指明工夫實踐之處。誠如鍾泰所

---

〔註4〕王船山：《莊子解・達生》，《船山全書》第13冊，頁299。船山在《莊子通》亦有相同之論述，其言「不欲自王其神」（《船山全書》第13冊，頁498），此義與「欲凝神而神困」可通。

〔註5〕船山解〈達生〉亦曾言「知而不足勞吾神」（《船山全書》第13冊，頁293），此義可佐證正文所述。

〔註6〕王船山：《莊子解・庚桑楚》，《船山全書》第13冊，頁367～368。

言「『欲神則順心』，以心言。心順則神也」，〔註7〕「欲神」非是直接在「神」作實踐活動，而是在「心」上作實踐工夫。換言之，所謂「欲神則順心」之「欲」，實不同於一般意義之欲，其主要在表述實踐發用之前，個體生命對於正向趨動的冀望。綜觀所論，在「欲神而順心」之思路架構中，「欲神」不可孤立看待；其次，「欲」非屬實踐過程之事，而是對「神」之本然狀態之基本體認，亦可言不欲之「欲」。〔註8〕

　　論述至此，船山莊學所言凝神之「凝」，非是「欲」之義，已是昭然若揭。再言，神既不可「欲」，則「凝神」之「凝」所指為何？船山解〈達生〉曾言「一出于天，各使歸其位而神自定」，〔註9〕所謂各歸其位之「自定」，正可揭示「凝」之精要，亦能鉤掘出「欲」之訛誤。何謂「自定」？援引船山闡釋「能移而相天」〔註10〕之文而申論之：

> 從天均而視之，參萬歲而合於一宙，周徧咸乎六寓而合於一宇，則今之有我於此者，斯須而已。斯須者，可循而不可持者也。循之，則屢移而自不失其恆；持之，則所不容者多，而陰陽皆賊矣。……以此為藏，則以不際為際，而斯須各得，天且樂得以運乎均，是謂相天。（《莊子解・庚桑楚》，《船山全書》第 13 冊，頁 361）

按引文所示，船山申明「相天」乃「可循而不可持」。何謂「循」？即能移而不失其神；何謂「持」？即有所執持，與天地萬有相對而不能移，亦指「神」之失。由是而言，「神自定」即為「可循不可持」之「能移而相天」。另外，

〔註7〕 鍾泰：《莊子發微》（上海：上海古籍出版社，2002 年），頁 548～549。郭象注莊亦言「理足順心則神功至」，其義亦同於鍾泰之言，皆是指明工夫實踐不在「神」。郭注引自郭慶藩所編之《莊子集釋》下冊（台北：萬卷樓圖書公司，1993 年），頁 817。另外，陳鼓應將「欲神則順心」譯為「要全神就要順心」，亦可通同郭、鍾之說。陳氏之言，引自《莊子今註今譯》下冊（台北：臺灣商務印書館，1981 年），頁 679。

〔註8〕 所謂不欲之「欲」，牽涉「凝神與應世之關係」，此問題本章第二節會有詳加論述，此處僅是稍作解釋。「神」本是不可欲，然而莊書所言「欲神則順心」之「欲」，則是強調吾人處涉人間世，必然要面臨種種的客觀現實。當此個體生命與客觀現實相接，「神」則「不得已而應之」（《莊子解・庚桑楚》頁 210），故「欲神則順心」之「欲」，其義針對實踐之始而闡釋，非同於「欲凝神」之欲執，而是不欲之欲也。

〔註9〕 王船山：《莊子解・達生》，《船山全書》第 13 冊，頁 299。

〔註10〕 船山言「能移而相天」，乃是〈達生〉之綱宗，參見《船山全書》第 13 冊，頁 291。

船山解〈達生〉曾言,「神凝於虛,一而不桎,則無不盡其巧矣。故不待移而無不可移也」,〔註11〕審視「不待移而無不可移」之「移」,實是通同於「能移而相天」之「移」,亦是透顯凝神之發用。總之,吾人藉由對「能移而相天」之探究,已然澈見「凝神」之「凝」非是「持」而是「循」,〔註12〕「循」即是能移而不失其本然之「凝」。反觀,「持」則不能移,不能移則天人隔截,而「神」是天人貫通之本然,據此「持」豈可言爲「凝神」之「凝」。

前段論述曾提及「不待移而無不可移」,其義涵在船山莊學中,或言爲「不知其所以然而然」。是以,「神自定」之「凝」亦可與「不知其所以然而然」合觀,且看船山解〈達生〉之文:

> 此不知其所以然而然之妙,善用之則一技而疑於神,合於天矣。反要以語極,唯「用志不分」而已。……志者,神之棲於氣以效動者也。以志守氣,氣斯正焉。不然,則氣動神隨,而神疲於所驚。故神無可持,氣抑不可迫操。齊以靜心,志乃爲主,而神氣莫不聽命矣。夫人莫不有志,而分以驚者,其端百出,而要不越乎慶賞非譽。一絲微罣,萬變攖心。……而不知其然而然之妙自合。(《莊子解‧達生》,《船山全書》第 13 冊,頁 303～304)

船山申明「不知其所以然而然」之可能,乃是依據於「用志不分」。何謂「志」?「志」是指守純氣之正,〔註13〕亦即「神」之正向發用。〔註14〕神之「凝」

---

〔註11〕王船山:《莊子解‧達生》,《船山全書》第 13 冊,頁 305。

〔註12〕船山解〈庚桑楚〉有是言,「治不期于堯舜,而亂不流于殺盜。斯須之生,亦不得不循而衛之。惟無衛之之心,而衛乃至哉!」(《船山全書》第 13 冊,頁 356)觀其「無衛之之心,而衛乃至」之言,此足見「循」是無執著之爲,亦即是不知所以然而然者。

〔註13〕何以言「以志守氣,氣斯正焉」?參見船山解〈達生〉,其言「蓋神者,氣之神也。而氣有動之性,猶水有波之性。水即無風,而波之性自在。中虛則外見者盛,故氣虛者其息必喘。無以定其能波之性,則止水溢而波亦爲之興,未可急求其靜也。急求之,則又以心使氣,氣盛而神易變。守氣者,徐之徐之,以俟其內充,而自不外溢。內充則神安其宅,外不溢則氣定而終不變;舉天下可悅可惡可怪可懼者,自望而反走,純氣不待守而自守矣。」(《船山全書》第 13 冊,頁 301)氣有「動之性」,此「動之性」會造成「氣盛而神易變」之困阨,因此「志」即是對氣能內充不外溢而言,是以船山方言「以志守氣,氣斯正焉」。

〔註14〕船山解〈大宗師〉「志者專一,知於所知也。忘生死則渾然一天,寓於形而有喜怒,寓於庸而有生殺,因物而起,隨物而止,無不宜而人不能測其極矣」(《船山全書》第 13 冊,頁 160),觀此引文之所述,對「志者專一」之描繪,實是

或「不凝」之問題，是指發用而言，並不涉及「神」之本然實質。誠然，「志」是確立「神」發用之正面趨動，亦即堅定「神」之本然狀態。是故，「志者，神之棲於氣以效動者也」乃是表述「以志凝神」〔註15〕之義。另外，船山在此段文字中，尚傳遞著其它重要訊息。且看「神無可持」之言，其義申明「神」非是可持者，持者是「志」非「神」，因此船山言「持志凝神，以守純氣」，〔註16〕此正可印証前述凝神之「凝」，非「欲」亦非「持」之論。不過，所謂「持志」之「持」，亦非執持之「持」，此義必須有所廓清。船山莊學所言「持志」之「持」，乃是「不持之持」，〔註17〕何也？船山針對「唯以專持志，以志凝神」有一段闡釋：

> 專于一者，勿忘而已。忘其所忘，而不忘其所不忘，綿綿若存，而神
> 氣自與志相守，疾徐之候，自知之而自御之，力有餘而精不竭，此則
> 善于用志者也。（《莊子解·達生》，《船山全書》第 13 冊，頁 304）

持志只是「勿忘」其本然狀態而已，〔註18〕非是別有作為也。所以，「持志」之「持」，亦是不持之持而已，而不持之持即「不知其所以然而然」之義。

　　蓋如前所論，船山莊學雖言「持志凝神」，然則「持」非是「執持」。此不持之持，即是一切依乎天理之不定，使天下萬有各適其得之謂而已。此種思路運作，在船山批判「執持」或「執以為當」之「持」，其義更是彰顯無遺。其下臚列船山解〈田子方〉之文：〔註19〕

> 當則所不當者多矣。至當者，非可以稱道者也。……求其當，而物

---

対於「神」之體証。

〔註15〕見於船山解〈達生〉，「唯以專持志，以志凝神，攝官骸於一靜，而盡絀其機，以閉人之天，則任物之至，累之累之，不安而又累之，審之于微芒承受之地，使協一於正平而不傾，此密用之功，至專至靜，而後形可得全，德可得復也」，引於《船山全書》第 13 冊，頁 296。

〔註16〕王船山：《莊子解·達生》，《船山全書》第 13 冊，頁 305。

〔註17〕此不持之持，可以參照船山解〈庚桑楚〉，其言「靈臺愈持而愈不可持」及「靈臺能以不持持之」。靈臺本是不可持，然而吾人若用世間之名論之，不得已而言「持」，然此「持」非一般之執持，而是不持之持。相同之闡釋，亦可見於船山《莊子通》，其言「持於『不可持』，以不持持之而無所持……。」（《船山全書》第 13 冊，頁 514）

〔註18〕船山解〈達生〉曾言，「此致知之功，審于重輕之分，而後志可以定以凝神也」（《船山全書》第 13 冊，頁 297），志是對本然狀態之審視，亦即主是主、賓是賓、役是役，無所重無所輕，各自歸其位。要言之，「志」正如前文所示「自定」之義，亦即志於各歸其位之狀態。

〔註19〕此處所引之文，見於《船山全書》第 13 冊，頁 320～331。

乃不能容，真乃不能葆也。

成心立乎中，執之若規矩之畫一，騁之若龍虎之不可禦，心死而氣溢，……何所執以為當，而諄諄以諫道人乎！

守其故處而不能移，以為允當，則其心死矣。

挾其成心以求當，未當也，而貌似神離多矣。

而固無有一至當者挾之以與人也。

循斯須以待物之變，而勿挾其當，日新而不忘者存。

無論是「當則所不當者多矣」、「執之若規矩之畫一」、「守其故處而不能移」，抑或「無有一至當者挾之以與人」。歸攝其義而言，人若有所執持，則自陷於與人、與物之緊張對立，亦因其有分有辨，神遂不可凝矣。此正如同船山解〈大宗師〉所言，「執之則能一其一，而不能一其不一」。〔註 20〕是故，凝神之「凝」非屬執持之義，顯然是不容置疑之事實。

最後，本文將欲釐清「凝神」與「存神」的差異，林文彬在闡釋「莊子解之政治論」之時，曾申明「存神」為「內聖之要」。〔註21〕其說如下：

「內聖」之要，惟在「存神」，「存神」則能知化，知化則能舉措咸宜，無不可應，此帝王之始基也；而「外王」之道，一是「無為」，一是「在宥」。「無為」乃政治之本源，「在宥」則為治民、治術之運用。此三者，環環相因，層層有序，內外一貫，體用相連。〔註22〕

〔註20〕王船山：《莊子解‧大宗師》，《船山全書》第 13 冊，頁 165。
〔註21〕有關「存神」之論，見於林文彬：《王船山莊子解研究》，頁 114～121。林氏以「存神」為「內聖」之要，此義雖無疑，然而在此「內聖外王」的架構中，「神」之外王義涵，卻得不到彰顯。船山在《莊子解》中所論之「神」，除了成就「內聖」，同時成就「外王」，如此方可不違「人道之極」，「神」的義理內蘊方可完全呈現。此外，鄭雪花亦提及「存神」，其言「綜觀《莊子解》的文本脈絡，可見『凝神』乃與『存神』互文參照，船山之解〈在宥〉，就直接使用了『存神』一詞……。從『凝神』而『存神』，我們清楚地看到莊子的神人與儒家的聖人在船山的思想脈絡裡互文參照而融會為一……。」（鄭雪花：《非常行旅：〈逍遙遊〉在變世情境中的詮釋景觀》，頁 191。），不過鄭氏論述基點，主要關注於船山莊學所體證的「凝神」，與儒家聖人之「存神」，互文參照而融會。因此，嚴格來說，其論亦非直接斷定「存神」等同於「凝神」，其中有船山思想脈絡的轉化。另外，鄭氏亦未申明「凝神」之「凝」，與「存神」之「存」之不同，抑或是釐清船山如何溝通兩者。職是之故，本文依舊以「凝神」為最適當之表達文字。
〔註22〕林文彬：《王船山莊子解研究》，頁 115。

按林氏所述,「存神」是「體」,而「無為」及「在宥」則是「用」,然而三者卻又是內外貫通,或言彼此相連的。表面上,此種詮釋進路似乎可以成立,不過深究其義,確可發見三個潛藏的疑誤:其一是「存神」所透顯的體用結構,乃是合二為一,但船山莊學所呈現的結構型態,應是「體用不二」。有關「體用不二」的問題,下文會有詳論,此處不再贅言。其二,「存」所谿顯的義涵,與「凝」是有落差的,剋就林氏所言,「存神」是側重於「內聖」,「外王」則是「內聖之延長」,〔註23〕亦即有先後次第開展之義。然而,本文所欲揭示的「凝神」,則是兼攝境界義與活動義,境界、活動二義固然有輕重之分,卻無先後次第之分。復次,在船山莊學的義理脈絡中,「神」本是「存」於人形,即使神疲役於形或心知,亦非「神」不復存在於「人」。其三,船山莊學多以「凝神」為詮釋用語,而「存神」並未多見,有關「存神」詞彙的大量出現,應是船山另一著作《正蒙注》。〔註24〕是故,剋就船山莊學而言,林氏所論「存神」之「存」,實不如王敔所提舉的「其神凝」之「凝」。

　　總括本節所論,吾人已然澈見凝神之「凝」,非是「欲」、「持」或「執」,而是「自定」或「循」。或者言,「凝」是指明「不可失而勿守」〔註25〕之義;「勿守」是對「欲」、「持」及「執」之針砭,而「不可失」則是要「神無二用」。〔註26〕所謂「神無二用」,意指「神」別無他用,只是凝存天人本然狀態之暢通大用。「神」若疲役於形名之小用,則個體生命自隔於天下萬有;反之,凝神而冥合大宗,不執形名而無可無不可,順隨自然天理而無處不遊。是故,凝神之「凝」實涵二義:其一是凝存「神」之本然狀態,其二則是澄清不屬於「神」的外來雜質,〔註27〕此二義皆是谿顯「神」之活動義。夫然,

〔註23〕林文彬:《王船山莊子解研究》,頁114。
〔註24〕有關「存神」詞彙的大量使用,可見於船山《正蒙注》中的〈神化篇〉:「唯其神不存也」、「存神以御氣」、「仁熟而神無不存」、「存神以知幾」、「存之則神存矣」、「所以存神也」、「存神順化」、「則存神以順化」、「知道者凝心之靈以存神……存神之至也」及「誠以存神而隨時以應」。引自《船山全書》第12冊,頁76～99。不過必須釐清的是,筆者以為「存神」較之「凝神」不適合,實是針對船山莊學而論,並非批判《正蒙注》所用之「存神」,亦是不恰當。換言之,因應不同的義理解說,可能會選取較適當的形容文字,而在船山莊學中,「凝神」是最貼切的表述文字。
〔註25〕此「不可失而勿守」見於船山解〈達生〉之序言(《船山全書》第13冊,頁292),其所指涉的是「道」王船山,然筆者以為其義可適於「凝」,故取資為用。
〔註26〕王船山:《莊子解‧德充符》,《船山全書》第13冊,頁144。
〔註27〕船山解〈外物〉曾言「澄神」,見於《船山全書》第13冊,頁414。

藉由本節辨析「凝神」之「凝」，吾人應可更加準確理解「凝神」之義理內蘊。據此，下節再探究凝神之境界、活動不二，方可不失偏頗。

## 第二節　從「體用不二」論「凝神」

　　事實上，在中國的哲學思想領域中，「體用」是一項頗富爭議的問題。〔註28〕不過，吾人若能釐清船山莊學所呈現的體用結構，即可澈見「凝神」的飽滿義涵，乃是建構在境界義與活動義之不二。簡言之，凝神的境界義是透過活動義而顯發，活動義則以境界義爲根基，亦即境界義爲「體」，活動義爲「用」。正緣此故，本節即要嘗試闡發船山莊學中的「體用」結構，進而映照出「凝神」的眞實義涵。

　　剋就船山莊學而言，其體用架構實可一言以蔽之，即「不二」。〔註29〕何謂「不二」？亦即申明「體用」是「非二非一」。然而，吾人若無詳加說解，驟然提掣「非二非一」之名，無疑是使人戴盆望天，不僅無法瞥見其眞實義涵，更會導致不當揣測而徒生歧誤。有鑑於此，本文今將說明「體用不二」之「不二」。船山解〈天下〉有一段明確闡釋：

　　　乃循其顯者，或略其微；察于微者，又遺其顯；捐體而徇用，則於

---

〔註28〕周芳敏在《王船山「體用相涵」思想之義蘊及其開展》中，曾對歷來哲人的「體用」思想進行評述，此處援引一段觀之，其言「中國思想家的哲學見解常表達爲相同的命題形式，我們不能因其語彙形式的相同遂也形式化地等同其義旨；在詮釋哲人的思想內容時，尤其不當以『即體即用』、『即用即體』、『體用不二』、『體用一如』、『即用顯體』、『即體是用』、『即用是體』等未經精確說明、界義及詮定的含糊語詞放諸四海而皆準地詮釋哲人的體用思想。」（周芳敏：《王船山「體用相涵」思想之義蘊及其開展》，頁316）另外，周氏於內文亦對程伊川、朱熹及王陽明之體用概念，多有辯証說明。按此，吾人大致可知「體用」問題，在中國哲學上是一門大學問，應是確然不妄的。

〔註29〕有關船山所論之「體用」問題，可以參照熊十力《體用論》，其言「不二」，又言「體」兼有變易、不變易。「不二」與「合一」易使人混淆，筆者在此稍作說明。「不二」是本然狀態之不分別，雖然各自爲一事一物，然而共存互依而顯。其次，「合一」則是本然狀態非是不分別，吾人將其收攝爲一，當有此說之際，通常會以一絕對存在爲收攝基準，如「道」、「天」等等。然而，前章吾人已有闡釋船山莊學之「神」，是「人即天」而非屬外在者，是故「合一」不適用於以「神」爲核心的體用架構。另外，「體用不二」的說法，亦可見於船山《讀四書大全說》，其讀〈陽貨〉言「凡言體用，初非二致。有是體則必有是用，有是用必固有是體，是言體而用固在，言用而體固存矣。」（《船山全書》第6冊，頁865。）

用皆忘；立體以廢用，則其體不全；析體用而二之，則不知用者即用其體；概體用而一之，則不知體固有待而用始行。(《莊子解・天下》，《船山全書》第 13 冊，頁 465～466)

船山言體用結構是不可析為二，亦不可概為一的，此意即揭露體用之「非二非一」。再推衍其義而論，只析體用為二者，必然確信「體」是某體之體，而「用」則是別求一用之用，換言之，兩者是可以獨立而論。然而，殊不知「有體無用」則「體」不能顯，「有用無體」則「用」亦不可存。要言之，析體用為二者，無法覺察在實踐工夫上之非二。其次，單純合體用為一者，則顯然不明「用」是「體」之發用，「體」、「用」雖是不二，但是終究有主賓區別，「用」不可直接等同於「體」。試就「神」、「明」關係而論，「明」固然為「神」之發用，不過「明是賓」而「神是主」之義，則是確然不妄的。因此，以體用為一者，不知「體」是「主」，而「用」是「賓」。〔註30〕要言之，倘若以「體用」為一而無所區別，則將瓦解「主其主」及「賓其賓」之本然狀態，此是船山莊學所揚棄批判的。

船山莊學對於體用結構之廓清，既非界定為單純的「一」，亦非斷然為「二」，則當如何闡釋？誠如前述，即所謂「非一非二」之「不二」。夫然，前文雖已論及「不二」之義涵，然而若要全體具現，則必須加諸更多的分析辨証。因此，吾人再援引船山解〈齊物論〉之文，資以輔証：

立言者，析至一而執一偏以為一，以為道體。夫緣用而體始不可廢，如不適於用而立其體，則駢母枝指而已。達者不立體而唯用之適。用愛於親，不待言無事於兼也，愛親而已。愛有可兼，不待言無私於親也，兼愛而已。用乎其不得不用，因而用之，其用也亦寓焉耳。適得而幾，奚有于自立之體哉！(《莊子解・齊物論》，《船山全書》第 13 冊，頁 105)

順讀此段文脈，吾人不難察覺船山的言下之意，其否定「體」可離「用」而獨立，是故指明「夫緣用而體始不可廢」。〔註31〕若再深究之，船山所言不可獨立

---

〔註30〕體、用雖不二，然而卻不等同，按第二章第三節中論及「神──明──知」關係，吾人若將神、明等同視之，則體為用而用為體，主賓失去原有之位置，「神」即失去「生之主」之核心地位，船山莊學所論之「神」，亦無意義可言。

〔註31〕「夫緣用而體始不可廢」之義，熊十力亦曾有相同的闡發，其言「夫用者體之顯，用外無體，故即用而識體」及「實體變動而成功用，祇有就功用上領會實體的性質。」(熊十力：《體用論》，頁 14 及 44。)

而存之義，正可發明「體用不二」之義，何也？且觀船山「不立體」之言，「不立」揭示不作分辨區別之義，〔註32〕若是立「體」則與「用」相對，已然落入「析體用而二之」。其次，「不立體」亦傳遞了「體」、「用」之非一，「體」是寓於「用」者，本是無形不可立者。換言之，在「不立」的思考運作中，「體」與「用」非是等同無別的，而「不立」只是觀照到「體」、「用」之不相對，此亦為「不二」之義涵。〔註33〕夫然，「體用不二」的真實義涵，乃是洞察「體用」的各適其位，〔註34〕而且架構出一種反覆循環之和諧運作。據此，「體用」的反覆循環關係，非是混淆體用的主賓關係，亦非磨滅體用的各自存在位置。總括前文所論，船山莊學的宗旨，乃是抉發體以致用且用以備體。

有關船山莊學的「體用」問題，林文彬在其碩士論文《王船山莊子解研究》中，曾有專節論述探究。根據該論文的第九章，林氏判明船山評騭莊學有四，〔註35〕其中更有標舉「有體無用」之言。然而，筆者審視林氏所論，發見其中存在著不少罅隙，是故「有體無用」的說法，應可再行商榷斟酌。首先，令人感到疑惑不解的是，林氏在「有體無用」一節中，其所選取的文獻材料，全數取材於《正蒙注》、《讀四書大全說》及《思問錄》。〔註36〕倘若今日林氏非以《莊子解》為研究底本，而欲用《正蒙注》等書鋪陳船山如何評騭莊學，本也是一種研究方式。不過，林氏既以船山《莊子解》為研究對象，為何不直取船山解莊之言？筆者假設可能原因有二：一是船山莊學並未提及「體用」問題，因此林氏轉向別書徵引相關文獻；二是在船山莊學中，船山並未直接或強而有力地批判莊子為「有體無用」，因此林氏根據船山他書揣測「有體無用」之意，〔註37〕因此《莊子解》實非批判思維的基礎。事實

〔註32〕　此處所論之「不立」，實可與「聖人無己」之「無」合觀，皆是對自我執持之消弭。
〔註33〕　筆者此處以「不相對」說解「不二」，其意在申明體用雖是二，然而卻又是不相對的相攝相涵。此「相攝相涵」之義，可參照周芳敏於其博論所論之「體用相涵」，周氏提及「單以『有是體必有是用，有是用必有是體』此一『陳言』為例，……。」（周芳敏：《王船山「體用相涵」思想之義蘊及其開展》，頁319。）
〔註34〕　前章論證「神」之核心意義，已然申明各適其位之理，此處即可逆證通同前述。
〔註35〕　此評騭莊學的四點，即是林氏論文第九章的四個小節：一是「太虛神體」，二是「人道之極」，三是「幽明不二」，四是「有體無用」。見於林文彬：《王船山莊子解研究》，頁167～185。
〔註36〕　林文彬：《王船山莊子解研究》，頁183～185。
〔註37〕　然而筆者以為林文彬所揣測的「有體無用」，其「無用」義涵已然偏離船山所示，且觀船山《讀通鑑論》卷一之言，「孔鮒藏書，陳餘危之。鮒曰：『吾為

上，吾人釐清箇中緣由，應屬後者較爲可信，爲何？前文論証船山莊學的「體用不二」，已然援引船山解〈齊物論〉，以及解〈天下〉兩段引文，是以船山莊學並非隻字未提「體用」問題。另外，林氏在闡釋「太虛神體」亦曾言：

> 莊子天人之學，蓋由太虛之神而發論。立此感應靈妙，無方無隅之神體，因理達權，隨成以寓其用，故能因物付物，即人即天，合人爲於自然，此莊學體用之綱要也。〔註38〕

察其所論，林氏顯然察見船山莊學所論之「神」，架構出一種特殊的「體用」型態。按此，林氏所謂「有體無用」的貶抑指摘，實非導源於船山莊學，而是林氏汲取船山他書所發之論。顯而易見的，林氏未能眞切體認船山莊學的「體用不二」，實是在「神」的義理開展下所築構而成。「神」是人得天地一氣之醇者，亦即爲貫通天人之可能，是故「體」爲「神」，「用」則是歸復天人貫通之本然狀態。換言之，「用」在「人」看似爲「無用」之大用，在「天」則是天地造化無處不流轉之大用。茲此而論，林氏所謂「有體無用」之用，僅是一己之小用，〔註39〕並未澈見此天人貫通之大用，此「大用」正是在凝

---

無用之學，知吾者唯友。秦非吾友，吾何危哉？』嗚呼！能爲無用之學，以廣其心而遊於亂世，非聖人之徒而能若是乎？……君子之道，儲天下之用，而不求用於天下。知者知之，不知者以爲無用用而已矣。……莊周懲亂世而欲爲散木，言無用矣，而無以儲天下之大用。握粟憂深而逃羿彀，其有細人之情乎！知進退存亡而不失其正，易簡以消天下之險阻，非聖人之徒，其孰與歸？」（《船山全書》第10冊，頁69。）按此段引文可知，船山對於莊子之「無用」，並非如同林文彬所詮釋，其「無用」實是「儲天下之用，而不求用於天下」，此爲君子之道，亦爲聖人之徒所行的。是故，本文所批判的「有體無用」，乃是剋就林文彬的詮釋進路，然而必須釐清的是，船山莊學亦言「有體無用」，只是「無用」的內蘊是不相同的指涉。

〔註38〕林文彬：《王船山莊子解研究》，頁172。另外，熊十力於《體用論》一書中，其曾提及「道家之宇宙論，於體用確未徹了。莊子散見之精微語殊不少，而其持論之大體確未妥。莊子才大，於道猶不無少許隔在。」（熊十力《體用論》，頁43。）顯而易見的，熊氏自陳其所批判的是「道家之宇宙論」，然而筆者以爲船山莊學所闡釋的「體用不二」，實是針對「人」而立論。因此，林、熊二氏所論，皆非船山莊學所揭露的「體用不二」。

〔註39〕何謂「一己之小用」，即船山莊學所示「通於事」之用。若是以現實作爲稱之「用」，則其義亦落入執於現實之用，有執則「體」亦喪失矣。所謂以「現實作爲」爲「用」，即是「通於事者」，船山解〈天地〉言「通於事者，通其可不可，然不然而已。於是而以其技鳴，爲天下之所係，則有心而適以迷其心，有耳而適以惑於聽。」（《船山全書》第13冊，頁226）據此段引文所示，船山莊學批判通於事者，已然迷其心，亦即蕩失其「體」──「神」，遂成一己之小用。據此以觀陳來之論，其在闡釋船山「理欲」概念時，認爲船山所

神境界之中，即有自然顯發大用之活動。〔註40〕

　　復次，吾人若將「有體無用」與「體用不二」進行對勘參照，即可開示歧異處非在於「體」，而是對「用」的認知有所不同。夫然，船山確實是醉心於內聖外王之道，〔註41〕對於莊書獨特的「體用」結構，或許稍有微詞，然而並非如同林氏所言，斷然駁斥爲「有體無用」。且觀船山解〈天下〉之言：

> 故莊子自以爲言微也，言體也，寓體于用而無體以爲體，象微于顯而通顯之皆微。蓋亦內聖外王之一端，而不昧其所從來，推崇先聖所修明之道以爲大宗，斯以異於天籟之狂吹，是其所是，非其所非也。特以其散見者，既爲前人之所已言，未嘗統一于天均之環中，故小儒泥而不通，而畸人偏說承之以井飲而相捽；乃自處于無體之體，以該群言，而捐其是非之私，是以卮言日出之論興焉，所以救道于裂。則其非毀堯舜，抑揚仲尼者，亦後世浮屠訶佛罵祖之意。（《莊子解・天下》，《船山全書》第 13 冊，頁 466）

船山雖抨擊莊子「寓體於用」只是「內聖外王之一端」，然而卻未否定莊子「寓體於用」的「救道于裂」之功。推衍其義，「寓體於用」是將「微之體」，在「顯之用」上作呈現，若從另一個視野切入，「寓體於用」正是體用的相互顯發，此「用」並非必然指涉世俗有目的之用，或者是一定有用之用。「用」可以視爲「體」的當下活動義，亦即凝神存在於天地之間，此存在是「即體即用」之不二。要言之，無論是「寓體於用」或是「即體即用」，皆非等同於「有體無用」。是故，「有體無用」之用，實際上是對「用」的誤解。

　　基本上，前章已對「體」（神）有不少論述，是以不再贅言。此處針對船

秉持的儒家道德理想，乃是「道德主義和功利主義的統一，這也是儒家在內聖之外同時重視外王思想的必然趨歸」（《詮釋與重建：王船山的哲學精神》，頁 159），無疑的，陳氏將「外王」直接視爲外在事功，遂使「外王」只成爲「小用」之用。

〔註40〕船山解〈逍遙遊〉曾言「凡遊而用者，皆神不凝，而欲資用於物，窮於所不可用，則困。」（《船山全書》第 13 冊，頁 91）此「遊而用」之「用」，是小用之用，因其「欲實用於物」，亦即執持世俗實現之效用而已，並非是歸復天人貫通之本然之大用。要言之，此「大用」乃是涵括世俗之可用及不可用，亦即船山解〈齊物論〉所言「隨所寓而用之」（《船山全書》第 13 冊，頁 108）而已。

〔註41〕凝神之活動義（用），可有種種層面之可能，無論是單純面對生命之精神自由，抑或是有成就帝王之現實效用，皆是層面之一。然而，船山因其自身政治遭遇，以及「立人道之極」的理念，是故其凝神之活動義，並非是落在單純面對生命之精神自由。

山莊學所論之「用」，嘗試進行一番辨証廓清，使吾人能夠更加體契「體用不二」之義。誠然，船山莊學對「無用」之「用」，實有深刻的體認。徵引船山解〈逍遙遊〉觀之：

> 五石之瓠，人見爲大者；不龜手之藥，人見爲小者；困於無所用，
> 則皆不逍遙也；因其所可用，則皆逍遙也。其神凝者：不驚大，不
> 鄙小，物至而即物以物物；天地爲我乘，六氣爲我御，何小大小殊，
> 而使心困于蓬蒿間耶？（《莊子解·逍遙遊》，《船山全書》第 13 冊，
> 頁 91）

船山莊學所抉發之「用」，非是世俗小大之用，亦即非有一定特定之用。小大之用，實爲成心所侷限，遂無法跳脫此成心所見聞之用，是故窮索於特定之用，反「困於無所用」之窘境。復次，船山莊學所體契之「用」，爲何？即「物物」而已。「物物」是指明「無用」之「用」，亦即不以己用物，而是以物用物。論及於此，吾人或有疑惑不解，爲何要標舉此「無用之用」？「無用之用」是闡明僅有冥合大宗之大用，亦即此大用爲觀照宇宙生命全體之用。〔註42〕換言之，體用關係中的發用問題，其發用非指時間有所先後，而是揭示發用方有體可言；反之，若無發用，體亦無可存立。簡言之，船山莊學以「神」爲義理核心，其所呈現的「體用不二」之「用」，必然凝塑爲「無用之用」。且看船山莊學所言：

> 以無用用無用，無不可用，無不可遊矣。凡遊而用者，皆神不凝，
> 而欲資用於物，窮於所不可用，則困。（《莊子解·逍遙遊》，《船山
> 全書》第 13 冊，頁 91）

船山莊學所論之「體」，即是所謂「神」或「凝神」。若凝神則無不可遊，然而執於有所用，或者「欲資用於物」，其遊則困、則非「逍遙」之「遊」。職是之故，「體用不二」之「用」，必然豁顯在「無用之用」，別無他解。另外，筆者所謂「無用之用」，實是申明「用」不可陷溺於特定之用，因此與引文「以無用用無用」之義通同，而非屬船山在《莊子通·人間世》中所言的「『無

---

〔註42〕 吳光明對於「無用之用」，曾有一段精彩的論述，其言「真正的『超越萬物』
等於由天空觀點『接納萬物』。飛翔萬物之上即是徘徊於萬物之中。這種辯證
論理的關係存在於大鳥與小鳥之間。這個古怪的真理——超越就是等於寬掉
的返回——就是本章全章的主題，結束於幾層對話，論及『無用』才是真正
的『有用』。以後莊子有個句子「無用之用」正是描寫這個真理。」（吳光明：
《莊子》，台北：東大圖書公司，1992 年，頁 115。）

用之用』，亦用也，用斯危矣」，〔註43〕此「無用之用」尚停滯於有所用。

　　承前所述，何謂「特定之用」？且觀在〈逍遙遊〉中的一段對話，〔註44〕惠施不知大樹「樗」〔註45〕有何用，遂與莊子有所答問，此答問不僅透顯出惠、莊兩人對「用」之不同解讀，更可體証「無用之用」的義涵。首先，吾人審視惠施所界定之用，其言大樹無用，直以「不中繩墨」或「不中規矩」作爲「用」之論斷。試問何謂「繩墨」？何謂「規矩」？顯然的，惠施所言之用，實是擺放在「人」的工具性上，亦即大樹不可爲人所用之無用。由是而言，此「大樹」之價值，只是由「人」作外在肯定或否定，而非直接由物本身作觀照。誠然，惠施言大樹是「大而無用」，實是囿於己心私意罷了，是故船山批判爲「欲資用於物，窮於所不可用，則困」〔註46〕。

　　相反地，莊子懷著「即物以物物」〔註47〕之態度，其言「逍遙乎寢臥其下」，何意？亦即以「物」本身作價值肯定，人只是循其本然狀態而「寢臥其下」，並非外加的「繩墨規矩」之判斷。換言之，此種「逍遙乎寢臥其下」之「用」，實是一種天人貫通之和諧狀態，是故船山言「則物各還物，無用其所無用，奚困苦哉」。〔註48〕所謂「奚困苦哉」，是申明物我兩不傷，也就是說物不爲己所困，己亦不因物而困。最後，莊子所謂「無何有之鄉」，應當如何解說？簡言之，個體生命若能凝神，則天地間無不可遊，其觀照之世界非是

〔註43〕王船山：《莊子通・人間世》，《船山全書》第13冊，頁499。
〔註44〕王船山：《莊子解・逍遙遊》，《船山全書》第13冊，頁91。
〔註45〕成玄英「樗，栲漆之類，嗅之甚臭，惡木者也……」（引自郭慶藩編、王孝魚整理：《莊子集釋》上冊，頁39。），張默生「樗，音初，劣木，質鬆葉臭……」（《莊子新釋》頁116），鍾泰「『樗』，葉似椿，而有惡臭，俗謂之臭椿……」（《莊子發微》頁24），按前述三家所釋，對「樗」之評價，皆是負面性質之「惡」、「劣」或「臭」。
〔註46〕王船山：《莊子解・逍遙遊》，《船山全書》第13冊，頁91。有關「欲資用於物」之用，筆者尚須有所解說釐清，船山莊學所示者，乃是直接消解己欲用之私心，非是對用之小大或有無而立論。若是以爲莊書針對「用」之小大、有無而論，則會有所誤解。如王德有闡釋「大瓠無用可泛舟」時，曾提及「那些大而無當的東西，不是沒有使用價值，而是常人認識不到它的使用價值。之所以認識不到，那是因爲它的價值太大了，大到了常人之智難以達到的程度」（王德有：《莊子神遊》，香港：中華書局，2003年，頁77），按王氏所言「使用價值」，其判斷基準依然落在「人」的可用或不可用，只是將此用推至高點，再指明是人所不可理解的。然而，依據船山莊學所論，應該是不執持己心私意以用物，方不落入相對性的「使用價值」中。
〔註47〕王船山：《莊子解・逍遙遊》，《船山全書》第13冊，頁91。
〔註48〕王船山：《莊子解・逍遙遊》，《船山全書》第13冊，頁92。

封閉限制的，而是開放無限的。是故，凝神非是外存於現實世界，而是以凝神轉化現實世界的種種僵化執陷，當下坦然面對現實世界。在此「凝神」的觀照之中，個體生命不僅對「物」無「特定之用」，對「己」亦然，遂將「特定之用」轉化爲「無用之用」。

　　然復須知，所謂「無用之用」，表面上猶如無用，倘若體其深旨，即可發見其含載之「大用」。「大用」有二：其一是個體生命可逍遙於天地之間，個體生命凝其神，而泯除私意己欲，遂與天地萬有歸復至最本然之和諧狀態，而無處不可遊。換言之，個體生命可以安頓於人間世，此「生命安頓」即是無用之「大用」。其二，個體生命因凝神而不執己以度人或物，在此無分無辨之當下，天地萬有只是各適其得，形成彼此互不賊害的絕對和諧。此正如船山解〈秋水〉所言，「萬物各自位其得，有者不足忮，無者不足憐；小不羨大，大不鄙小。唯知天知人者，能反其眞而不相害」，〔註49〕「大用」即是天地萬有之和諧，亦即物我兩不傷之用，此正是揭示凝神最基本的活動義涵。

　　所謂「絕對和諧」，不僅是架構在還復物之本然，同時必須是「無用」個體生命的省思。此「無用於己」是指凝神之虛，援引船山解〈人間世〉及〈知北遊〉之言：

> 有以者，皆有用也。寓諸庸者，非無用，而不挾所以，以自伐其美以爲用。……唯不挾其有用以用于人，則時而爲社，亦不得已而寓諸庸；毀之不怒，譽之不喜，暴人日操斧斤以相齗，而與之相忘，唯其虛而已矣。天下皆用實，而無能用虛。人所不能用，人所不能齗也。（《莊子解・人間世》，《船山全書》第 13 冊，頁 142～143）

> 至人知此，無所用其將迎；而待其相遭，則與之不違，亦將也；送之以往也，亦迎也。虛中而俟也，物與己兩無所益。無所益，復何傷乎！（《莊子解・知北遊》，《船山全書》第 13 冊，頁 347）

按船山所論，吾人若不挾其有用，以「虛」應天下，則此「無用」的個體生命，即可鑄就安頓生命之大用。所謂「安頓生命」之「大用」，正如至人以不將不迎處涉人間世，故而物我皆無所傷之絕對和諧。察其所言，「虛」是指明凝神，凝神則爲「體」之顯發，亦即是「無用之用」。〔註50〕「無用之用」是

---

〔註49〕王船山：《莊子解・秋水》，《船山全書》第 13 冊，頁 279。

〔註50〕此處所示之體用結構，是「即體即用」，船山解〈天下〉曾提及，「蓋君子子

生命安頓之大用，即是所謂的凝神活動義；換言之，「活動」並非是指涉特定行爲，而是揭示最本然的生命安頓之意。爲何言「活動」無特定行爲？剋就「體用」結構而言，「用」是依乎天理、隨順自然之變動，〔註51〕所謂「變動」，如同船山解〈則陽〉所言「人與之名曰天，而天無定體。故師天者不得師天，天無一成之法則，而何師爲」〔註52〕之「無一成之法則」。是故，體用不二之論，實指明兩者之共存關係，而非開示特定行爲之義，此不可不察。

　　復觀「有體無用」之批判，實是未能洞察「無用之用」的眞正義涵，此無用之大用，並非是建立在消解「用」。夫然，眞正的大用是一種絕對存在，所謂「絕對」是超脫於「可用」與「不可用」的相對狀態，直接呈現出絕對肯定的大用。換言之，個體生命若凝神復歸於天人貫通之本然，則個體生命的存在活動，皆是此絕對之大用，亦即世俗之「可用」或「不可用」皆可爲「大用」。正緣此故，「無用之用」之「無」實是通同於「無己」之「無」，「無己」之「無」是對治負面的生命內容，而「無用」之「無」則是剔除「用」的私心己意。〔註53〕「無」非是消解「用」，而是對執持特定之用的反動，亦即隨順凝神活動的本然狀態，可用是用，不可用亦是用。總之，筆者不斷反

---

所希者聖，聖之熟者神，神固合於天均。則即顯即微，即體即用」（《船山全書》第13冊，頁465），簡言之，凝「神」則「即體即用」，此「用」是冥合大宗，休于天均之大用，即內文所論之「無用之用」。

〔註51〕周芳敏於《王船山「體用相涵」思想之義蘊及其開展》一文中，提及船山之體用關係，乃是一種「變動圖象」。其言「由對立而相容、由衝突而諧和、由互相限制而互相拓顯、由二而一，船山『體用相涵』展現出分析而統合的辯証特質，『一』不再只是加總的原貌呈現，也不是一個境界式的空語泛說，而是一富涵生命感、動態感、時間感與歷程感的變動圖象。不只此圖象時時在變動其面目及內容，變合所自之『對反』也在互動中不斷改變內容及模樣。影響與受影響同時進行、形塑與被形塑齊肩發生，此方爲世界與生命的眞相。」（周芳敏：《王船山「體用相涵」思想之義蘊及其開展》，頁321。）按周氏所論，其文所關注的王船山「體用相涵」問題，最終實是落在此「變動」之論，復觀筆者內文所闡釋的「用」，主要是申明凝神之境界、活動不二，並且揭示「用」是無特定行爲的，亦即是基於「體用」不二，非是一種寂然之和諧，而是透過不斷的相互磨合或調整，方能架構出平衡狀態。

〔註52〕王船山：《莊子解·則陽》，《船山全書》第13冊，頁394。

〔註53〕此可參見鍾泰之言，「顧不曰『無己』，而曰『無用』者，承上『肩吾』節『無所用之』而言，其意則以爲人之有恒，己自有用而生，而其用愈大，斯其爲己也亦愈堅。故必肯自居於無用，而後己始可得而無也。」（《莊子發微》頁21～22）按鍾氏所論，「無用」實是對「無己」的再闡釋，兩者是通同的，此義亦可印証本文所論之「體用不二」。

覆論証的「無用之用」，實是對「用」的不執持，〔註54〕凝神則自有其「大用」運行，無待吾人刻意爲之，此正是體證凝神之境界、活動不二。

　　有關「體用不二」所揭示的「凝神」之義，本文茲以圖示說明作結，圖示如下：

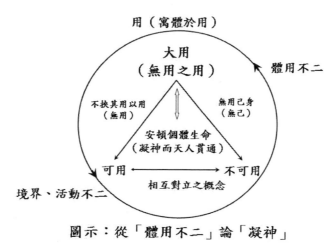

圖示：從「體用不二」論「凝神」

綜觀船山莊學所論，「體用不二」正是體契「神」的完全義涵，若是個體生命偏執於體或用之某一端，船山莊學所揭示之「神」，當下即無法顯豁明朗。復次，剋就「無用之用」而言，其宗旨是揭示個體生命不用己身，亦不用天地萬有。職是之故，個體生命與物兩無所傷，遂能復歸本然的和諧狀態，亦即能夠安頓生命。由是而言，以「神」爲義理核心的「體用不二」，實際上已然抉發「凝神」的飽滿義涵，乃是境界義與活動義之不可割裂。不過，吾人必須明白，所謂「凝神」的「活動義」，應是直指凝神境界義之當下之本然活動，而非是指涉世俗小用，或是固定僵化的行爲模式。倘若僅以有所用爲「活動」，則非屬船山莊學所闡釋的「體用不二」之義。〔註55〕不可諱言的，在一般認

<hr>

〔註54〕船山解〈徐無鬼〉曾言「無一可執，無一不可用」（《船山全書》第13冊，頁386），無執而無不可用揭示「大用」之義涵，即可用是用，不可用亦是用，此方爲大用。是故，無用之「無」，實是指惕除己欲私意之用，而是回歸眞正之大用。此大用的標準，非是己欲私意所定，而是視萬有和諧與否之恰當性而論。

〔註55〕大用之活動，乃是遍體全照之無可無不可之用。此「大用」是凝神之絕對性，已然超脫特定之用的相對性，若是言特定之用，則此可用而彼不可用，或此不可用而彼可用。莊學眞實內涵，則是直指不執陷於特定之用，故能無不可用，當然非是執於必用。此「大用」正可豁顯「凝神活動義」之核心內涵，

知範疇中，凝神的活動義往往自限在生理性之具體行動，因此下節除了加強論証境界、活動不二之義，另一方面則是要申明活動義的可能層面。

## 第三節　從「遊」論「凝神」

　　眾所周知，古今注莊釋莊者，泰半皆標幟「逍遙遊」爲莊書核心概念。誠然，船山莊學雖開顯「神」爲樞要機紐，並且架構出獨特的義理系統，然而審視其本質內蘊，依舊可與「逍遙遊」相互演繹證解。正緣此故，凝神是否兼攝境界與活動二義，抑或二義是否相涵共顯，吾人透過剖析「逍遙遊」，亦可獲致重要的啓發，或是重塑本來關係的面貌。然而或許有人會質疑，既言「逍遙遊」爲核心，爲何筆者僅是提舉「遊」字？歸根究柢而論，此種以「遊」解讀「凝神」之法，實有二因。首先是船山莊學的辯証旨趣，船山解〈逍遙遊〉曾言：

> 逍者，嚮於消也，過而忘也。遙者，引而遠也，不局於心知之靈也。
> 故物論可齊，生主可養，形可忘而德充，世可入而害遠，帝王可應
> 而天下治，皆脗合于大宗以忘生死；無不可遊，無非遊也。（《莊子
> 解・逍遙遊》，《船山全書》第 13 冊，頁 81）

按引文所示，船山試將「逍遙遊」拆解爲三，然而又言「此遊於大者也；遙也，而未能逍也」〔註56〕、「此遊於小者也；逍也，而未能遙也」〔註57〕及「小者笑大，大者悲小，皆未適於逍遙者也」。〔註58〕據此可知，船山指明「逍」與「遙」是不可獨立而相互補足的，〔註59〕是故「逍遙遊」的解讀方式，遂

---

　　　　若能凝神而物我不傷，則當下必然是無可無不可之生命活動。

〔註56〕王船山：《莊子解・逍遙遊》，《船山全書》第 13 冊，頁 82。

〔註57〕王船山：《莊子解・逍遙遊》，《船山全書》第 13 冊，頁 84。

〔註58〕王船山：《莊子解・逍遙遊》，《船山全書》第 13 冊，頁 85。

〔註59〕鄭雪花亦曾闡釋船山莊學的「逍遙遊」，其言「……並且取消了原文世界的隱喻和反諷等等意指功能，而轉換到自己的理論框架……乃將之引申對應於『遙/逍』的區分，此一區分關連著『遊』的諦境之開顯：形成對比張力的『逍』與『遙』經由『休于天均』的辯證綜合而達致『無不逍遙』的精神自由境界。」（《非常行旅：〈逍遙遊〉在變世情境中的詮釋景觀》頁 180）基本上，本文贊同鄭氏之說，船山莊學顯然將「遙/逍」作區分，而且此種區分之目的，乃是對「遊」的開顯。不過，必須釐清的是，以「休于天均」達至「無不逍遙」（遊）的精神自由境界，只將「遊」的境界義彰顯出來。倘若僅就「精神自由境界」闡釋船山莊學之「遊」，實是無視「遊」之「活動義」，然則本文論述以「遊」爲境界、活動不二。復次，鄭氏與本文所採取的詮釋進路，是有所不同的，

為「逍遙」之「遊」。〔註 60〕其次，此處所論之「遊」，乃是統攝「逍遙」義涵之「遊」；反之，倘若「逍」或「遙」缺一，則「遊」不可成立矣。何謂「遊」不可成立？意即人依然存在且活動天地之間，但是已非「逍遙」之「遊」，僅是執形溺名之遊、行屍走肉之遊。緣此，「遊」的真正義涵，實是建構在「逍」與「遙」兼具之中，逍遙則「遊」而「遊」可逍遙，是以船山方有「是乃無遊而不逍遙也」〔註61〕之言。要言之，在船山莊學所揭舉之「遊」，實是「逍遙」之「遊」，意即「逍遙」必然寄託於「遊」。是故，本文所論之「遊」，其整全內蘊實是涵攝「逍遙遊」之義。

其次，剋就「遊」的義理內蘊而言，實可用以闡釋凝神的境界、活動不二。船山好友方以智曾言，「內篇凡七，而統於遊」，〔註62〕方氏旨在說明「遊」於莊書之中，具有畫龍點睛的價值意義。試問，莊書內七篇「統於遊」之「遊」所指為何？為何別具深義？唐君毅對莊子內七篇之大旨，曾有一段綜述，筆

---

其將關注焦點擺放在「逍遙」，並且透過對「天均」、「渾天」的探究，揭示「兼知」、「凝神」的工夫，方是「無不逍遙」之「遊」。然而，本文主要是申明「凝神」的境界、活動不二，藉由對「遊」的探究，廓清「凝神」的飽滿義涵。本文與鄭論不同之處，在於以「凝神」為船山莊學核心，而「遊」是揭示之媒介，「逍遙」只是「凝神」當下的必然產物。換言之，鄭氏的詮釋進路是由「活動」至「境界」的收攝，是故側重於遊之精神自由境界；然而，本文則申明船山莊學之「遊」，乃是由「境界」至「活動」的開展，不僅以「精神自由境界」為基本根源，對於據此境界所呈現的活動層面，亦有多樣性之體認。此處所示，下文多有闡釋。

〔註60〕有關「逍遙遊」之解讀方式，並非僅只船山莊學之路數。如吳光明將「逍遙遊」視為指涉相同的三個字，其言「在全莊書裏，也許只有這篇題目具有獨一的明晰的意味，因為『逍』就是『遙』，而『遙』也就等於『遊』。雖然含蓄各有稍異，這三字卻具有同一個中心辭意——遊戲地高聳徘徊。」（《莊子》頁 131）。又如王邦雄曾言「逍遙遊」可以分開解析，並從「逍」之消解，次而「遙」之開擴世界，最終方是「遊」之面對人間世。王氏所論層層開拓，實有精闢之處。不過，其說或可解通莊文，然而船山莊學乃以「逍遙」與「遊」並舉，筆者本承船山莊學所闡釋立說。是故，以「遊」為一個獨立概念，非是層層開展方得者，遂不取王氏之義。王氏之論，見於《中國哲學論集》（台北：臺灣學生書局，2004 年），頁 202～204。

〔註61〕王船山：《莊子解·逍遙遊》，《船山全書》第 13 冊，頁 87。

〔註62〕方以智：《藥地炮莊》，引自嚴靈峰：《無求備齋莊子集成初編》卷 17。方以智，字密之，號曼公，安徽桐城人，生於明萬曆 39 年（1611），卒於清康熙 10 年（1671）。另外，池田知久亦曾提及，「『遊』這個辭彙，是戰國時代以來，在道家的各種文獻中經常出現的重要概念，包含了這個辭彙的『遊』的思想可以說是道家思想最中心的思想之一。」（《《莊子》——「道」的思想及其演變》，頁 404。）

者以爲切中「遊」之精要：

> 總上所論卷七篇之大旨，吾人即可見莊子之思想，要在教人面對天
> 地萬物，而爲逍遙遊所謂無己、無功、無名之至人、神人、聖人。
> 〔註63〕

體察唐氏所述，莊子內篇大旨乃在於「教人面對天地萬物」而「逍遙遊」。此「教人面對天地萬物」之「面對」，正是「遊」的深刻見證，何謂？簡言之，即「遊」乃映顯在「面對天地萬物」的架構基礎上。此種闡釋邏輯，楊儒賓更有鮮明的抉發：

> 莊子固然深信道是超言說、絕思慮的，但道是否僅止於此呢？……
> 一個具體的人總是要活在具體的時空裡，而要活在具體的時空裡，
> 學者不能將自己的心靈限定在寧淡自守之深處，而當通出去，讓生
> 命與世界形成一種多元的、複雜的具體和諧。〔註64〕

思忖「一個具體的人總是要活在具體的時空裡」之言，吾人可發見楊氏所體証的莊子智慧，直指個體生命必然要存在於此天地之間，是故個體生命與存在場域是不可割裂的。此種不可割裂的關係，不僅揭示「遊」的眞實義涵，亦是豁顯個體生命在凝神當下，必然活動於此存在場域。然而，必須釐清的是，所謂「活動於此存在場域」之「活動」，並非侷限於生理性活動，純粹的精神活動亦可稱之，〔註65〕如「遊乎冥默，登乎高曠，幾與天地通矣」〔註66〕、

---

〔註63〕唐君毅：《中國哲學原論：原道篇》卷1，頁402。另外，該書它處亦曾提及，「然內篇並不重其爲獨之意。大宗師言見獨，乃指修道者內心所見之絕對而言，非孤獨之意。故內篇人間世亦言處人間世之道，大宗師言當『與人爲徒』之旨。」（頁413）此處所論，亦可印證「遊」是必然面對天地萬物的。

〔註64〕楊儒賓：《莊周風貌》（台北：黎明文化有限公司，1991年），頁46～47。胡文英在《莊子獨見・莊子論略》亦曾提及，「莊子最是深情，人第知三閭之哀怨，而不知漆園之哀怨有甚于三閭也。蓋三閭之哀怨在一國，而漆園之哀怨在天下，三閭之哀怨在一時，而漆園之哀怨在萬世。」（引自嚴靈峰《無求備齋莊子集成初編》卷21，台北：藝文書局，1972年，頁516～517）按胡氏所言，其義指明莊子的關懷，乃是天下及萬世，而非一國一時。此種關懷是不離天地而存，或者是必然要面對天地萬有的，是故深究胡氏所論，實可與楊氏印合共顯。

〔註65〕有關純粹的精神活動，吾人必須再作一釐清，「遊」所呈現的精神活動，多數研究者皆從「超越」論之。不過，「超越」卻有不同的説解方式，筆者以爲所謂精神活動之超越，實是揚棄成心所架構出來的假象世界，觀照的天人貫通的本然世界。因此，「超越」並非抽離天地之存在場域，而是更深層的歸復至最原始的狀態。倘若以「精神活動」之「遊」，即是超越脫離此存在場域，筆者則不能認同。

「游其心以觀天」〔註67〕或「以遊環中之無窮者也」〔註68〕之「遊」。要言之，「遊」呈現出「活動」之必然性，並且可能落在不同層面上。按此，徐復觀以「精神的自由解放」〔註69〕解讀「遊」，並指明「而只能是求之於自己的心」，此種「精神自由」只是「遊」的基本配備——「境界」，若就「遊」的活動義而言，則屬眾多可能呈現層面之一。易言之，不可據此全盤套用於莊書之「遊」，否則「遊」的飽滿義涵，必然有所遮蔽。

此外，「遊」指明個體生命即使不能「逍遙」而「遊」，亦不可能脫離此天地；是故，人既為人，又不得不存在於天地中，唯有逍遙而「遊」方能安置個體生命。由是言之，此「遊」應是針對此種不可割裂性而發，而非僅是表述「精神的自由解放」或「精神自由境界」。〔註70〕總括其論，吾人察見莊

〔註66〕 王船山：《莊子解・天地》，《船山全書》第13冊，頁221。
〔註67〕 王船山：《莊子解・知北遊》，《船山全書》第13冊，頁339。
〔註68〕 王船山：《莊子解・則陽》，《船山全書》第13冊，頁402。
〔註69〕 徐復觀所言，見之於《中國藝術精神》，頁60～64。徐氏所論之「遊」，實只是精神超越之「遊心」義，而非是兼具超越及現實之「遊」義。除了徐氏之外，尚有不少研究者將「遊」或「逍遙遊」，解讀為「精神自由」且超脫現實的，如劉笑敢曾言「但是在『游戲污瀆之中』的比喻已經說明莊子之追求不在世俗世界目的的實現，不是一般人所追求的意志自由，如果聯繫莊子的逍遙遊來看，莊子所追求的精神自由和自我滿足顯然是超脫現實的，是純精神的」（〈莊子之苦樂觀及其啟示〉，《漢學研究》第23卷第1期，頁110），據劉氏所論，大致可與徐復觀之「精神的自由解放」通同，然而此種說解，只顯發「遊」的部份義涵而非全部，是故筆者基本上，較為認同唐君毅的「面對天地萬物」，或是楊儒賓的「一個具體的人總是要活在具體的時空裡」。更令人錯愕的是，有些直接否定莊子與世接軌之實，如葉朗《中國美學史》提及：「莊子把這種「心齋」、「坐忘」的精神境界，看作是人生的自由的境界。這是錯誤的。以為在自己內心取消利害得失的考慮，就能達到人生的自由，這種觀照，必然走向宿命論。莊子也確實是一位宿命論者。……這種宿命論，完全否定了人生的主觀能動性，完全否定人的能動的創造，也就完全否定了人的自由。人在現實生活中，是命運的奴隸，對生活中發生的一切都無可奈何，完全沒有自由」（葉朗：《中國美學史》，台北：文津出版社，1999年，頁75～76），葉氏所論，無疑是不察「逍遙遊」之深義，只將心齋坐忘之凝神，視為精神自由，遂阻斷與存在場域的關係。甚至，以莊子為「宿命論」者，進而衍生「完全否定了人生的主觀能動性」等等之謬論，皆是未能體証「遊」之故。
〔註70〕 鄭雪花《非常行旅：〈逍遙遊〉在變世情境中的詮釋景觀》，頁180。筆者以為船山莊學所揭示的「遊」，並非只是單純指涉「精神自由境界」，「精神自由境界」當然是「遊」的基本條件，然而船山莊學更重視在此境界的狀態下，「人」如何能夠活動於天地之間。據此審視鄭氏所言，「不同於《莊子》從遊於方外，不肯『以物為事』的『神人』而言『其神凝』，在〈逍遙遊〉裡，船山關於『凝

書所示之「遊」，意指人超脫僵化滯礙之世俗價值（無待），進而「遊」於最本然之天地間，所以無論何種樣態之「遊」，皆是將生命安置存在場域之活動，〔註71〕此方可印合船山「不能埋於世」〔註72〕之論。

　　誠如前述之探究辨析，吾人已將關注焦點擺放於「遊」之因，進行概略性的釐清及說明。此外，吾人將要檢視「遊」在船山莊學中，如何透顯凝神的義理內蘊。事實上，船山莊學是直接以「遊」抉發「凝神」，此種詮釋型態顯然已傳遞彼此間的密切關係。茲引船山解〈逍遙遊〉之文而論：

　　寓形於兩間，遊而已矣。（《莊子解·逍遙遊》，《船山全書》第 13
　　冊，頁 81）

神』的詮釋，開展出參與治化的人文意涵……」（頁 189）、「船山的逍遙義展現了鮮明的人文關懷」（頁 192）及「而船山逍遙義之『遊』則以參與現實的方式來實現建構的旨趣，在建構裡體驗生命的可能」（頁 192），其意說明船山莊學之「遊」，乃是不同莊子「以超越現實的方式來實現揭蔽的旨趣」（頁 192），而側重於「參與治化的人文意涵」或「參與現實」。不過，此種說法僅可視爲船山自身所呈現的活動型態（船山之遊），並非是「凝神」的唯一活動型態（凝神之遊），否則將會遺漏「凝神」在活動義上的多種層面之可能。其次，倘若如鄭氏之說，船山只以「參與現實」爲旨趣，則船山莊學即不可能有「以無用用無用，無不可用，無不可遊矣」（《莊子解·逍遙遊》，《船山全書》第 13冊，頁 91）之論，是故筆者較不贊同將船山莊學之「凝神」，直接套用於某一種活動層面，而是對於「凝神」的各種活動層面皆能肯定。事實上，倘若「凝神」的活動義可以有多種呈現，「凝神」的主體生命方能不以己度人或測物，方能眞正肯定個別的殊異性，方能在「凝神」的義理系統中融攝孔子與莊子的不同活動型態。此外，筆者所論之活動義，可以參照本章第二節之「用」，「用」乃是「無不可用」之「大用」。換言之，吾人不可直接將活動義視爲「有用之用」，若是架構在「有用之用」的思考脈絡中，活動義遂成爲「有待」，則此「活動」非船山莊學所示的境界活動不二之活動義。

〔註71〕張默生曾言「莊子的哲學，纔是『出世哲學』。他雖不像隱士僧侶的棄絕人事，但卻與現實社會無甚交涉，以故他的態度，只是『無爲』、『逍遙』而已。」（《莊子新釋》頁 86）觀張氏所論之「但卻與現實社會無甚交涉」，此句實是有待商榷，何謂？正如筆者內文所述，莊子言「遊」並非是刻意從「人間世」抽離，因此張氏所言「現實社會」，固然是僵化執欲的社會，然而在凝神之際，入亦可，不入亦可。如此解讀，方可不違其言莊子非屬「棄絕人事」之論。林聰舜亦曾提及，「船山批判釋老幻滅虛無的宇宙觀，轉移到對儒家傳統本身的反省時，則是批評陸王等儒者不能正面挺立形色世界的價值」（《明清之際儒家思想的變遷與發展》，台北：臺灣學生書局，1990 年，頁 156），雖然林氏是針對「實有的氣」（頁 156）立論，不過申明船山「肯認客觀世界的價值」，則可印証本文所述，足見此爲船山一貫之立場。

〔註72〕船山在《莊子解·則陽》提及「自埋於民而不能埋於世」（《船山全書》第 13冊，頁 398）。

> 神人之神，凝而已爾。凝則遊乎至小而大存焉，遊乎至大而小不遺
> 焉。物之小大，各如其分，則己固無事，而人我兩無所傷。(《莊子
> 解‧逍遙遊》,《船山全書》第 13 冊，頁 89)

船山申明「寓形於兩間」只是「遊而已」，何謂「兩間」？兩間是指天、地，
此即開示「遊」是天地兩間之遊。是以，船山莊學之「遊」，實是揭示個體生
命如何存在的方式，即使是最純粹的精神自由境界，亦是安頓自我生命於天
地兩間。若再進一步闡釋，人是「道與之貌，天與之形」，〔註73〕因此「人」
之存在型態，可謂是天所賦予且自然而然的。人既為人則「無待而休於天均，
一宅而寓於不得已」，〔註74〕亦即無法從存在場域抽離而孤立，而是「翛然往
來，無訢無拒」〔註75〕以逍遙遊。所謂「存在場域」即是指天地，而人間世
亦包含其中。此外，船山詮釋神人之「凝神」，乃是可以「遊」乎物之小大，
顯然「遊」並非必然與物相離，而王先謙所謂「逍遙乎物外」〔註76〕之遊，
只是「遊」的型態之一。換言之，「遊」揭示了生命活動於存在場域的種種可
能，而在與物相接之際，「遊」所成就的是，「人我兩無所傷」的和諧狀態，
此亦為凝神之活動義。

　　承前所述，船山莊學所論之「遊」，實為「神」的完全顯發。此種「遊」的
詮釋進路，乃是扣緊「凝神」之活動義，為使此義更加彰顯暢明，下文援引憨
山德清註莊之文，試與船山莊學對勘參照。剋就憨山註解〈逍遙遊〉而言，筆
者以為憨山僅解「逍遙」，並未花費太多心力關注「遊」之深義。按其文所述，
「遊」乃是逍遙於「大道之鄉」，〔註77〕此「大道之鄉」所指為何？且觀「超脫
生死而遊大道之鄉」〔註78〕及「言已超脫人世，乘雲御龍而遨遊於六合之間也」，
〔註79〕此「大道之鄉」顯然非是直指天地之存在場域，而是別有一處樂土。其
次，「至人無用而任與道遊」〔註80〕及「若至人無求於世。固雖無用，足以道自
樂，得以終其天年」，〔註81〕順讀文脈可知，憨山所理解的逍遙遊，純粹是自我

---

〔註73〕王船山：《莊子解‧大宗師》,《船山全書》第 13 冊，頁 157。
〔註74〕王船山：《莊子解‧大宗師》,《船山全書》第 13 冊，頁 161～162。
〔註75〕王船山：《莊子解‧大宗師》,《船山全書》第 13 冊，頁 163。
〔註76〕王先謙：《莊子集解》(台北：三民書局，1999 年)，頁 1。
〔註77〕明憨山德清：《莊子內篇註‧逍遙遊》，頁 2。
〔註78〕明憨山德清：《莊子內篇註‧逍遙遊》，頁 21。
〔註79〕明憨山德清：《莊子內篇註‧逍遙遊》，頁 26。
〔註80〕明憨山德清：《莊子內篇註‧逍遙遊》，頁 35。
〔註81〕明憨山德清：《莊子內篇註‧逍遙遊》，頁 36。

生命之完善而已。再者，憨山解〈人間世〉之宗旨，主要是中明莊了以爲「處世之難」，遂成「遯世著書」之志。由是言之，船山莊學的說法，相較於憨山所論，確實更加貼近於莊書之「遊」。要言之，憨山雖以「逍遙」揭示「成己」，但是忽略了「遊」的多層義涵。〔註82〕復觀船山所述，其言：

> 唯喪天下者可有天下；任物各得，安往而不適其遊哉！（《莊子解‧逍遙遊》，《船山全書》第 13 冊，頁 90）

> 生亦吾藏，死亦吾藏，隨萬化以無極，爲一化之所待，無不存也，而奚遯也！雖然，其知此矣，可遊也，不可執也。（《莊子解‧大宗師》，《船山全書》第 13 冊，頁 165）

「遊」非是單純喪天下，其藉由消解「相對性」之有己、有天下，進而在此天地之間無不可遊，是故「遊」非是「遯」〔註83〕之義甚明。據此可知，「遊」所呈現逍遙義涵，並非指涉個體生命跳脫存在場域，亦非刻意要遠離「人間世」，而是更加映顯「人」與「存在場域」之聯結性。〔註84〕總上所述，船山莊學所論之「遊」，實可豁顯凝神的境界、活動不二之義，即使是單純的面對自我生命之遊，當下亦有成物之自然顯用；然而憨山所解之「遊」，則是剋就

---

〔註82〕憨山德清解注〈逍遙遊〉，僅將闡釋焦點擺放在「逍遙」而非「遊」，即使論及「遊」亦非船山莊學所示之不離天地之間。筆者閱讀憨山之注解，推測應是以佛門子弟釋莊之故。何謂？簡要言之，憨山以佛家義理之「解脫」釋「逍遙」，意在彼岸而非此岸（人間世）。

〔註83〕有關「遊」非「遯」，亦可參見船山解〈大宗師〉的另一段文字，其言「知死生者，知形神之去留，唯大力之所負而趨，而不生不死者，終古而不遯。形之存亡，不足用爲憂喜，則天下之物雜然相攖，而能攖其遯者，不能攖其不遯者，不遯者固常寧也。」（《船山全書》第 13 冊，頁 167）抑或是船山解〈人間世〉所言，「人間世無不可遊也，而入之也難。既生於其間，則雖亂世暴君，不能逃也。」（《船山全書》第 13 冊，頁 126）按兩段引文所示，「遯」者實是不忘生死，陷執於憂喜，是故與物相對而不能「攖寧」。然「遊」是不離人間世，亦即不能逃。要言之，「遯」非「遊」之義甚明。

〔註84〕船山此處所界定之「遊」，鍾泰亦有相類之揭示，其言「『游』者，出入自在而無所沾滯義」；又闡釋莊子之「言遊」，意略同於孟子之「言遊」，亦即「就己言則曰『自得無欲』，對物言則曰『不爲私』。」（鍾泰：《莊子發微》，頁 3～4。）是故，鍾氏所論之游，不離物而言，亦即游在人間世而不離也。此外，林安梧在〈明末清初關於「格物致知」的一些問題——以王船山人性史哲學爲核心的宏觀理解〉一文中，論及「理欲合一」之時，曾有「這在在顯示船山之學是不離於生活世界的」（見於《中國文哲研究集刊》第 15 期，1999 年 9 月，頁 321），所謂「不離」，即是「人」與「存在場域」的緊密聯結，即是船山莊學爲何如此釋「遊」之因。

自我解脫而無涉於其它。因此，筆者認爲憨山德清與船山解通莊書，顯然旨趣是互異的，即肇因於是。

按前述抉發之義，在以「神」爲核心的義理架構之中，其豁顯天人貫通之本然，非是封閉於一己之個體生命，而是映照於所有存在。所謂非封閉性，援引〈齊物論〉中的莊周夢蝶爲例：

> 昔者莊周夢爲胡蝶，栩栩然胡蝶也。自喻適志與！不知周也。俄然覺，則蘧蘧然周也。不知周之夢爲胡蝶與？胡蝶之夢爲周與？周與胡蝶，則必有分矣。此之謂物化。（《莊子解・齊物論》，《船山全書》第 13 冊，頁 119）

細察所引之文，吾人可析二而論。其一，剋就「不知周」作闡釋，莊周「夢」爲胡蝶，此「夢」是指無己之特殊經驗，[註85] 而非經驗義之夢。所謂特殊經驗，實是表述一種獨特的觀照方式，亦即船山莊學中的「凝神」之觀照。何意？莊周夢爲胡蝶的當下，其呈現的狀態是「不知周也」，此「不知周也」正是「無己」。由是言之，莊周夢爲胡蝶之「夢」，乃是申明「莊周」在面對「胡蝶」之時，「莊周」並未存在於「胡蝶」之中，當下只有「胡蝶」的考量，或者言「胡蝶」不會被「莊周」箝制，甚至吞噬。簡言之，「胡蝶」依然只是「胡蝶」本身。據此以論，「莊周」透過「無己」，使此無己之「己」與「胡蝶」，形成一種和諧狀態之齊。此種不立自我與物相對之概念，即是船山莊學所言「不立一我之量，以生相對之耦，而惡有不齊之物論乎？」[註86] 夫然，「不知周」的觀照方式，非是一般物我的相對關係，是故稱之爲「夢」，以顯其特殊義涵，是故此生命安頓非屬封閉性。

其二，吾人必須要闡釋「必有分」之義，爲何？前文所論「不知周」，以「無己」的觀照型態，使主客之限制界線消解，物我達至和諧無所衝突。然而，此種消解並非是抹消「莊周」的個體特殊性，當「俄然覺」之際，「莊周」又爲「莊周」而已，是故莊書方言「周與胡蝶，則必有分矣」。推衍其義，所

---

[註85] 「夢」非是移情作用，而是在無己的狀態下，與物同一步調的經驗體知。移情作用只是以「莊周」設想「胡蝶」，但是「無己」的經驗體知，卻是從人人可見的經驗具體可微形象，眞正進入「胡蝶」的感受。有關「夢」之解讀，筆者只是剋就「凝神應世」而闡發。然而，其它並未論証之問題，可以參照業師徐聖心先生〈眞人不夢與莊周夢蝶〉（《中國文學研究》第五期，頁 65～93）一文，該文對於《莊子》「夢」的義蘊多有探究。

[註86] 王船山：《莊子解・齊物論》，《船山全書》第 13 冊，頁 93。

謂「物化」，莊周當下只是直觀胡蝶本身，無己亦別無他物。不過，「物化」的最終義涵，乃是在此和諧狀態中，肯定「莊周」之特殊個別性，亦即「莊周」依然是「莊周」，不會是「胡蝶」。換言之，「莊周」與「胡蝶」在泯除對立之同時，亦各自保存其本然原貌。〔註87〕復觀船山對此則之闡釋：

> 故於篇終申言物化，以見是非之在物者，本無已信之成形。夢也，覺也，周也，蝶也，孰是而孰非？物化無成之可師，一之於天均，而化聲奚有不齊哉？（《莊子解・齊物論》，《船山全書》第 13 冊，頁 119）

所謂「是非之在物者」，實是立己而有此有彼，遂與物有分有辨，進而衍生「以心鬭物，以物鬭心，相刃相靡」〔註88〕之是非。倘若能夠「物化」，則無成心私意之可師可執，我既喪則不與他物為耦，僅是「一之於天均」而無不齊，此正是「物無非我者，唯天為然」。〔註89〕察其所示，船山莊學對「物化」的說解，亦是以凝神而休于天均為基調。換言之，船山所論之「凝神」，乃是揭示和諧狀態之齊。另外，船山於此段引文中，雖未論及「必有分」之「殊異性」；不過，船山解〈秋水〉曾言，「萬物各自位其得，有者不足恃，無者不足憐；小不羨大，大不鄙小」，〔註90〕所謂「各自位其得」，即是殊異性之使然。

　　正緣船山莊學所示之「凝神」，非屬封閉性之生命安頓，因此針對「逃」〔註91〕之說法，可謂大加撻伐。船山解〈人間世〉曾提及：

---

〔註87〕此義可參見船山解〈徐無鬼〉「己不喪而物不傷，物皆備焉而不相求，誠然不妄之真也。」（《莊子解・徐無鬼》，《船山全書》第 13 冊，頁 381），不過吾人必須釐清此「己不喪」非是對反於「無己」，「無己」是指涉個體生命的負面存在之消弭，而「己不喪」則是個體生命有不可失者存，此即承天之本然之性，亦即不失「各若其性」（頁 219）之「性」。
〔註88〕王船山：《莊子解・齊物論》，《船山全書》第 13 冊，頁 100。
〔註89〕王船山：《莊子解・齊物論》，《船山全書》第 13 冊，頁 94。
〔註90〕王船山：《莊子解・秋水》，《船山全書》第 13 冊，頁 279。
〔註91〕曾昭旭於《王船山哲學》一書，曾論及船山莊學對「逃」的解讀，其援用《莊子通・齊物論》，「蓋一般說莊者及道家之流，皆至此境而止。然此境則仍是一以逃為基本態度之境也。人以是亦多謂道家為逃人避世，以隱為高之學矣。然於船山，則見出道家之學，為可以引申之以通於儒學者。故即於此逃而扭轉之為不逃，於是因逃而成立之懷機不發之純，亦可引申扭轉之為因不逃而成立之徹盡萬機之純矣」（頁 246）按曾氏所論，其以為船山莊學對「逃」是作引申扭轉之工夫，使莊子「懷機不發之純」免於「逃」之失。然而，筆者此處以「從遊論凝神」，抑或上文「從體用不二論凝神」，皆是揭示船山莊學不以莊書所論為「逃」，是故筆者以為曾氏「引申扭轉」之說法，或許可再商

人間世無不可遊也，而入之也難。即生於其間，則雖亂世暴君不能
逃也。（《莊子解・人間世》，《船山全書》第 13 冊，頁 126）

由是言之，船山已然揭示「人」既入「人間世」，必須要坦然面對人間世，故
言「不能逃」，此即「人之生也，日夜皆在天中，虛固未嘗離也」〔註92〕之義。
復次，「不能逃」或「未嘗離」實是指明「應世」之必然性，人之爲人既「不
能逃」、「未嘗離」，則當如何？此處標幟出「遊」字，且觀船山解〈大宗師〉
之文，其言「三者忘，以遊于世，險阻皆順，災害不得而及之矣」，〔註93〕「三
者忘」是指「忘取舍」、「忘成虧」及「忘毀譽」，亦即「凝神」顯發之眞知。
其次，所謂「順」是指「遊」是入險阻之境，而不被險阻所害。換言之，「遊」
不同於「避」，「避」是屬於不入險阻，自與天下隔絕。不過，吾人必須釐清
一事，入險阻之「入」，是自然而然之應，非是有心刻意之入，此正如船山解
〈人間世〉所言，「夫遊亦豈有必遊之心哉？亦寓於不得已爾」。〔註94〕

復次，前述所論之「不離」，非是有待或執持之義。「遊」固然揭示「人」
不離天地之間，然而所謂「不離」是申明本來狀態，並非是執著於形軀生死
之不離，此義不可不察。船山曾言「命之情者，天命我而爲人，則固體天以
爲命」，〔註95〕或者「既已爲人，不得而不入」，〔註96〕其意乃在揭示人之爲
人，實是隨造化流轉而氣聚成形，亦即人是不得已生於天地間的。不可諱言
的，此「不得已」之謂，易使人誤解爲宿命論，進而論斷人是完全被動的。
然而，船山莊學所呈現之「遊」，實是以「神」爲核心所開展之「凝神」。換
言之，人得天地一氣之醇者之「神」，遂可自主地冥合大宗；據此而論，「遊」
非是墮溺於「宿命論」的不得已，而是體知生命具有客觀限制之「不得已」，
〔註97〕進而透過凝神的自主能動性，歸復於天人貫通的本然狀態，爲生命尋

権。
〔註92〕王船山：《莊子解・外物》，《船山全書》第 13 冊，頁 414。另外，船山在《莊
子通・山木》提及，「命大，性小。在人者性也，在天者皆命也。既已爲人，
則能性而不能命矣。在人者皆天也，在己者則人也。既已爲己，則能人而不
能天矣」（《船山全書》第 13 冊，頁 512），人生而爲人，則能在「性」上作努
力，不能在「天」上作努力，若將此觀點挪用於「遊」，不難察覺「遊」即是
人之能性，而人不得不在「天地之間」，則是「不能命」之義。
〔註93〕王船山：《莊子解・大宗師》，《船山全書》第 13 冊，頁 158。
〔註94〕王船山：《莊子解・人間世》，《船山全書》第 13 冊，頁 137。
〔註95〕王船山：《莊子解・達生》，《船山全書》第 13 冊，頁 293。
〔註96〕王船山：《莊子解・秋水》，《船山全書》第 13 冊，頁 277。
〔註97〕此處所論之「不得已」，並非等同於一般宿命論之不得已，宿命論之不得已乃

得自適其得的安置。最後，吾人重新檢視「遊」之義理架構，「遊」所豁顯的
不離天地，乃是抉發本然狀態之不離，因此非是有待或執持之義。顯而易見
的，船山莊學所謂「凝神」之「遊」，並非建構於消解「人」的存在場域。

　　誠然，無論世道如何，人皆不可逃之，是故「遊」已然昭示凝神必然面
對存在場域之義。有關「不能逃」的觀點，可再援引船山通莊之言，資以輔
証：

> 欲不因彼而不爲彼所使，逃之空虛，而空虛亦彼，亦將安所逃之？
> 甚矣其窮也！未徹於此者，游〔註98〕於窮，而自以爲無窮，而徹者
> 笑之已。徹於此者，游於無窮，而無往不窮。（《莊子通・齊物論》，
> 《船山全書》第 13 冊，頁 496～497）

> 智窮道喪，而別求一藏身之固，曰「聖人懷之」，斯可不謂擇術之最
> 工者乎？雖然，吾將有辯。懷之也，其將與物相逃乎？與物相逃，
> 則猶然與物相競也。何也？惡屈乎物而逃之，惡隨乎物而逃之，惡
> 與物角立而無以相長而逃之。苟有惡之心，則旣競矣。逃之而無所
> 屈，逃之而無所隨，逃之而不與角立，因自以爲可以相長，凡此者
> 皆競也。與之競，則懷之機甚於其論；默塞之中，有雷霆焉。（《莊
> 子通・齊物論》，《船山全書》第 13 冊，頁 497）

合觀兩段引文，船山申明「遊」非是「逃」，或者言聖人之「懷」，實不同與
「逃」，意即游、懷與逃之間是有所差異的。「懷之」是指面對道窮之世，聖

是申明人的無能爲力，誠如吳光明所言，「『宿命論』否認自由，莊書裏卻有
的是自由遨遊」（《莊子》頁 48）；然而，船山莊學所洞察的「不得已」，則是
在依乎天理的當下，人具有自主能動性。

〔註98〕舊本逍遙遊多作「消搖游」，此處「游」字即「遊」。此說可參照鍾泰：《莊
子發微》，頁 4。另外，筆者以爲舊本之「游」，可與《論語・述而》「游於
藝」之「游」合觀。船山在《讀四書大全說》曾言，「志道、據德、依仁，
有先後而無輕重；志道、據德、依仁之與游藝，有輕重而無先後。故前分
四支，相承立義，而後以先後、輕重分兩法，此集註之精，得諸躬行自證
而密疏之，非但從文字覓針線也」（《船山全書》第 6 冊，頁 699），又「而
他圖游藝也哉？」、「所以集註雖有先後之說，而尤云『日用之間，無少間
歇』，以見四者始終不離之實學」（頁 700），按引文所示，船山讚賞朱熹《四
書集註》的見解，並以爲志道、據德、依仁及游藝四者無先後區別，亦即
申明「游」是與「志道」同時顯發具存的，雖然有輕重，但是非有所先後
之異。此說正可印合本文所論之「遊」，亦即「境界」與「活動」固有輕重，
實無先後也。錢穆在《論語新解》所揭示的，即通同於船山所論（《論語新
解》頁 233）。

人應世之方，此「懷之」非是「與物相逃」。何義？自以爲「逃」者，本是不欲與物相互對立，然而卻不知「逃」已衍生「有惡之心」，遂又落入「與物相競」之相對立，此正如船山所言「己愈逃，物愈積，『膠膠擾擾』，日鐃其心」〔註99〕之義。因此，吾人從船山對「懷之」與「逃」之判明中，即可窺見個體生命不可「逃」於人間世，此即「安所逃之」之義。再言，船山所論「凝神」，不得與物相離，不與物相離即不避世、不逃世，方可「籠天下於大圜之中，任其所旋轉」〔註100〕而「游於無窮，而無往不窮」。倘若有「逃」之心，則與物相對而有分有辨，有分有辨則神已不凝，是故凝神必然非屬於避世之逃。要言之，船山所釋「遊」之宗旨無他，只是抉發凝神的境界、活動不二之義。

有關「遊」非「逃」的另一個顯例，即是個體生命面對「帝王」之位。船山解〈應帝王〉之序文，曾開宗明義提及：

> 應者物適至而我應之也。不自任以帝王，而獨全其天，以命物之化而使自治，則天下莫能出吾宗，而天下無不治。（《莊子解·應帝王》，《船山全書》第13冊，頁176）

所謂「應者物適至而我應之也」，已然申明「應」之基本態度，不過此「應」異於主動追求之欲，意即「應其所不得不應者」〔註101〕之義。換言之，「人」面對「帝王」之位，雖然「不自任以帝王」，亦非必然排斥拒退。此義可參見船山解〈應帝王〉的另一段文字：

> 帝王之任及于身，可應則應也，天下之待於帝王者無不應也。未嘗唱而隨應以和，合內外而通於一，誰弊弊焉以天下爲事哉？……大小無不可遊，物論無不可齊……。此渾然至一之宗也，於以應帝王也何有！（《莊子解·應帝王》，《船山全書》第13冊，頁182）

按引文所示，船山莊學以爲「帝王」非必然不可「應」，若能「合內外而通於一」，或者「渾然至一」，則個體生命「無不可遊」，何況是面對「帝王」之位。〔註102〕不過，必須說明的是，此種冥合大宗所顯發的「帝王」活動，並非有

---

〔註99〕王船山：《莊子通·天道》，《船山全書》第13冊，頁508。

〔註100〕王船山：《莊子解·庚桑楚》，《船山全書》第13冊，頁349。

〔註101〕王船山：《莊子解·應帝王》，《船山全書》第13冊，頁178。

〔註102〕船山解〈應帝王〉有言「帝王之道，止於無傷而已」（《船山全書》第13冊，頁183）。另外，船山解〈庚桑楚〉亦曾提及，「言此以明休天均者之所以閱人閱世而應帝王，究亦未始出吾宗，是莊子應迹之緒論也。」（《船山全書》

「治天下」之心，而是以「無成心以應天下」，〔註103〕最終形成「農自能耕，女自能織，父子自親，夫婦自別」〔註104〕之「以天用而己無用也」。〔註105〕是故，「人」若在凝神的境界之中，「帝王」亦可爲其活動層面之一種。

　　最後，吾人必須再釐清一事，船山莊學既言「凝神」是「遊」非是「逃」，爲何船山在《莊子通》之敘曾提及，「己未春，避兵櫨林山中，……行乎不相涉之世，浮沉其側者五年弗獲己」。〔註106〕筆者以爲可分由三方面來解說，其一船山莊學所解通者是莊書，抑或是船山本身，應當有更詳細之論証，若船山所解者直指莊書，則衝突矛盾似乎是預期可見的。再者，即使船山所解通實是自我生命，〔註107〕其言「凝神」是「遊」非「逃」，亦正是避兵讀莊之體証；其二是「避兵」是避兵戎之害，而非是避「人間世」，是故不可將避兵斷言爲「逃」；其三，避兵深居山林之行爲，吾人雖言非是「逃」，然世人多以此稱之爲隱。〔註108〕不過，隱之名實爲世人所加，深究行爲之本質核心，即

---

第 13 冊，頁 368），在凝神的境界當下，無論是「閒人」、「閒世」，抑或是「應帝王」，皆是凝神的可能活動之一，其義亦可印証內文所述。

〔註103〕王船山：《莊子解・應帝王》，《船山全書》第 13 冊，頁 183。所謂「無成心以應天下」，亦可參見船山解〈應帝王〉另一段文字，其言「應帝王者，以帝王爲迹，寓於不得已而應之，不招物之來，物將不來。物不來則反而自能其事，澹漠之德，功化莫尚矣」（《船山全書》第 13 冊，頁 179），按引文所示，「不招物之來」正是「無成心」之義。

〔註104〕王船山：《莊子解・應帝王》，《船山全書》第 13 冊，頁 177。

〔註105〕王船山：《莊子解・外物》，《船山全書》第 13 冊，頁 412。有關「以天用而己無用」義，亦可再參見船山解〈天地〉的兩段文字，「爲堯師之師者，……萬物之大小長短，相與爲族，而所祖者唯天。合天道之無爲，乃與天配。否則治之適以亂之，福之適以禍之，育之適以賊之」（《船山全書》第 13 冊，頁 222），以及「因而用之，莫非天也。無物不物，而不物於物，可以愛身，即可以託天下」（《船山全書》第 13 冊，頁 223）。

〔註106〕王船山：《莊子通・敘》，《船山全書》第 13 冊，頁 493。

〔註107〕王船山於《莊子通・敘》曾提及「故不問莊生之能及此與否，而可以成其一說」（《船山全書》第 13 冊，頁 493），是故船山不僅是解通莊書，更是解通自我生命。

〔註108〕筆者以爲，此處所論之「隱」，可與《論語》所呈現的孔子之「隱」合觀。下面以三則文獻觀之，〈泰伯〉「天下有道則見，無道則隱。」（錢穆《論語新解》頁 228）、〈衛靈公〉「邦有道，則仕；邦無道，則可卷而懷之。」（《論語新解》頁 554）、〈述而〉「二三子以我爲隱乎？吾無隱乎爾！」（《論語新解》頁 253）及〈微子〉「我則異於是，無可無不可。」（《論語新解》頁 661）總括而論，孔子在志道原則下，對於外在行爲並無刻意規範，或是自我設限。然而，在部份外顯行爲上，實與消極隱士之隱相似，因此世人亦稱之爲隱。這種詮釋

可澈見此「隱」非屬一般仕隱相對之隱，而是超脫仕隱相對，並且直接從「隱」作絕對肯定之「隱」。要言之，仕、隱只是外顯行為之名，倘若「隱」不與人相對立，則此「隱」亦是「遊」的方式之一，「仕」亦同然。總而言之，解讀文字不可斷章取義，必然要觀照整體文脈之全貌，方可有明確的識察。

「遊」是個體生命凝其神，貫通天人而與萬物無分無辨，自然而然形成一種絕對和諧的關係狀態，此「遊」即是「遊」於天地整體，即是將自我生命安頓於天地之間。〔註109〕所謂個體生命凝其神，意味著個體生命因「凝神」而呈現開放型態，亦即與他人之個體生命，或是天地間之萬物，處於絕對和諧之中。所謂「絕對和諧」，是建構在個體生命凝其神，凝神則天人貫通而以虛應之，正如至人「用心若鏡，不將不迎，應而不藏，故能勝物而不傷」，〔註110〕，或如聖人「無喪無得，無傷於人，而不謀其離合以與人相販，遊焉而已矣」。〔註111〕然復須知，即使凝神者所接觸的個體生命，以形、名為生之主，而處於封閉性質的狀態，但是亦因己之虛，人我無可衝突，和諧關係並不會遭受破壞。〔註112〕體其深旨，「遊」是抉發天人、人我或物我之絕對和諧關係，此種和諧關係不僅揭示凝神之境界義，同時亦為活動義之顯

解讀，殊不知兩者之根源義涵，乃是截然不同。孔子重視道德主體之純真人格，此純真人格並非與人相隔阻斷的，而是一種和諧的人我關係。是故，若言孔子有所謂「隱」，此「隱」非是磨滅人我關係，而是剋就「無道」之扭曲污穢之「隱」，使自我生命能夠確保純真人格。

〔註109〕本文不斷重覆論証「遊」的境界、活動不二，其境界即是精神自由境界，亦即天人貫通的凝神境界。而所謂活動，即是安頓自我生命的方式，無論是安於帝王之位、安於支離疏之身，抑或是安於注解經籍之船山，只要是凝神境界，必然有其安頓生命的活動。

〔註110〕王船山：《莊子解・應帝王》，《船山全書》第13冊，頁183。另外，船山解〈人間世〉亦有是言，「不任耳而宅於一，亦虛而已矣。以此而遊于人間世，豈徒合大國之交為然哉？」（《船山全書》第13冊，頁136），探其所示，亦在以「虛」應世，而無處不可遊之義也。

〔註111〕王船山：《莊子解・德充符》，《船山全書》第13冊，頁153。

〔註112〕人若以「虛」接物，則不一者自為一；若以己之情欲為然，人非即天，則欲眾人合於己身之情欲，則刻意框其「一」之架構，實則不齊而物我兩傷。是故，本文所論之「和諧關係」，非是以私意框架而得齊一，而是個體生命以天之所然為然，天之所未有而不然，即「虛」己而齊於天，天地萬有自在天地之中之齊，正如船山解〈天道〉所言「與天和，自於人無不和」（《船山全書》第13冊，頁238）。另外，船山解〈山木〉亦言，「若無所設者，人欲挫之而無從，雖有斂取於人，亦虛舟之觸也」（《船山全書》第13冊，頁311），其義即「無所設」之「虛」，人我無所傷。

發。要言之，「遊」實是指明個體生命坦然面對天地整體，無對立而無不可應的「凝神」，人間世非不可入，亦非可不入，而是要「不可失而勿守」之「慎」，〔註113〕亦即船山解〈德充符〉「遊心于此，焉往而不和哉？」〔註114〕據此可知，「遊」不僅豁顯「凝神」是「不可失而勿守」，更是在此「不可失而勿守」之際，個體生命必然有其安頓生命之活動。要言之，凝神在「不知所以然而然」的當下，其境界與活動二義是不可割裂的。〔註115〕

　　統觀本節所論，船山莊學闡釋神人與常人之別，緣於神人可凝其神以「遊」，而且所謂「遊」非是在一己之完善，乃是直接將生命委於天地，復歸天地本然和諧之狀態。是故，吾人發見「遊」所豁顯之義，實是揭示「凝神」飽滿義涵。而且，無論言「遊」或「凝神」，其承載的和諧義涵，必然根植於「神」的自然發用。復次，以「神」為核心的個體生命，並非是孤獨的完善，而是天地整體和諧的完善。船山莊學以「神」為義理核心，進而拓展「凝神」以遊於天地間之活動，個體生命與萬有互不傷害，「神」的充分體証，只可落在個體生命與天地萬有的和諧關係上。此外，令人驚豔的是，船山莊學所抉發之「神」，從「天地醇氣」賦予「人」，再由「人」延伸至「天地整體」，鋪衍出一套精緻縝密的義理系統。而且，「人」之「凝神」唯有延伸至天地整體，個體生命方是真正安頓。總之，本節嘗試重新剖析「凝神」之義涵，除了發見其飽滿義涵，實是涵攝境界與活動的不可割裂性；更重要的是，船山莊學所謂的「凝神」之義理，顯然是含載人與天地萬有之絕對和諧。

# 第四節　本章結論

〔註113〕王船山：《莊子解・外物》，《船山全書》第 13 冊，頁 410。此處所論「不可失而勿守之慎」，即是凝神的「逍遙」之「遊」，不可離逍遙而遊。若能「逍遙」而「遊」，則如莊書所言，「唯至人乃能遊於世而不僻」（《船山全書》第 13 冊，頁 412），此「遊」是不僻世之義，亦可証前文所述。

〔註114〕王船山：《莊子解・德充符》，《船山全書》第 13 冊，頁 146。此義亦可參見「唯遺其貌、全其神……符達于天下而無不合矣。」（《莊子解・德充符》，《船山全書》第 13 冊，頁 151）

〔註115〕此處所論之「活動則是在此『不可失而勿守』之際，個體生命自然而然的活動」，其義是申明成己之當下，實是成人、成物、成天下，實是一體併發而完成的。是故，「活動」非是「境界」之後，方再開展的活動，只是當下同時完成的。如是而論，「境界與活動不二」乃可真正抉發「神」的義涵，亦即天人本是不隔、和諧的。

錢穆於《莊老辨通》曾提及：

> 老子書本不重言神，莊子內篇神字僅指人生界，而歧趨所極，遂以
> 宇宙爲至神，遂謂宇宙間乃有一種精神存在，此在莊子外雜篇始見
> 此歧趨，而晚周儒家言，亦同有此歧趨矣。〔註116〕

按錢氏所論，莊書內篇所標舉之「神」，僅是指涉人生界，而莊書外、雜篇則將「神」，挪移至「宇宙」。然而，吾人藉由二、三章之探究，已然察見船山解通莊書之際，無論是內篇、外篇，抑或是雜篇，「神」或「凝神」的義理內涵，實是兼攝「天」及「人」。前章剋就「神」的根源性而論，「神」是「人」得天地一氣之最醇者，亦即「神」非與「天」截然兩斷的。本章則是關注於「凝神」的論証辨析，主要是申明「凝神」的整全義涵，必然建構於境界、活動不二之中，是故「人」在歸復天人貫通之本然狀態之當下，生命安頓並非是抽離於存在場域。換言之，船山莊學所昭示之「神」或「凝神」，並非孤懸於「天」而是落實在「人」的生命安頓。然而，吾人必須釐清的是，所謂生命安頓，並非是僵化的固定型態，其有種種層面之可能，亦即凝神之活動義之可能層面。總之，本章透過對「凝神」的探析，已然體證以「神」爲義理核心的船山莊學，其關注焦點在於「人」。

---

〔註116〕錢穆：《莊老辨通》，頁222。

# 第四章　以「神」通解莊學的價值意義
## ——論融通孔、莊之「德」〔註1〕

　　大體而言，本篇論文運用二、三兩章，針對「神」的核心意義進行架構廓清，然而尚未揭露其價值或是可能用意。正緣此故，本章旨在對此一議題進行論証闡發。按二、三章之論証辨析，船山莊學顯然是提契「神」爲核心樞紐，進而鋪衍架構出「凝神」的圓熟義理。誠然，在此套縝密的義理系統之中，船山不僅別出心裁地詮釋莊書，〔註2〕更值得吾人關注的是，以「神」解通莊書究竟有何價值，或說有何用意？林文彬在《王船山莊子解研究》曾有簡略解說：

　　船山謂莊子之學，全由渾天而悟入，取法環中，以無方無隅之神爲體，隨成而寓其庸。故莊子之學，可以一神字爲貫穿。……未立人

---

〔註1〕本文提舉「孔、莊」爲問題範疇，乃是考量「儒、道」一詞涵概層面極廣，況且船山莊學對於世儒、小儒及老子，多採批判的立場，因此若言「儒、道」，較不適宜。此外，本章所援引之文獻資料，主要以船山解讀《論語》與《莊子》爲優先考量，是故不言儒道而言孔莊。復次，眾所皆知，孔、莊問題乃是中國思想史上的公案，歷來研究者前仆後繼的關注，甚至發聲爲論，不過直至今日尚無確論。復觀船山莊學所示之「德」，倘若撇除少部份的主觀立場之解說，其所呈現的評議視野，皆有深層見解及宏觀氣度，實可激發吾人對孔、莊問題的思考。

〔註2〕筆者所謂「別出新栽」，乃是指船山莊學以「神」所架構出來的詮釋進路，此無疑是異於歷來其他之注莊、釋莊者，實是別樹一幟。據此復觀吳光明所批評之言，「……連郭象、王夫之、林希逸三氏也是偶而根據莊書詞句發揮他們的所感而已，沒有系統性的深究莊書的方法論及真諦」（《莊子》頁2），姑且不論船山莊學以「神」爲貫穿主軸，是否能揭示莊書之真諦，但是顯而易見的，船山非屬偶有所感而已，實是具有系統性的詮釋。

道之極。〔註3〕

讀其所述，林氏顯然將「神」視爲由渾天悟入之體，並且病在「未立人道之極」。不過，筆者以爲林氏之說，僅是指涉船山所理解的莊書，〔註4〕針對船山莊學所豁顯之「神」，其實並未有所深刻體認。船山於《莊子通》的自敘中，曾言「凡莊之說，皆可因以通君子之道，類如此。故不問莊生之能及此與否，而可以成其一說」，〔註5〕「成其一說」之語已然道出船山莊學的基本趨向，亦即在經典詮釋的過程中，洗滌雜蕪而吸納萃取其精華，進而架構出「一說」。是故，船山莊學以「神」解通莊書的價值，即是藉由「神」疏通各個義理環節，最終轉化成一套船山所體證的完善義理。〔註6〕

承前所述，船山莊學以「神」爲義理核心，旨在重新調整或界定某些義理概念，使其整體義理架構可以更臻完善。此種重新調整的詮釋方式，在船山莊學中多有發揮，然而最顯而易見者，則非「德」莫屬。有關「德」的重新界定，筆者以爲不僅豁顯船山莊學以「神」重新調整義理之目的，更涉及船山如何融會孔、莊之義理。緣此，本章即針對「德」進行論証，冀望能夠申明船山莊學以「神」解通莊書之價值，而且亦可理解船山莊學所提供融會孔、莊問題的一個面向。

本章共分四小節：首節「前人對船山莊學中孔莊問題的見解」，本章所欲討論之「德」，涉及船山莊學的孔莊問題，而前人已有體察及論辨，如曾昭旭、林文彬及謝明陽等；不過本章無論在理解取徑上，抑或是關注焦點上，皆與前賢說法有所差異，因此特在首節進行必要的釐清。第二節「論德之意涵」，藉由「合於天德」及「不滑和者德也」的闡釋，抉發船山莊學所體證之「德」。第三節「論德者自得」，承續前節對「德」的討論，此節則在揭櫫「自得」之

〔註3〕林文彬：《王船山莊子解研究》，頁188～190。

〔註4〕所謂「船山所認知的莊書」，主要申明林文彬所詮釋的，乃是船山解莊之「神」，而非船山莊學之「神」，兩者是有所不同。牟宗三曾提及「說明」型態有二（《中國哲學十九講》頁3～4），其一是「描述說明」，其二則是「理由說明」。基本上，林文所論即「理由說明」，不過，筆者此處必須再對「理由說明」進行細解爲二：其一是「主觀批判立場之理由說明」，其二則是跳脫「主觀批判立場」，直接說明「重新詮釋之理由」。前者即是一般研究者所言「以儒通莊」、「以儒攝莊」等等，後者則是本章所欲探究者。

〔註5〕王船山：《莊子通・敘》，《船山全書》第13冊，頁493。

〔註6〕曾昭旭以爲「是既不背原典又不爲原典所限，而顯出一種自我的創造與原典的義蘊間相發明、相融通的特色」，乃是「船山學的一大特色」（曾昭旭：〈王船山兩端一致論衍義〉，《鵝湖月刊》第21卷第1期，1995年7月，頁9～13）。

意涵，「德」是個體生命的自我完成，故不可用之自見或示人。而且在此「自得」的以明當下，因己不擾人擾物，使萬物各適其得，遂有天下無不得的呈現。此外，二、三兩節的論述，皆會援引《讀四書大全說》及《四書訓義》的義理，申明船山此「德」是孔、莊之共義。第四節「論形名之德」，二、三兩節已抉發船山莊學所體證之「德」，然而船山莊學另有負面性之德，因此本節分述「形之德」與「名之德」。第五節「本章結論」則綜述全章所論。

# 第一節　前人對船山莊學中孔莊問題的見解

　　本章主要在闡發船山莊學之「德」，進而論証此「德」並非單純以孔子思想（《論語》）為立場，亦非單純闡發莊書之德，而是融會孔、莊的一種重新界定。然而，此種融會的詮釋方式，事實上是有別於歷來研究船山莊學者。試觀前賢審視船山莊學之孔、莊問題之時，主要是依循兩條思考路徑：其一是「以儒通莊」；其二則是「自立一宗」。大體而言，這兩種命題皆有精闢說解，亦可用以解決船山莊學中的孔、莊問題；不過，這兩種詮釋方式偏於單向處理，〔註7〕倘若直接套用在船山莊學所呈現的孔、莊問題，易於遺漏那些隱於表面文字的意涵。〔註8〕因此，本節即針對「以儒通莊」及「自立一宗」進行辨析釐清，並且剖析其中可能的義理缺陷。

## 一、以儒通莊之說

　　有關「以儒通莊」的說法，主要以曾昭旭為代表，其認為：

　　　　船山先逐段否定，以逼至一擇術最工之「聖人懷之」之境。蓋一般
　　　　說莊者及道家之流，皆至此境而止。然此境則仍是一以逃為基本態

---

〔註7〕所謂「單向處理」，是指「以儒通莊」顯然站在「儒」之立場，而「自立一宗」則又執守莊書之獨特性，筆者以為皆不如以船山莊學之德性觀，進行客觀性的體證孔、莊問題。相關論証可見於下文，此處不再贅言。

〔註8〕無論是「以儒通莊」或是「自立一宗」的說法，皆是要證得船山之立場。這種方式自然有其船山學之研究價值，不過筆者所欲探究的，則是透過船山莊學，但是又掃除船山個人執持，進而較為客觀的說解孔莊。有關船山解莊之個人執見，楊儒賓曾有提及，其言「王氏不滿明儒援佛釋莊的風氣，他認為正確的方式應當以莊解莊，還其本來面目。但王氏註解此書時，個人的思想立場還是很明顯，對某些不合他思想的文字，他往往會指出其缺點所在。對符合他思想或他個人經歷的段落，則會大加發揮」（《莊周風貌》頁234）。

度之境也。人以是亦多謂道家爲逃人避世，以隱爲高之學矣。然於
船山，則見出道家之學，爲可以引申之以通於儒學者。〔註9〕（標
示底線處，爲筆者所加）

依據曾氏之闡述，船山解通莊書，實因其可「引申」通於儒學。推衍「引申」
之意涵，旨在申明莊子僅能體道，若能從消極之護道提昇至積極之贊育，即
可通於儒學。表面上，「引申」似乎是正面性的肯定，但是歸根究柢而言，只
是儒學的下層或一端而已。〔註10〕換言之，曾氏對於船山莊學之體證，主要
在於消極護道，此不同於儒學之積極贊育。〔註11〕不過，剋就曾氏所論，筆
者提出兩點疑慮：其一，莊子是否爲「逃人避世」？是否無「積極贊育之功」？
此問題之相關論述，已見於第三章的二、三節，〔註12〕此處僅作扼要說明。
船山莊學所示之「遊」，非屬「逃人避世」之遊；其次，所謂「無用之用」，
乃是歸復天人合一之本然狀態之大用，亦即成己乃至成人成物之大用。換言
之，船山莊學所肯定的「大用」，已在凝神而天人貫通之當下，自可有其「贊
育」〔註13〕之義。

其二，「以儒通莊」的先決條件，在於儒學乃是貫通天人之大宗，而莊子「但
標天均環中之用，而不立發此神用之體也」，〔註14〕因此只是近於儒而不及儒，
唯有「以儒通莊」方能使「莊」不滯不虛。然而，船山解〈則陽〉曾言：

觀於此，而莊子之道所從出，盡見矣。蓋於渾天而得悟者也。……

---

〔註9〕 曾昭旭：《王船山哲學》，頁246。
〔註10〕 將莊子歸源於孔門之說法，姜聲調在《蘇軾的莊子學》（台北：文津出版社，
1999年，頁16～18）一書中，有相關文獻的整理。其下簡述其意，唐代韓愈
斷言莊子源淵於孔門，其後如明代楊豫孤、王闓運、沈一貫、清章學誠、宣
穎、姚鼐、康有爲……等人，或言子夏之儒，或言顏氏之儒，雖然稍有差異，
不過大致上乃是以莊子爲孔門之後。
〔註11〕 曾昭旭在《王船山哲學》一書中，曾言「雖由此一間之差，使莊學不能有積
極之贊天地化育之功；然亦以唯差一間，而使莊學至少爲無妄之學，至少具
消極之和同眾端，護道於不裂之功也。而莊學之可通於聖人之道者，亦由是
觀矣」（頁243）。
〔註12〕 參見第三章第二節「從體用不二論凝神」，以及第三節「從遊論凝神」。
〔註13〕 此處所申明的「贊育」，旨在揭示船山莊學所謂的「無用之用」，實有贊育天
地之大用。然而，吾人倘若強以傳統儒學所論爲「積極」之贊育，據此論斷
「無用之用」乃是「消極」之贊育，這當然是可以成立的說法。不過，筆者
必須強調，此說法只是界定「贊育方式」的不同，遂有「積極」或「消極」
的闡釋角度，實不宜直接框限於船山莊學。
〔註14〕 曾昭旭：《王船山哲學》，頁243。

莊生以此見道之大圜，流通以成化，而不可形氣名義滯之於小成。……周子《太極圖》，張子「清虛一大」之說，亦未嘗非環中之旨。君子之學，不鹵莽以師天，而近思人所自生，純粹以精之理，立人道之極；則彼知之所不察，而憚於力行者也。（《莊子解·則陽》，《船山全書》第 13 冊，頁 395）

船山以為莊子是「渾天而得悟者」，亦即冥合天均大宗之人。因此，孔、莊皆是冥合天均大宗者，應無所謂何者涵攝何者之問題。當然，船山莊學還是申明莊子缺乏「立人道之極」，或「憚於力行」之區別性。〔註15〕有關「立人道之極」，在《思問錄·內篇》有一段論述：

「立人之道，曰仁與義」，在人之天道也；「由仁義行」，以人道率天道也；「行仁義」，則待天機之動而後行，非能盡夫人之所以異於禽獸者矣。天道不遺于禽獸，而人道則為人之獨，繇仁義行，大舜存人道聖學也，自然云乎哉！〔註16〕

船山直接申明「立人之道，曰仁與義」，並且將「仁義」分從「由仁義行」及「行仁義」兩方面作討論。「仁義」是否被肯定，實因發動是否源自內在自覺，亦即「仁義」非屬必然負面者。換言之，此是將「仁義」視為與「人道」體用相涵者，所以非是形名之仁義。不過歸根究柢而言，此處只可分判「立人之道」與「立天之道」之區別，並不能夠斷定船山莊學之異，因為船山莊學亦是否定「行仁義」的，而且從「神」論人之殊異性，亦在強調人不同於物之自主能動之可能。總之，船山莊學非以「仁義」分判「立人道之極」或「未立人道之極」，是故「以儒通莊」之說，並不能真正豁顯出船山莊學的立場。

　　大道是本然存在的，固然非莊子一人所成，亦非孔子一人所獨有。吾人若要客觀的陳述，應是孔、莊皆是冥合大宗者，〔註17〕或許有呈現活動之不

---

〔註15〕船山莊學雖然申明莊書與「君子之學」有「憚於力行」之區別，然而筆者在以「神」貫穿船山莊學的義理系統之中，卻發現「神」的自主能動之義涵（論述見於第二章），因此船山此處所謂莊子缺乏人道之極，究竟指涉什麼？在船山莊學實未明言。要言之，筆者以「船山莊學」為研究範疇，既在「船山莊學」發見此問題，又無法於「船山莊學」中尋獲解答，遂將此問題存而不論。

〔註16〕王船山：《思問錄·內篇》，《船山全書》第 12 冊，頁 205。

〔註17〕船山曾言「儒言命，墨言鬼，各有所通者各有所窮。言命者天而非鬼，言鬼者精而非命，皆不可而皆可，皆然而皆不然。……自渾然于大均，兩詰之而兩窮，兩和之而兩行。言而忘言，定以不定……豈與儒墨爭定論哉？」（《莊子解·寓言》，《船山全書》第 13 冊，頁 422），審其文義可知，無論是儒是墨，

同，然而卻不可斷言義理層次之高低。總之，吾人要避免「以儒通莊」，抑或「以莊通儒」的立場設限，方能真正體察船山莊學中的孔莊問題。除了曾氏之外，林文彬所持觀點亦是大同小異，〔註18〕此處不再贅述。

## 二、自立一宗之說

復次，有關「自立一宗」的說法，則是謝明陽在《明遺民的莊子定位論題》所提出，援引三段文字觀之：

> 「自立一宗」：此說爲王夫之《莊子解》所主張，正如「自立一宗」的命題，王夫之此論也具有獨樹一幟的風格，而與前幾項論題的關係較爲隱微。更重要的差別在於：王夫之此論並不強調學術的會通，而是並舉莊子與老子之學、莊子與儒家之學的異同，以呈現莊子思想在儒、道二家之外的獨特性。〔註19〕

> （自立一宗）而王夫之的此項議題卻是著重於闡發莊子思想的獨特處，因而將莊子獨立於百家之外。〔註20〕

> 而王夫之的「自立一宗」說，雖將莊子獨立於老子之外，卻又不以之歸屬於儒家，說法更形特殊。〔註21〕

察其所示，謝氏提舉「自立一宗」爲論，顯然是有憑有據；不過，吾人必須明辨的是，「自立一宗」雖可呈現出莊書之「獨特處」，卻不可斷然導出與其它義理的相互不融。筆者剋就「自立一宗」之說，提出兩點補充說明：其一，有關船山莊學「自立一宗」的說法，旨在區辨莊書實非全然承繼老子之說。援引其文觀之：

> 內篇雖與老子相近，而別爲一宗，以脫卸其矯激權詐之失。（《莊子解·外篇序》，《船山全書》第13冊，頁184）

> 莊子之學，初亦沿於老子，而「朝徹」、「見獨」以後，寂寞變化，皆通於一，而兩行無礙，其妙可懷也，而不可與眾論論是非也；畢

---

皆是「渾然于大均」，亦即在「天」的涵攝之中。

〔註18〕林文彬亦持「以儒通莊」、「以儒攝莊」之觀點，可以參見《王船山莊子解研究》。

〔註19〕謝明陽：《明遺民的莊子定位論題》（台北：國立臺灣大學文學院，2001年），頁38。

〔註20〕謝明陽：《明遺民的莊子定位論題》，頁251。

〔註21〕謝明陽：《明遺民的莊子定位論題》，頁297。

> 羅萬物而無不可逍遙；故又自立一宗，而與老子有異焉。（《莊子解‧
> 天下》，《船山全書》第 13 冊，頁 472）

由兩段引文可知，船山莊學所言之「自立一宗」，實是扣緊「與老子有異」。
〔註22〕就此種書寫模式而言，只是表述莊書雖然「初亦沿於老子」，然而並
非全盤直承於老子。據此，船山方有「其言較老氏彙籥之說，特爲當理」，
〔註23〕或是「無爲固老莊之所同尙，而莊子抑不滯於無爲」〔註24〕等等之
評議。按此，「自立一宗」乃是針對「老子」而立論，倘若要套用於孔、莊
之區別，應要有更多的說明，否則恐有向壁虛構之嫌。

　　其二，承前所述，倘若將「自立一宗」視爲船山莊學的基本主張，進而
消解融會孔、莊之可能性，則顯然與船山莊學之義理有所牴牾。由是言之，
船山莊學對於「自立一宗」的看法，除了置放在與老子的差異性之外，並不
適用於其它論述脈絡，且觀其下徵引之文：

> 封之于召紛之源，則不出吾宗者，弗能以知見自立小成之宗。（《莊
> 子解‧應帝王》，《船山全書》第 13 冊，頁 182）

> 靜則無爲，無爲則己不立宗，而以天下爲宗。己自立宗，則強物同
> 己而多憂。以天下爲宗，則任天下之自爲而己不勞，所以休其心而
> 恆樂。（《莊子解‧天道》，《船山全書》第 13 冊，頁 238）

> 重言所以十七也。……夫見獨者古今無耦，而不能以喻人。乃我所
> 言者，亦重述古人而非己之自立一宗。（《莊子解‧寓言》，《船山全
> 書》第 13 冊，頁 419）

依其文義可知，船山莊學所論之「宗」，實是「無不可通」之「天人之大宗」，
〔註25〕亦即「非己之自立一宗」。換言之，此「宗」是無有相對的「大宗」，是

---

〔註22〕唐君毅對於船山莊學所體證的老莊之異，有一段文字說明，其言「直至明末
　　　學者，乃多有見於老莊之異，亦多有見於莊子之言之有近於儒者。如船山其
　　　著者也。此乃對莊學之理解之一大進步，而還契於莊子天下篇之言老莊之異
　　　之旨者」（《中國哲學原論：原道篇》頁 344）。
〔註23〕王船山：《莊子解‧則陽》，《船山全書》第 13 冊，頁 395。
〔註24〕王船山：《莊子解‧天道》，《船山全書》第 13 冊，頁 236。
〔註25〕王船山：《莊子解‧大宗師》，《船山全書》第 13 冊，頁 156。此義在船山解〈大
　　　宗師〉多有闡釋，如「統于一宗而無不『朝徹』」（頁 163）、「豁然合一之大宗」
　　　（頁 164）、「四子者，以大宗爲師，而不師心者也」（頁 169）、「所謂吾師者，
　　　合天人、生死而一之大宗也」（頁 173）……，其它篇章亦有相關論述，此處
　　　不一而足。另外，本文此處對於「亦重述古人而非己之自立一宗」的闡釋，

故「自立一宗」若要能安立於船山莊學之中，必然不可蘊含「相對」之義，誠如船山解〈駢拇〉所言，「以是其所是，非其所非，矜氣以固其封畛，曰非莊子之言」。〔註26〕復觀謝氏所示船山莊學之「自立一宗」，顯然不僅將莊書視為跳脫老子之侷限，更是強調莊書與他者之異質性。然復須知，倘若用之檢視船山莊學中的孔莊問題，無疑囿於「是其所是」之相對性，實是有待斟酌。

最後，尚有一事必須廓清。本文在論述「德」的過程中，涉及融會孔、莊之問題，此則不同於謝明陽所提及的「不主會通」，其言：

> 惟王夫之不主會通，而強調儒、釋、道三教之間的區隔，但王夫之本人的著述卻也是出入三教，其論著之深博則更在諸家之上。〔註27〕

按謝氏所論，船山莊學不強調學術會通，而是勾勒出三教之間的區隔，不過在著述之際，卻又「出入三教」。此種說解方式，表面上是無可指摘的，然而卻無法澈見問題核心。倘若吾人深究「會通」是從何人角度言？無疑地，謝氏所闡釋的「不主會通」，乃是指船山莊學的主觀陳述，船山以莊子為「承先聖之緒餘以旁流」，〔註28〕所以莊書「蓋亦內聖外王之一端」。〔註29〕然復須知，船山所體證的內聖外王，已非屬小儒之內聖外王，誠如其解〈天下〉所言，「即如墨者異說以相詰難，而未嘗不依聖道之仁與公，以為其偏端之守，其又能舍內聖外王之大宗，以佚出而別創哉」。〔註30〕倘若將船山界定為「不主會通」，主要理由應是「內聖外王之大宗」已將天下種種學術，全部涵攝於其中。然則「內聖外王之大宗」是船山對大儒、至儒的主觀陳述，是否直接印證莊子非屬「內聖外王之大宗」之客觀事實，〔註31〕似乎尚有討論空間。

---

不同於謝明陽所提出的，其言「但這其實只是莊子著書所不得不採行的掩飾手段，目的是為了欲使不喻者無可相譴，此中反而彰顯出王夫之所認定的莊子之學術地位正是『自立一宗』。」（《明遺民的莊子定位論題》頁258～259），謝氏之論固然可以圓說此段文字，然而卻無法釐清為何船山莊學不斷重覆申明莊書所論之「宗」非「一己之宗」，是故本文不採取謝氏的詮釋路徑。

〔註26〕王船山：《莊子解·駢拇》，《船山全書》第13冊，頁185。

〔註27〕謝明陽：《明遺民的莊子定位論題》，頁22。

〔註28〕王船山：《莊子解·天下》，《船山全書》第13冊，頁465。另外，船山讀〈先進〉有言「孔子既沒而道裂」（《船山全書》第6冊，頁755），按此，真正達至內聖外王之大宗者，只有孔子一人。是故，據船山此處之說解方式，任何人皆是承先聖之緒餘而已。

〔註29〕王船山：《莊子解·天下》，《船山全書》第13冊，頁466。

〔註30〕王船山：《莊子解·天下》，《船山全書》第13冊，頁465。

〔註31〕本文所論之「內聖外王之大宗」，不同於一般使用義，前章闡釋境界、活動不

　　綜觀曾、謝兩說，皆有可取之處，然而囿限於本身論証之立場，斷然截取船山語言之一節以立說，終究未能體現船山莊學之深意。正緣此故，本章涉及融會孔、莊之問題，並非單純抉發相互融通之處而否定差異性，亦非直揭彼此差異而忽略可以融通者。要言之，船山莊學所豁顯之「德」，不僅體證孔、莊之同，更可覺察孔、莊之異，此種孔、莊義理並行不悖的重新詮釋，方能彰顯船山莊學的精萃，此正爲以「神」貫穿莊學的用意及價值。

# 第二節　論「德」〔註32〕之意涵

　　有關「德」字的意涵，在莊書本身實有正、負兩面：如「德爲接」〔註33〕之德，鍾泰言「『德爲接』者，此『德』與前德字又異。託德之名，非其所自有，若自外接合著然，故曰『德爲接』，猶《孟子》言『外鑠』也」，〔註34〕顯然此德是負面意義之外鑠者；而「全德之人」〔註35〕之「德」，鍾泰言「全其所稟於天之德也」，〔註36〕則是指正面意涵之德。誠然，船山所體證的莊書之德，亦有不同意義的區分，並非皆屬同一層次。換言之，船山莊學分由不

---

　　　　二之時，已有辨證，此處只作簡略提點。約而言之，倘若吾人將「外王」視爲凝神的活動，則此活動具有多種層面之可能，而非是一種特定的活動。

〔註32〕林文彬《王船山莊子解研究》亦有論及相關問題，然而林氏乃剋就「以道德爲乘」而立論，意即說明如何以「道德」處涉亂世，並且申明此「道德」只是順乎自然而已。不可諱言的，林氏所論與本文極爲相似，不過仔細審視其辨析過程，即可發見其中差異。因爲下文尚有詳論，此處簡要言之，筆者以爲「德」之本然，表面看似如同林氏所言，然而深究之，「順乎自然」實非單純架構在一般自然之義，何也？船山莊學以「神」爲義理核心，其「神」所透顯「人」可依乎天理、因其自然，主要是涵攝在「即人即天」的義理系統中，離此而論則毫無意義可言。按此，本文所言「德」順乎自然之本然，乃是申明「天理自然」的當下，「人道」亦是不可割離的，實不同於林氏側重於「順其自然」之「自然」。要言之，若依據林氏所論之一般自然義，「人」則是缺乏自主能動之可能的。此外，林氏以《莊子解・山木》爲徵引之主要文獻，本文則是以《莊子解・德充符》爲開展基點，兩者亦是有所差異。林氏相關論述，見於《王船山莊子解研究》頁104～107。此外，有關本章論証過程中，涉及有正、負面之德，是故以上、下引號所示者，如「德」，即是表述正面者；而未加上、下引號者，則屬負面性之德。

〔註33〕王船山：《莊子解・德充符》，《船山全書》第13冊，頁153。

〔註34〕鍾泰：《莊子發微》，頁124～125。

〔註35〕王船山：《莊子解・德充符》，《船山全書》第13冊，頁150。

〔註36〕鍾泰：《莊子發微》，頁120。

同層次論德的詮釋方式，乃是直承莊書的表述方式，並非直接套用儒學之德，進而完全跳脫莊書義理。復次，船山莊學所揭示之德，既可區分爲不同層次者，究竟何種層次之德，方是船山融通孔、莊之處？簡言之，即是正面意義之「德」，如「不滑和者德也」〔註37〕之「德」。因此，本節將透過探究此正面意涵之「德」，進而抉發船山莊學所體證的眞正之德，亦即融通孔、莊之「德」。至於船山莊學所批判之負面性之德，如「八德」〔註38〕之德，將於本章第四節另作討論。

在探究「德」之意涵之前，必須思索的是，如何能夠在論証過程中，不僅呈現出船山莊學之「德」，更可印證此「德」是融通孔、莊者？無庸致疑的，若單純以船山莊學爲討論範疇，必定無法觀照船山所體証的孔子之「德」，論証結果當然也就缺乏說服力。因此，爲求義理朗現的客觀性，文中另將援引《讀四書大全說》及《四書訓義》，〔註39〕藉以申明船山所闡釋的《論語》之「德」，實與船山莊學之「德」是相互融通的。

船山解〈德充符〉開宗明義言：

> 充者，足於內也；符者，內外合也。內本虛而無形之可執，外忘其形，則內之虛白者充可驗也。內外合而天人咸宜，故曰符。外忘而一葆其天光，「謷乎大者」無非天也，則其德充矣。德充而又何加焉！整威儀，飾文辭；行以禮，趨以樂；盛其端冕，華其韍佩；峨然爲有德之容，則中之枵也必多，而物駭以畏忌。神無二用，侈于容貌者，其知必蕩，於是而榮辱、貴賤、貧富、老壯，交相形以相爭，是有德之容，人道之大患也。能忘形而後能忘死生，能忘死生而後能忘爭競。爭競忘而後不忘其所不忘，才全內充，于物無不宜，而其符也大矣。（《莊子解·德充符》，《船山全書》第13冊，頁144）

觀其文義可發見三個重要訊息：其一是「德」與「凝神」的緊密關係。「德充」之「充」是「足於內」之義，而「葆其天光」及「無非天也」則指明「足於

---

〔註37〕王船山：《莊子解·德充符》，《船山全書》第13冊，頁151。

〔註38〕王船山：《莊子解·齊物論》，《船山全書》第13冊，頁110。

〔註39〕有關船山對於《論語》的考訂、注解或闡釋，主要是《船山全書》所收錄的《四書稗疏》、《四書考異》、《四書箋解》、《四書訓義》，以及《讀四書大全說》，其中《四書稗疏》及《四書考異》是考訂名物制度等等，而《四書箋解》是家塾講授的淺易箋釋，所以前述三項著作，在義理思想較少闡發。至於《四書訓義》及《讀四書大全說》，則是在義理哲思多有發明，並且論析深細，是故筆者以該書爲主要援引文獻。

「內」者，即是「內之充者天也」〔註40〕之「天」。又船山莊學界定「天」是否能「足於內」，則以「內本虛」為依據，而「內本虛」實是「神無二用」的「凝神」狀態。〔註41〕據此可知，「德充」與「凝神」是指涉同一種境界狀態，〔註42〕亦即船山莊學所體證之「德」，依然緊扣以「神」為貫穿的義理系統。其二，「德充符」之「符」，乃是「內外合而天人咸宜」，所謂「內外合」是「外充于『天府』，內充于『靈府』」〔註43〕之「合」，或者言「斯以觀天而合其和也」〔註44〕之「合」，此「合」即是「食天之和，與天通一」。〔註45〕在「與天通一」之當下，天地萬有感通相應此德充，遂有「于物無不宜」的和諧狀態，亦即「遊則合天之符，而人效其符，必矣」。〔註46〕其三，船山以「人道之大患」言「有德之容」，並非是否定「德」之容，而是指摘執泥於德之「容」的心知。歸結此段所論，船山莊學所揭示之「德」，顯然得具備兩項要件，即「與天通一」與「于物無不宜」。

　　大體而言，船山解〈德充符〉之序文中，已然扼要點出「德」之意涵；不過，相關義理若要完全彰顯，應有更多的論証及說明。首先，船山莊學所體證之「德」，必須是「與天通一」，此即是「合於天德」〔註47〕之義：

　　　　若聖人之見獨，韜乎儻乎，事心大而與物遊，則兩端兼至，內外通
　　　　一，機與忘機，舉不出吾在宥之覆載，而合於天德。（《莊子解・天

---

〔註40〕王船山：《莊子解・德充符》，《船山全書》第 13 冊，頁 153。

〔註41〕所謂「神無二用」是指明「神」別無他用，只是凝存天人本然狀態之暢通大用，亦即「凝神」。又船山解〈達生〉曾提及「神凝於虛」（《莊子解・達生》，《船山全書》第 13 冊，頁 305），足見「內本虛」之「虛」之可能，即在凝神與否。

〔註42〕有關船山莊學對於「凝神」及「德充」之描繪，皆是可以通同共用的，如船山解〈列禦寇〉「夫內以自葆其光者，神也。……神葆其光而天光發，虛室之白，無不照也。……緣守督以懷諸獨，而葆其光，出入乎險阻而不傷，凝神其至矣」（《莊子解・列禦寇》，《船山全書》第 13 冊，頁 461），以「自葆其光」或「虛」言「凝神」，皆與前文論「德充」相同。又如解〈徐無鬼〉「故至德之不德者，唯忘形而不造形，則全其神而外以脫民之死，斯天地之情恆於泰定者也」（《莊子解・徐無鬼》，《船山全書》第 13 冊，頁 373），亦用「全其神」來說明「至德」，總之「德充」與「凝神」可謂一體兩面。

〔註43〕王船山：《莊子解・德充符》，《船山全書》第 13 冊，頁 149。

〔註44〕王船山：《莊子解・知北遊》，《船山全書》第 13 冊，頁 337。

〔註45〕王船山：《莊子解・德充符》，《船山全書》第 13 冊，頁 154。

〔註46〕王船山：《莊子解・德充符》，《船山全書》第 13 冊，頁 154。

〔註47〕船山於《莊子通・德充符》亦言「凝道契天」（《船山全書》第 13 冊，頁 501），其義可通於「合於天德」。

地》，《船山全書》第 13 冊，頁 229）

聖人呈現出「與物遊」、「兩端兼至」或「內外通一」等等，船山申明這是「合於天德」。換言之，聖人在「見獨」〔註48〕的當下，是與「天德」冥合貫通的，因此聖人之「德」是體現「天德」之「德」。然而，此種「合於天德」之「德」具有何種意涵？吾人可從「天德」進行抉發：

> 「萬物一府」，天府也；「死生同狀」，同於天也。於人見異，觀於天則幾無不同矣。玄同者，同於玄也。可見者則異矣，其死生圓運於大鈞，而函萬有於一環者，不可見也，葳不同也。體其玄以汎觀，則知其同；知其同，則無不在而無不可宥：迎我者不可見喜，拒我者容或怒；賞罰爲應跡而不繫於心，是謂「刳心」。刳心者，刳去其心之知也，是謂棄之。故因而應之，見有十德；通之於一，則無爲無欲，函於一府，渾於同狀，而與天均化矣。（《莊子解·天地》，《船山全書》第 13 冊，頁 219）

船山言「同於玄」則能「函萬有於一環者」，亦可「無不在而無不可宥」，而所謂「同於玄」之「玄」，即是「天德」。〔註49〕因此，藉由船山對「同於玄」的描繪可知，「天德」即是函攝天地萬有於「一環」，將「於人見異」之世俗相對性，渾化於天均而「知其同」。不過，必須釐清的是，「觀於天則幾無不同矣」之「同」，並非是「莫甚於惡人之異己而強之使同」〔註50〕之同，意即「同」非屬異同之同，而是一種消弭世俗相對性同異之「同」。「同」是「無對則卓然獨立而無耦矣」〔註51〕之「同」，正因體證此「同」，聖人方能「于物無不宜」，亦即「符達于天下而無不合矣」，〔註52〕或是第三章曾提及的「絕

---

〔註48〕 所謂「見獨」，船山解〈大宗師〉言其爲「見無耦之天鈞」（《船山全書》第 13 冊，頁 167）。有關「見獨」之「獨」，實是涉及「德者自得」的成立與否，而此問題將於第三節討論。

〔註49〕 船山曾言「玄，天德也。君受天之成德，必合天」（《莊子解·天地》，《船山全書》第 13 冊，頁 218）。

〔註50〕 王船山：《莊子解·在宥》，《船山全書》第 13 冊，頁 215。

〔註51〕 王船山：《莊子解·大宗師》，《船山全書》第 13 冊，頁 163。

〔註52〕 王船山：《莊子解·德充符》，《船山全書》第 13 冊，頁 151。有關「于物無不宜」或「符達于天下而無不合矣」之觀點，船山於《莊子解·寓言》曾言「於人無同異，於道無取舍，則於知無矜而緣督之經，左右皆適矣」（《船山全書》第 13 冊，頁 424）。此外，船山於《四書訓義》亦有闡明，如「道之咸宜，於以自善而應物，無不宜矣。德之凝於中而見於外者，氣之和，志之正，理之全，神化之不測，無不順矣」（《船山全書》第 7 冊，頁 524）。

對和諧」。〔註53〕其次，船山申明「刳心」是「同於玄」或「合於天德」之關鍵，「刳心」是「刳去其心之知」；若不刳去心知，人則囿限於耳目視聽之習見習聞之中，亦即落入「成心」之封閉性，以「成心」與天地萬有相接，則「必守其柴壘以與物爭」。〔註54〕總之，在「合於天德」的義理脈絡中，「德」乃含載天地萬有而不與物爭，是故眞正之「德」即在歸復天地萬有之和諧。

　　船山莊學所揭示之「德」，旨在歸復天地萬有之和諧之義，在其對「聖人之德」的描繪中，更可得到印証：

> 聖人之德，樂物之通而保己，其迹幾與佞人相若，老子所謂「我道大似不肖」也。佞人即人以消其善，不以忠正自許而抗暴君；聖人消其善以消人之惡，自保而與物通。（《莊子解·則陽》，《船山全書》第 13 冊，頁 391）

船山以「樂物之通而保己」或「自保而與物通」言「聖人之德」，正是人我兩無所傷之絕對和諧，亦即申明「聖人之德」是在歸復天地萬有之和諧。職是之故，船山莊學遂以「不滑和者」申明「德」：

> 不滑和者德也，而謂之才，然則天下之所謂才者，皆非才也。小有才而固不全者，於其所通則悅，於其所不通則自沮喪而憂戚。其悅也，暫也；其戚也，常也，自炫自鬻而不繼，偶一和豫而旋即失之。先自無聊，而安能與物為春？唯遺其貌、全其神、未與物接而常和，則與物接而應時以生其和豫之心；以和召和，凡物之接、事之變、命之行，皆有應時之和豫以與之符；不以才見，而才之所官府者無不全，符達于天下而無不合矣。（《莊子解·德充符》，《船山全書》第 13 冊，頁 151）

顯而易見的，船山莊學以「不滑和」〔註55〕言「德」，而且分就「未與物接而

---

〔註53〕前章在討論「凝神」時，曾闡釋其大用，乃是個體生命因凝神而不執己以度人或物，在此無分無辨之當下，天地萬有只是各適其得，形成彼此互不賊害的絕對和諧。因此，「大用」是天地萬有之和諧之用，或言物我兩不傷之用，此與「天德」是可相應互通的。參見第三章之第二節「從體用不二論凝神」。

〔註54〕船山《莊子解·外物》提及，「物一觸其成心，不與躊躇而坌涌以出，其為名為暴，皆其神之不善者所不能勝也。且必守其柴壘以與物爭，哽者胗而害生，所必至已。夫天本虛以受每」（《船山全書》第 13 冊，頁 414）。另外，船山於《莊子解·在宥》亦言「役其見聞覺知以與物相關」（《船山全書》第 13 冊，頁 203）。

〔註55〕成玄英疏「雖復事變命遷，而隨形任化，淡然自若，不亂中和之道也」（《莊

常和」及「與物而應時以生和豫之心」兩個層面。首先，所謂「未與物接而常和」之「和」，乃是指「靈府之和」，〔註56〕而「靈府之和」是心純一不雜而虛，虛則不「參之以心知而氣爲心使」，〔註57〕是以能保「暉天之和氣」。〔註58〕換言之，心或靈府之「和」，顯然是「食天之和，與天通一」〔註59〕之「和」。其次，船山以爲「與天和」則「於人無不和」，〔註60〕因此人若凝德保其「靈府之和」，即可在與物相接之際，以此「和豫之心」消解我偶對立而不與天地萬有相構，〔註61〕此即「以和召和」或「己養其和而物不得戾」〔註62〕之義。有關「以和召和」的說法，船山解〈在宥〉亦有類似陳述，「靈府之所炤燭，唯有其身而不有物，則物不攖己，己不攖物，神動天隨，人皆自貴愛以胥化，若形影聲響之相應，不召而自合矣」，〔註63〕在靈府明澈之際，人可「存神以存萬物之天」，〔註64〕個體生命遂能「物不攖己，己不攖物」，此種「不召而自合」的狀態，實與「以和召和」可以相互印証。不過，吾人必須釐清的是，「以和召和」意指以「靈府之和」召「天之和」，人若保此「和」則不與天地萬有相對。要言之，「召和」之「和」非是與己相接者，必然處於「和」的狀

---

子集釋》上冊頁213）；陳鼓應注解「滑和」爲「擾亂本性的平和」（《莊子今註今譯》頁176）；鍾泰言「『和』者，德之所以爲德也，故下文云『德者，成和之修也』，而《繕性篇》亦有『知與恬交相養，而和理出其性，德和也，道理也』之語」（《莊子發微》頁121）。

〔註56〕王船山：《莊子解・德充符》，《船山全書》第13冊，頁152。

〔註57〕王船山：《莊子解・人間世》，《船山全書》第13冊，頁132。

〔註58〕王船山：《莊子解・人間世》，《船山全書》第13冊，頁132。

〔註59〕王船山：《莊子解・德充符》，《船山全書》第13冊，頁154。

〔註60〕王船山：《莊子解・天道》，《船山全書》第13冊，頁238。若是「與人和」，則是窮盡世俗之不可窮之事，亦即在變化不定之事上尋求。誠如船山解〈養生主〉所言，徒然「以有涯之生隨無涯之知」（《船山全書》第13冊，頁123）。然而，「與天和」則是凝神冥合大宗，凝其大常者，居此而因應天地萬有，方有「無不和」可言。如《莊子通・達生》「『得全於天』，全其可奈何者也」（《船山全書》第13冊，頁512）、《莊子解・大宗師》「方無內外，天不與人爲耦」（《船山全書》第13冊，頁171），抑或《莊子解・田子方》「虛清者通體皆天，以天御人，人自不能出其圍中」（《船山全書》第13冊，頁321），皆是申明「與天和」方能「無不和」。

〔註61〕船山解〈齊物論〉言「物無非我者，唯天爲然。我無非天，而誰與我爲偶哉？故我喪而偶喪，偶喪而我喪，無則俱無，不齊者皆齊也」（《船山全書》第13冊，頁94）。

〔註62〕王船山：《莊子解・人間世》，《船山全書》第13冊，頁133～134。

〔註63〕王船山：《莊子解・在宥》，《船山全書》第13冊，頁216。

〔註64〕王船山：《莊子解・在宥》，《船山全書》第13冊，頁207。

態，是故船山方言「物自結而我自解」之「攖寧」。〔註65〕此義船山於《四書訓義》中亦曾申明：

> 事無所爭，情無所猜，心志孚而坦然共適，和也。若夫析事理於毫芒，而各欲行其所是，非必一唱眾和而無辨者也，不同也。即不幸而與小人共處焉，亦獨行己志，不同而已，未嘗挾忿戾以自傷其和平之度也。〔註66〕

君子之「和」，顯然落在「心志孚而坦然共適」之無所爭。又君子與小人共處之際，並非強欲小人能「和」，而是己保此「和」，遂有與人不爭之「以和召和」，因此船山言「若夫君子之道，修之於己，而毀譽一任之天下，安其分定，而利害任其去來，無所爭矣」。〔註67〕總之，船山莊學所闡釋之「合於天德」或「不滑和者德也」，皆是揭示「德」為一種人我無有對立之完成。〔註68〕

然復須知，若是剋就「合於天德」而言，船山對於《論語》之「德」的闡釋，亦與船山莊學所示者相互融通，援引船山讀〈衛靈公〉：

> 於是而天之所以與我，我之所得於天，以具眾理而應萬事者，經綸條理，粲然現前而無有妄矣。元亨利貞，天之德也。仁義禮知，人之德也。「君子行此四德者」，則以與天合德，而道行乎其間矣。〔註69〕

人如何能夠「以具眾理而應萬事」？船山以為是「天之所以與我，我之所得於天」，意指人以承天所受者而應萬事。〔註70〕又「仁義禮知」之「人之德」即是

---

〔註65〕王船山：《莊子解·大宗師》，《船山全書》第 13 冊，頁 169。船山解〈齊物論〉言「時過事已而不知其然，則是可是，非可非，非可是，是可非，休養其大均之天，而不為天之氣機所鼓，則彼此無所不可行矣。無不可行者，不分彼此而兩之」。（《船山全書》第 13 冊，頁 106）按此，船山莊學闡發「聖人和之以是非」（《船山全書》第 13 冊，頁 106），非是規範在一定之是或一定之非，而是消解執泥於相對是非之成心，使個體生命無不可行。此段是針對「物論」而發，不過亦可旁証船山莊學對天地萬有之觀點。

〔註66〕王船山：《四書訓義·子路》，《船山全書》第 7 冊，頁 759。

〔註67〕王船山：《四書訓義·八佾》，《船山全書》第 7 冊，頁 325。

〔註68〕船山於《四書訓義·八佾》言「德喻於心而非以立異」（《船山全書》第 7 冊，頁 326）。

〔註69〕王船山：《讀四書大全說》，《船山全書》第 6 冊，頁 822。此處船山讀〈衛靈公〉所言之「與天合德」，亦可見於船山解〈天地〉，其言「聖人藏其利器，而民反其獨志，秉天德以搖蕩之於獨見獨聞之中，使之自動，意欲得而性亦順；夫然後可以與民同德而入乎天。」（《船山全書》第 13 冊，頁 227），聖人與人之德之共通處，在於皆可「入乎天」，而非是以聖人之德示人，並且強人與聖人相同也。

〔註70〕船山讀〈衛靈公〉曾提及，「德者，得也。有得於天者，性之得也……」（《船

「元亨利貞」之「天之德」，也就是實踐「人之德」的當下，亦為「天之德」的彰顯，〔註71〕是故船山指出「與天合德」。有關「與天合德」一義，船山在《四書訓義》中有所闡明，如「仁者，其心本與理合也，而存之養之，又已極於密焉。於是心之方靜，無非天理之凝也；心之方動，無非天理之發也。……有吾心而必依乎天理也」，〔註72〕又如「於天理無不合矣」〔註73〕、「則不待剛而自合乎天德」〔註74〕、「聖人之道，見於威儀、文辭者，無非所性之德，與天合其道者」〔註75〕、「其質也，盡乎天德之美」〔註76〕、「燕居者，夫子靜存而凝天德於形形色色之中者也」〔註77〕、「予之生也，天以其理生予，而予即凝之為德。予之德，天之德也」〔註78〕、「仁者，存心即以合天理」〔註79〕……等等。顯而易見的，船山無論是通解《莊子》或讀訓《論語》，皆是申明「德」與「天德」、「天理」、「天道」之關係。不過，必須再次強調的是，此「合於天德」或「與天合德」非瓦解人之主動性之宿命論；宿命論是由天至人的完全限定，然而「合於天德」則豁顯人之自主能動之活動。〔註80〕誠如唐君毅在〈王船山之人道論通釋〉一文中所言，「人生以後，不可以天治人，而惟可以承天」，〔註81〕若言「以天治人」則「人」喪失自主能動性，然而從「承天」論之，「人」依然是保

---

山全書》第 6 冊，頁 821。）據此可知，內文所言「我之所得於天」，即是「德性」。另外，船山《讀四書大全說・中庸》亦曾提及，「德者，己所有也，天授之人而人用以從也。然人所得者，亦成其為條理，而各有其徑術，故達德而亦人道也」（《船山全書》第 6 冊，頁 519）。

〔註71〕船山讀〈堯曰〉有言，「中者，天之德也，天德那有不周遍處」（《船山全書》第 6 冊，頁 889）。

〔註72〕王船山：《四書訓義・里仁》，《船山全書》第 7 冊，頁 359。

〔註73〕王船山：《四書訓義・里仁》，《船山全書》第 7 冊，頁 361。

〔註74〕王船山：《四書訓義・公冶長》，《船山全書》第 7 冊，頁 411。

〔註75〕王船山：《四書訓義・公冶長》，《船山全書》第 7 冊，頁 413。

〔註76〕王船山：《四書訓義・雍也》，《船山全書》第 7 冊，頁 460。

〔註77〕王船山：《四書訓義・述而》，《船山全書》第 7 冊，頁 481。

〔註78〕王船山：《四書訓義・述而》，《船山全書》第 7 冊，頁 504。

〔註79〕王船山：《四書訓義・子罕》，《船山全書》第 7 冊，頁 559。

〔註80〕有關「合於天德」非是「宿命論」之因，可與第三章第三節「從『遊』論『凝神』」合觀。此外，如唐君毅在〈王船山之人道論通釋〉一文中，對於「合於天德」非是宿命論，亦有明白闡釋，其言「人生以後，不可以天治人，而惟可以承天」（《中國哲學思想論集：清代篇》頁 99），若言「以天治人」則「人」喪失自主能動性，然而從「承天」論之，「人」依然是保有自主能動之創發性，而非完全被限定之宿命義。

〔註81〕余英時等著：《中國哲學思想論集：清代篇》，頁 99。

有自主能動之創發性，而非完全被限定之宿命義。換言之，天與人非屬「創造」與「被創造」的關係，較確切的說，船山旨在強調人天無隔，此種共顯共足的狀態，乃是發明天、人皆第一義，而非天是第一義，抑或人是第一義。〔註82〕

綜觀本節所論，船山莊學所論之「德」，亦是在以「神」為核心的義理範疇之中。其次，所謂「德」實是扣緊「合於天德」及「不滑和者德也」等意涵，而且呈現出一種人我無有對立之和諧狀態。更值得注意的是，船山讀訓《論語》所呈現之「德」，於此是可以相互融通的，這顯然意味著船山所體證之「德」，乃是一種通義之「德」。要言之，此「德」關注於最核心處，不僅貫通孔、莊之「德」，亦可聯結老子「上德不德」之「德」。〔註83〕

## 第三節　論「德者自得」

前節透過「合於天德」及「不滑和者德也」之論証，已然勾勒出船山莊學論「德」的基本輪廓。本節則針對另一個重要問題進行釐清，即「德者自得」，這也是船山莊學對「德」的最終體證。首先，援引船山解〈山木〉之文：

> 足知緣督者，非以智巧規避於才不才之間，吾自建吾德也。有天下亦然而已，有國亦然而已，窮居困厄亦然而已；唯物物而不物于物

---

〔註82〕船山《四書訓義》言「謂聖人為天之所授，非也。聖人自有其作聖之功，非待恃乎天也。謂聖人非天之所授，尤非也。聖人作聖之功，人與知之，與能之，而終不能如聖人之為，此非人之所可及也。……聖人之心所以配天行之健也」（《船山全書》第7冊，頁519），按船山所言，「聖人」與「天」顯然是在同一位階上。此外，錢穆說解孔子思想中的「天人合一」，曾言「在宗教上，必有一『天』『人』對立。但在孔子思想中，則『天人合一』，融為一體。既不尊天而抑人，亦不倚人而制天。」（《孔子與論語》頁302）錢氏所言天人之融為一體，即是天人皆屬第一義，並無何者為第二義。而唐君毅在〈王船山之人道論通釋〉亦有提及，「天道大而人道大。人道之尊，在於能尊天道，則人道尊而天道亦尊。天道之大，大在於能生人以成聖，則天道大而人道亦大。此船山天人合一之大旨，其重人道即重天道，此與老釋之人同天之說，義理分齊，必須細辨」（《中國哲學思想論集：清代篇》頁101），此申明船山乃是兼重天人。總之，無論是就船山本身之陳述，或是錢、唐二氏所言，皆是抉發「天即己，己即天」（《莊子解·徐無鬼》，《船山全書》第13冊，頁387）之不二義也。

〔註83〕此處所謂「聯結」，依然扣緊船山莊學所示之通義之「德」，陳鼓應註「上德不德」為「上『德』的人，因任自然，不表現為形式上的『德』」（《老子今註今譯及評介》，臺北：臺灣商務印書館，1986年，頁146），又譯為「上『德』的人不自以為德，所以才是有『德』」（頁148），按此可知，若直觀其最根本處，船山莊學與老子所言亦無二異。

也。(《莊子解・山木》,《船山全書》第 13 冊,頁 310)

船山莊學所示之「德」,乃是「自建吾德」。所謂「自建吾德」,旨在申明個體
生命之「德」之凝成,只是「唯物物而不物于物也」。因此,無論是應帝王之
位,抑或是「窮居困厄」,皆不影響「吾德」的完成可能。此種「自建吾德」
的說法,即是「德者自得」的思考邏輯,船山解〈天地〉提及:

> 神人則忘乎德矣,德人則忘乎治矣。德者自得也,自得而天下無不
> 得,抱德不以攖其心,而天下固不攖也,奚待於治?神則不依形以
> 存,無形無自,無自無得,不於己見有心,而無所容其攖與不攖,
> 則與天下同樂天地之樂,事不興而情無所嚮,又何德之可據乎?(《莊
> 子解・天地》,《船山全書》第 13 冊,頁 230)

按船山莊學所述,「神人」是「抱德不以攖其心」者,又其「德」只是「自得」
而已,故言「忘乎德」。所謂「自得」實是涉及兩個層面:其一,「德」是不
自見者,亦非據之以示人者,此即「善可居也,不可出以示人也」〔註 84〕或
「不見德」〔註 85〕之義。其二,在「自得」的情況下,天下則無不得,〔註 86〕
亦即不待治而治矣。其下再剋就這兩項意涵進行深論。

船山解〈齊物論〉曾提及:

> 聖人無自見之德,而於至不齊之物論,真知其妄動於氣機。然自取
> 者必將自己,本無封而不足以常,則以通一者懷之,而不以示。彼
> 有懷而亟言之者無他,祇欲以示人而已。故為道、為言、為仁、為
> 廉、為勇,皆自據為德而迫欲示人,則道本圓而使之向方。方則有
> 左、有右,有分、有辯,各為倫義,而互相競爭,我畸孤而物為仇
> 耦矣。聖人無不見,而焉事此!(《莊子解・齊物論》,《船山全書》
> 第 13 冊,頁 111)

---

〔註 84〕 王船山:《莊子解・天地》,《船山全書》第 13 冊,頁 227。

〔註 85〕 王船山:《莊子通・則陽》,《船山全書》第 13 冊,頁 515。船山於《莊子解・
列禦寇》直言「見德」之害,「己有知之可炫,欲使人之亦有知以見德,見德
而祇以召怨殺身」(《船山全書》第 13 冊,頁 454)。此外,船山讀《論語・顏
淵》亦有提及,「不以忠信為主,待於事跡上見德……;乃唯假仁襲義……」
(《船山全書》第 6 冊,頁 778)。

〔註 86〕 船山讀〈憲問〉曾提及,「德者,得於心也。得於心者有本,則其舉天下也,
任無不勝」(《船山全書》第 6 冊,頁 804。),按此段引文所述,自得者能凝
其本,是故於天下任無不勝。此義雖與「自得而天下無不得」稍有差異,但
是皆呈現出凝神自得之無不可用,實可相互證解。

聖人之「德」，實為冥合大宗之當下，自然而然所呈現的生命狀態，因此聖人並不以此為自珍自貴。據此，船山抨擊「懷而亟言之者」，只是自以為有德而「迫欲示人」，殊不知承「道」之「德」之圓善狀態，遂為有稜有角之方，個體生命即無法與物和諧共處。船山以為真正的「懷之」者，只是「葆光」而非「據為己德」，〔註87〕又「葆光」只是「以含天明」而「不能以示人」，若有「見德之情」則「已自滑其天」，〔註88〕是故聖人懷之兼具「無自見」與「不示人」的雙重義蘊。復次，此文更申明不可據己德而立其封，若是有「封」，則「物自物，我自我」，〔註89〕物我是相互對立之狀態，則「互相競爭」而「我畸孤而物為仇耦」，在此物我相互賊害的當下，即無「自得」或「不滑和」可言。因此，船山指明「德」之真，乃是無有人我、物我之對立：

> 見我為我而人非我，則見人非我而我非人。我者為是，人者為非，則以我之是，治人之非，懷挾仁義以要天下，唯此非人之一見為之畛封而成八德。不入于畛域，以立人我是非，則民自安其民，上自安其上，泰然夢覺，與物相忘，如牛馬之于人，無相與也，乃知其實之民情而為德也真矣。（《莊子解・應帝王》，《船山全書》第 13 冊，頁 177）

「德」之真，乃是消弭人我之相對性，達至無人我之分之絕對，一旦陷溺於人我相對，「德」即喪其真，也就不再是絕對性之「德」。此種絕對性的體認，在船山解讀《論語・衛靈公》一文，亦有申明此義，其言「仁實有仁，不待有不仁者而後顯其仁」，〔註90〕「仁」即是絕對性之存在，並非存在與「不仁」的相對架構之中。換言之，此種「自得」之「德」，必然呈現在「不見有人，

---

〔註87〕「據為己德」與《論語・述而》「據於德」非是同一層次的描述，「據為己德」之「據」是將「德」視為可執持者，進而以示人；然而，「據於德」之「據」，乃是申明「道得於心而不失」（《讀四書大全說・述而》頁 698），此「據」則與第三章論「凝神」之「凝」相類，皆屬「不失」之謂。換言之，「據於德」是貞定志道之心，無涉他人，亦非示人之用。是故，此「據於德」萬不可與「據為己德」相互混淆。

〔註88〕王船山：《莊子解・列禦寇》，《船山全書》第 13 冊，頁 454。所謂「見德之情」之「自見」，即是「德有心而德塞其中之謂」（《船山全書》第 13 冊，頁 459）。

〔註89〕王船山：《莊子解・齊物論》，《船山全書》第 13 冊，頁 106。船山又言「自有適有，而各據為心之所得，見為德而守為常以立其封……」（《船山全書》第 13 冊，頁 110）。「封」則我物相隔，彼此不能相通，而己德雖非示人之用，亦無立一界限與他人他物阻斷。

〔註90〕王船山：《讀四書大全說》，《船山全書》第 6 冊，頁 825。

不見有己」〔註91〕的絕對義涵，如此方為「默與天均同運」之「至人之德」。〔註92〕是故，「自得」兼攝兩義：其一是不可示人之自得；其二則是絕對性之自得，亦即無人我之相對性。

有關「德」之不可示人之義，船山在解讀〈為政〉「子曰為政以德」章，亦可得到印合。在一般認知中，君王是最需要以德示人者，然而船山解「為政以德」，卻有不同看法：

> 夫子將此擬「為政以德」者之治象，取類不虛。「為政以德」而云不動，云無為，言其不恃賞勸刑威而民自正也。蓋以施於民者言，而非以君德言也。若夫德之非無為，則與北辰之非不動均也。不顯、篤恭之德，原靜存、動察之極功。而況「德之為言得」者，即「政之為言正」之意，故言「為」言「以」。如欲正人以孝，則君必行孝道而有得於心；欲正人以慈，則君必行慈道而有得於心。其以此為政，動之於微而未嘗有及於民之事，而理之相共為經綸、氣之相與為鼓盪者，以居高主倡，自有以移風易俗而天下動矣。〔註93〕

按此段引文所示，吾人可以分就兩個層面探究：其一，「云不動」、「云無為」旨在表述「德」之絕對性，意即「德」只是「自得」，並非是用之正人、治人的，此即船山讀〈子張〉曾提及的「仁在其中」，〔註94〕故不可「外馳以求仁」〔註95〕之義。換言之，「云不動」、「云無為」乃是狀其「德」凝之樣態，而非是純然不動。試觀《莊子通·天道》所論，「虛靜者，狀其居德之名，非逃實

---

〔註91〕王船山：《莊子解·庚桑楚》，《船山全書》第 13 冊，頁 354。另外，可參照船山解〈逍遙遊〉，其言「唯內見有己者，則外見有天下。有天下於己，則以己治天下，以之為事，居之為功，尸之為名，拘鯤鵬鷃于冥海，以彭祖之年責殤之天，皆資章甫適越人也，物乃以各失其逍遙矣。不予物以逍遙者，未有能逍遙者也。唯喪天下者可有天下；任物各得，安往而不適其遊哉」（《船山全書》第 13 冊，頁 90）。

〔註92〕王船山：《莊子解·庚桑楚》，《船山全書》第 13 冊，頁 385。何謂「至人之德」？且觀船山《莊子解·庚桑楚》所言，「有其生則有己，有己則有人；我稠未喪，而離山水之為患，網罟螻蟻之為憂，則固未足以語至人之德也」（《船山全書》第 13 冊，頁 351），按此段引文所示，「至人之德」是不見有己，使我稠俱喪。

〔註93〕王船山：《讀四書大全說》，《船山全書》第 6 冊，頁 595～596。

〔註94〕王船山：《讀四書大全說》，《船山全書》第 6 冊，頁 883。正因為「仁在其中」，所以仁德之實，非是外求之事。是故，船山承朱子之意，駁斥在「應事接物」上求仁者，其言「緣人之求仁者，或只在應事接物上尋討，如子張等。則始於事物求仁，繼且因應事接物之多歧，遂引著此心向功利上去，此外馳之粗者也。」

〔註95〕王船山：《讀四書大全說》，《船山全書》第 6 冊，頁 884。

以之虛，屏動以之靜也」，〔註96〕言「虛」、言「靜」非是與「實」、與「動」相對立論，船山以爲「虛靜」是「無不可實」、「無不可動」，〔註97〕是故「虛靜」爲絕對性之描述，「云不動」、「云無爲」正同此理。總之，君王之「德」非屬示人之德，乃是單純個體生命之事。倘若君王「行孝道而有得於心」或「行慈道而有得於心」，民則自有依循之動。其二，所謂「自與北辰俱轉」，實非一般模仿的義涵。更精確的說，人民之所以依循君王之「德」，主要是君王雖居有「北辰之勢」，然而只是順隨其勢而凝北辰之「德」。正因爲君王之「德」合於天德，因此人民感應此合於天德之「德」，遂有各適其得之動，此即船山莊學所謂「秉天德以搖蕩之於獨見聞之中，使之自動，意欲得而性亦順；夫然後可以與民同德而入乎天」。〔註98〕總而言之，君王之「德」非是欲正人之不正，只是「隨物而成」，〔註99〕是故船山莊學言「德之用微，而其化顯」之義。

　　根據前述可知，船山所申明的「德者自得」，不僅是消解「示人」，更省察到「自得」非是「自正」，而是「各得其正」。〔註100〕前文已言船山讀《論語》之義，其下則援引船山莊學：

> 正，期必也，必於己之爲正，而謂人之不正。凡所以治人者，皆式乎己之正以行；河海自深而鑿之，山自高而負之，徒勞巳耳。夫民，則無不確乎能其事者：農自能耕，女自能織，父子相親，夫婦自別；忘乎所以然而能自確，害自知違，利自知就。（《莊子解‧應帝王》，《船山全書》第 13 冊，頁 177）

---

〔註96〕王船山：《莊子通‧天道》，《船山全書》第 13 冊，頁 508。

〔註97〕王船山：《莊子通‧天道》，《船山全書》第 13 冊，頁 507。船山讀〈季氏〉提及，「則以聖賢之學，靜含動機，而動含靜德，終日乾乾而不墮於虛，極深研幾而不逐於跡」（《船山全書》第 6 冊，頁 857），按此復觀內文所述，即知船山所言之「虛靜」，乃是「靜含動機」而非是「墮於虛」之虛。

〔註98〕王船山：《莊子解‧天地》，《船山全書》第 13 冊，頁 227。

〔註99〕王船山：《莊子解‧則陽》，《船山全書》第 13 冊，頁 402。船山《莊子解‧天地》言「北面奚足以禍？南面奚足以賊？無所歆，無所厭，函萬物於一府，等死生於同狀，則禍且不辭，奚有於福？因而用之，莫非天也」（《船山全書》第 13 冊，頁 223），又船山解〈天運〉提及「聖人亦因天、因人、因物而已」（《船山全書》第 13 冊，頁 259），爲何？實因聖人體知「無本無根」（《莊子解‧知北遊》，《船山全書》第 13 冊，頁 335），所以冥合天均而因其自然，亦即內文所謂「隨物而成」。

〔註100〕王船山：《莊子解‧山木》，《船山全書》第 13 冊，頁 316。

船山以為所謂「正」，只是「於己之為正」與「謂人之不正」之相對概念，亦即船山解〈齊物論〉所言「是其所是，非其所非」〔註101〕而已。因此，若有正人之欲，抑或自正之意，皆已落入人我相對，亦即悖離「德者自得」之無有人我相對之義。要言之，「德者自得」是不正人、不自正的，正如船山解〈徐無鬼〉所言，「惟忘德以忘己，忘己以忘人，而人各順於其天，己不勞而人自正」，〔註102〕己不正人、不自正即可「無正無不正」。〔註103〕

至於有關無人我之相對性，船山在訓義〈公冶長〉「盍各言爾志」一章中，亦有相關闡釋：

> 君子之有志，無以大白於天下，則以自信於生平。蓋期之有恒，念之不昧，以之酬酢於萬物者，皆秉此以行之。故雖聖人，不欲如天地之無心，而自有所不忘之隱念；即在賢者，不能如聖人之廣大，而必有所專用之心思。故顏淵、季路侍，而夫子曰：盍各言爾志！知二子之必有志之可言也，必其自信於幽獨，而可質之斯人者也。
>
> 〔註104〕

船山首先揭露聖、賢之異，賢者不似聖人廣大之因，乃是有「專用之心思」。正因為有「專用之心思」，孔子「知二子之必有志之可言」，而且是「自信於幽獨，而可質之斯人者也」。然而聖人之志，卻與賢者不同，其「不欲如天地之無心，而自有所不忘之隱念」。又，船山以為子路與顏淵所言之志，雖是「持之不失」，〔註105〕但終究未若孔子之廣大：

> 吾之志在老者矣，在朋友矣，在少者矣。老者當安也，而吾安之，則老者因以安焉。朋友必信也，而吾信之，則朋友因以信焉。少者可懷也，而吾懷之，則少者因以懷焉。其未安，未信、未懷，吾未嘗一日忘於心；其安之、信之、懷之也，吾固願終身於其事；如其已安、已信、已懷也，吾可自遂其所欲矣。〔註106〕

據船山所述，孔子志在老者、朋友、少者之當安、必信、可懷，可見孔子所欲者已然化入老者、朋友、少者之中，亦即將與人相偶之「己」進行解消，

---

〔註101〕王船山：《莊子解・齊物論》，《船山全書》第13冊，頁98。

〔註102〕王船山：《莊子解・徐無鬼》，《船山全書》第13冊，頁370。

〔註103〕王船山：《莊子解・齊物論》，《船山全書》第13冊，頁114。

〔註104〕王船山：《四書訓義》，《船山全書》第7冊，頁432。

〔註105〕王船山：《四書訓義》，《船山全書》第7冊，頁433。

〔註106〕王船山：《四書訓義》，《船山全書》第7冊，頁433。

此正是船山莊學所言「老者自安，少者自育，胥相各得，天下莫知其為誰之賜」。〔註107〕因此，吾人透過孔子所言之志，已然察見孔子之「德」，乃是「曲成此萬物一體之懷」。總之，船山訓義《論語》所申明的聖人之「德」，實可與船山莊學融通，皆是一種無有人我相對之絕對性之「德」。

此外，「德者自得」之無人我相對之意涵，又含載「不傷人」之意。船山解〈徐無鬼〉之序文有相關闡述：

> 德至於無傷人而止矣，無以加矣。乃天下之居德以為德者，立為德教，思以易天下，而矯其性者拂其情，則其傷人也多矣；施為德政，思以利天下，而有所益者有所損，則其傷人也尤多矣。則唯喪我以忘德，而天下自寧。（《莊子解·徐無鬼》，《船山全書》第 13 冊，頁 369）

居德者若無「德者自得」之覺察，往往自以為有德而立德教，甚至據此德「思以易天下」或「思以利天下」，殊不知在「矯其性」及「有所益」的同時，人已「拂其情」及「有所損」。按此，船山莊學所體證的「德」，其歸趨於「忘德」，所謂「忘德」，乃是跳脫形名之執泥，而非遺棄「德」，〔註108〕此亦即德性自得而已。換言之，德者自得之不傷人，在於「必勿居其德」〔註109〕之「忘德」。

最後，船山莊學之所以標舉「自得」，另有一個重要價值，即是澈見人的「殊異性」。〔註110〕援引船山解〈天地〉之文而論：

> 大小、長短、修遠殊異而並存者，形也。合而在人，則性也。繇天順下而成性者，繇人順之以上而合天……順之而已。（《莊子解·天地》，《船山全書》第 13 冊，頁 225）

按引文可知，人承天地之氣而為人，此承天而得之性，並非全然盡同的。因此，船山莊學只言人合天，而非言人合人，其因即在人與人之間，實有差異

---

〔註107〕王船山：《莊子解·天運》，《船山全書》第 13 冊，頁 250。

〔註108〕所謂忘德，非是全盤皆忘，而是忘德形而不忘德實，亦即「忘其所忘而不忘其所不忘」。此義理在第二章第三節論「神——心知——形」之時，已多有闡釋，此處不再贅言。

〔註109〕王船山：《莊子解·徐無鬼》，《船山全書》第 13 冊，頁 369。

〔註110〕所謂對歧異性的體認，在《論語》中亦是明而可徵的，如孔子所言之「仁」，在不同門生身上則有不同的表現要領。據此可知，「仁」無一定之型態，因人而異也，亦即「仁」是涵概性概念，可以統貫仁德之實之各種呈現，但是並非囿限於特定之行為上。如〈陽貨〉「能行五者於天下為仁矣。請問之，曰：恭、寬、信、敏、惠」（《論語新解》頁 621），此五者皆是指涉抽象原則，並非是特定的外在行為模式。

性。所謂「以人合天」，即如聖人休于天均，達至人即天之狀態，使天地萬有能夠「千軌萬轍，無不可行」〔註111〕之「物各有所適」。〔註112〕此義可參照「唯天是放，性無不得矣。性者天之所與，非天則非性也」，〔註113〕或是「萬物之大小長短，相與爲族，而所祖者唯天」，〔註114〕正因爲體察人之殊異性，遂將統一性歸於「天」。換言之，「天」是涵攝天地萬有之統一，然而「人」則不可。是故，船山莊學對於以「一人」框限「眾人」之舉動，多有責難：

> 一曲之仁，不足以周萬物；一端之義，不足以通古今。（《莊子解‧駢拇》，《船山全書》第 13 冊，頁 188）

> 以一人之情，蹩躠焉求合於眾人，而謂之仁；以一事之法，踶跂焉求合于眾事，而謂之義。（《莊子解‧馬蹄》，《船山全書》第 13 冊，頁 194）

> 心在於十德，則不能在天下矣。據一德以使天下同己，則不能宥天下矣。（《莊子解‧在宥》，《船山全書》第 13 冊，頁 217）

明而可徵的是，船山莊學以爲世俗所謂「仁義」，僅是以「一人之情」或「一事之法」，而欲框限眾人眾事。然而，此種巧立仁義之名，實是流於固定僵化，亦即是漠視個體的殊異性。推衍而論，「仁義」之互通，乃是本質根源之貫通，剋就表現行爲，或者呈現型態，則是隨順個體的差異性，各自有所不同。倘若以「一人」求合於「眾人」，顯然是泯滅眾人之殊異性，是故船山言「萬類繁生，各若其性，而實不繫于一德者」，〔註115〕或「性自性，不屬於相緣相取

---

〔註111〕王船山：《莊子解‧齊物論》，《船山全書》第 13 冊，頁 110。

〔註112〕王船山：《莊子解‧逍遙遊》，《船山全書》第 13 冊，頁 90。船山解〈天運〉亦有相同的說法，其言「順其自然，則物固各有性命」（《船山全書》第 13 冊，頁 260）。

〔註113〕王船山：《莊子解‧馬蹄》，《船山全書》第 13 冊，頁 194。

〔註114〕王船山：《莊子解‧天地》，《船山全書》第 13 冊，頁 222。此義可參照船山解〈徐無鬼〉，其言「唯知天之無窮，而物各審乎其源也」（《船山全書》第 13 冊，頁 388），「天」之無窮，而能涵概天地萬有，故天地萬有各自歸趨至「天」。

〔註115〕王船山：《莊子解‧徐無鬼》，《船山全書》第 13 冊，頁 381。此處可探究兩個層面，其一是「德」之內涵，若是萬類萬有皆有其自性，則以道德規範去框架，是否合宜？無疑的，這是不合宜的。據此而論，倘若要設一道德規範標準，其所指涉之內涵，可能要包羅萬象，或者言要面面俱到，此即成一不可解決之難題。復次，若有一德之內涵，實屬沒有特定義涵之德，則此德即是船山莊學所言之「至德」，亦即不德之德。夫然，既爲不德之德，豈能再以特定名目去規

之聲色，況屬之他人」。〔註116〕

　　蓋如前述，船山莊學申明不可以一人之德，而欲周遍天地萬有之德。此義亦見於船山解讀〈子張〉「子張曰執德不弘」章：

> 聖人說「吾道一以貫之」，固是渾淪廣大。而於道大者，於德則約，故曾子以「忠恕」一言爲得其宗。乃彼則曰「執德弘」。德者，得之於心者也。執所得於心者而欲其弘，則是此一德，而彼又一德矣。不然，則欲盡取夫德而執之矣。吾以知其不能弘而抑非德也。何也？雜用其心以求德於天下，則所謂德者，豈其能以自喻而有以自慊乎？緣他說「見危致命，見得思義，祭思敬，喪思哀」，只在事上見德，便只向事上求德。故孔子曰「知德者鮮矣」，蓋爲子張輩歎也。〔註117〕

船山旨在反思德之實，若是「執所得於心」，人徒然囿限於己之一德，而且此種執持之一德，遂與他人之一德互爲相對，此無疑是「執一以廢百也」。〔註118〕所謂「執所得於心」之德，此正是前文所批判「以人合人」之德，然而真正的德之實，應是「合於天德」之德。

　　綜觀本節所論，船山莊學所揭示之「德」，實可以一言蔽之，即是「德者自得」。又「德者自得」呈現出一種絕對性的自得，意指「德」是個體生命自我完成之自得，而且此自得是建構在與他人、他物無有相對上，也就是不賊害他人、他物，因此「德者自得」是「自得而天下無不得」的一體具顯，亦即是天地萬有的和諧狀態之完成。

---

範之？論及至止，必然將問題導向船山所言「反諸己」而已，亦即「德」只是「反諸己」。「反諸己」意味著人各順其天，而「德」之顯發亦各異其趣。其二是「德」之形名與實質，個體生命順其天而成就己身之德，此處自我並不知其爲何物，只是行所當行，不行則止而已。然而，此種忘己喪德之存養，使己物兩不傷，遂有人以「德」名之，此時方有「德」之名，然此名亦非己身所執持者，此正如船山所言「無所達而自達，不求周而自周。聖人體此以爲性，無知無爲以樂其通，人莫在其薰陶之中，而命之曰『聖人之愛我無已』。非聖人之期之也，因人之予以名而始生其愛，如因鏡知美，彼雖美初不自知也」（《莊子解・則陽》，《船山全書》第 13 冊，頁 392～393）。是故，剋就己身而言，德只有個體生命之活動，非有名或形之謂。但是就其己身以外之人，則以「名」、「形」去作描述，此名形固然不同於德之實，亦不可能完整表述德之實。

〔註116〕王船山：《莊子解・駢拇》，《船山全書》第 13 冊，頁 190。
〔註117〕王船山：《讀四書大全說》，《船山全書》第 6 冊，頁 878。
〔註118〕王船山：《讀四書大全說》，《船山全書》第 6 冊，頁 880。

# 第四節　論形名之德

　　大體而言，二、三兩節已將船山莊學所論之「德」，進行全面性的廓清。然而，審視船山莊學之文字，不難察覺有負面性質之德，因此本節針對這個議題作說明。有關負面性質之德，其下分從「形之德」與「名之德」進行討論：

## 一、形之德

　　首先，船山莊學關注「德」不可陷溺於形之德：

> 充者，足於內也；符者，內外合也。內本虛而無形之可執，外忘其形，則內之虛白者充可驗也。內外合而天人咸宜，故曰符。外忘而一葆其天光，「警乎大者」無非天也，則其德充矣。德充而又何加焉！整威儀，飾文辭；行以禮，趨以樂；盛其端冕，華其紱佩；峨然為有德之容，則中之柸也必多，而物駭以畏忌。神無二用，侈于容貌者，其知必蕩，於是而榮辱、貴賤、貧富、老壯，交相形以相爭，是有德之容，人道之大患也。（《莊子解・德充符》，《船山全書》第13冊，頁144）

此段引文之義涵，吾人已於第二節有所探析，是故此處僅就形之德進行闡釋。船山以為「德充」是透過「外忘其形」，而且申明「有德之容」乃是「人道之大患」。不過，吾人必須體察的是，船山莊學所謂「外忘其形」之「忘」，乃是一種絕對性之「忘」，非是停滯於相對性的有、無德容。船山《莊子通・德充符》即揭示此義，其言「德人而矜有德之容，為容人而已矣；德人而矜德之無容，為無容之人而已矣」，〔註119〕人不應陷溺於「矜」，無論是「矜」於「有德之容」，抑或是「矜」於「德之無容」，皆背離「外忘其形」的絕對原則。換言之，船山莊學並非是否定「德」之形，而是否定執泥德之形之成心，是故要刳去心知使靈臺能夠含載天光。

　　船山莊學對於世俗刻意強調「有德之容」，皆是嚴屬指摘的，如其以「徒有其形」抨擊「犿子死母」，最為清晰可徵：

> 修飾外貌以侈君子之容者，一犿子之死母，徒有其形而已。外固不與內符，而奚望人之符之也！使其形者不存，則乍親之必旋棄之，人所弗信也。雖立乎君師之位，而悤焉不能以終日，己所弗信也。

---

〔註119〕王船山：《莊子通・德充符》，《船山全書》第13冊，頁500。

> 信諸己者，自信諸人，何假形哉！（《莊子解‧德充符》，《船山全書》
> 第 13 冊，頁 151）

此文是針對「狌子死母」而發，細察船山的評議過程，實有呈現出四層轉折：
首先，標立「修飾外貌」乃是「徒有其形」；其次，釐清「外固不與內符」之
真實狀態；再次，申明「乍親之必旋棄之」的必然結果；最後，詰問僅是「修
飾外貌」者，為何要「假於形」，豈不知「假則必遷」。〔註120〕所謂「假則必
遷」，旨在豁顯「形」之變動不居之特性，船山藉由層層剝落的方式，使吾人
體現「形」是「假」是「必遷」，固不可陷溺於「形」的桎梏中。然而，令人
感到可悲的是，世俗之人多不察此義，遂「不忘其所可忘，而忘其所不可忘，
飾有德之容，以求合于天下」，〔註121〕徒然耗費生命於「飾有德之容」，是故
船山譏為「能知天下之以形貌為貨，而不知其為符也，又惡知德哉」。〔註122〕
此義亦見於船山訓讀《論語》「子游問孝」章：

> 夫孝者，人人之所可自盡者也。人之所皆可盡者，愛也。乃苟非安
> 於不孝之子，則亦無不因其固有之愛而致之矣。是以凡今之為人子
> 者、亦或謂之孝；問之親，而親不以為不孝也；問之子，而子亦自
> 以為孝也。遂將可謂之孝乎？時其起居，治其飲食，取悅於親，而
> 相與忘之。若此者，謂之能養而已矣。〔註123〕

世俗之人直接將「時其起居，治其飲食，取悅於親」，視為孝之「德」，這即
是以外在行為容貌作為判斷「德」之標準。然而，船山申明《論語》之「德」，
乃是在「唯敬而已矣」之「敬」，並非在「養」。若是以「能養」之外在形貌，
作為檢視「孝德」之依據，「則養犬馬者，亦何嘗不愛此犬馬乎？而不敬之養，
又何別乎」。〔註124〕按此，船山實是抨擊「飾有德之容」之「養」，而關注於
內在之「孝」。

　　又前引〈德充符〉曾提及「行以禮」之問題，此問題牽動孔、莊之「德」
是否能夠融通，因此必須有所釐清。吾人爬梳船山莊學可知，船山對禮之觀照

〔註120〕王船山：《莊子解‧德充符》，《船山全書》第 13 冊，頁 145。
〔註121〕王船山：《莊子解‧德充符》，《船山全書》第 13 冊，頁 153。所謂「不忘其
　　　　所可忘」即「飾其外」（《船山全書》第 13 冊，頁 154）；所謂「忘其所不可
　　　　忘」即「忘其內」（《船山全書》第 13 冊，頁 154）。
〔註122〕王船山：《莊子通‧德充符》，《船山全書》第 13 冊，頁 501。
〔註123〕王船山：《讀四書大全說》，《船山全書》第 6 冊，頁 291。
〔註124〕王船山：《讀四書大全說》，《船山全書》第 6 冊，頁 291。

角度，〔註125〕多是落在負面性質：如「行以禮……峨然為有德之容，則中之枵也必多，而物駭以畏忌」〔註126〕、「世俗之禮，一攖也，何不寧也」〔註127〕、「齊其不齊而為禮」〔註128〕、「其意以兵刑、法度、禮樂委之於下，而按分守、執名法以原省其功過」〔註129〕、「德之不建，徒標禮義以徇俗」〔註130〕、「故仁義禮徒為駢枝以侈於性」〔註131〕、「賓賓以為禮」〔註132〕……等等。因此，吾人不禁要問，船山莊學闡發之「德」，是否與孔子所重視之「禮」相互衝突？倘若無有牴牾，又當如何說解？不可諱言的，假使無法將說明此問題，本章所謂融通孔、莊之「德」，立論的信度必然受到質疑。

誠然，船山莊學論禮之時，多是採取負面性之觀照，然而仔細審察相關文獻，其實可以汲取出一些訊息，其下援引三段文字進行闡釋：

> 不得已而寓於庸，則刑、禮、知、德，皆犯人之形者所有事，墨儒所爭務，而亦可兩行，人勤行之，我亦庸之。（《莊子解·大宗師》，《船山全書》第 13 冊，頁 162）

> 故保其和以兼容順逆，而各因其自然之理；仁義、忠信、禮樂賅而存焉，而皆其寄跡。（《莊子解·繕性》，《船山全書》第 13 冊，頁 265）

> 撤之解之，去之達之，相反者皆見其相順，則放道以行，而仁義禮智無不至也。（《莊子解·庚桑楚》，《船山全書》第 13 冊，頁 366）

按引文所示，船山莊學批判世俗所重之禮，在於其無法「各因其自然之理」或「放道以行」；反之，禮若能「各因其自然之理」或「放道以行」，則能由禮至「禮」而與「德」無有衝突，如此一來，禮即非是被否定剔除者。更明確的說，船山莊學所豁顯之「禮」，必須是有含載「天理」之寄托價值者，如船山讀〈衛

---

〔註125〕本文所言之禮有二，一是「禮者，天理自然之則也」（《船山全書》第 6 冊，頁 819）之「禮」，此「禮」是正面性的；二是「世俗之禮」（《莊子解·大宗師》，《船山全書》第 13 冊，頁 171）之禮，此是負面性的。正面性之「禮」，加以上、下引號標明；負面性之禮，則無上、下引號。

〔註126〕王船山：《莊子解·德充符》，《船山全書》第 13 冊，頁 144。

〔註127〕王船山：《莊子解·大宗師》，《船山全書》第 13 冊，頁 171。

〔註128〕王船山：《莊子解·馬蹄》，《船山全書》第 13 冊，頁 194。

〔註129〕王船山：《莊子解·天道》，《船山全書》第 13 冊，頁 241。

〔註130〕王船山：《莊子解·山木》，《船山全書》第 13 冊，頁 310。

〔註131〕王船山：《莊子解·知北遊》，《船山全書》第 13 冊，頁 332。

〔註132〕王船山：《莊子解·知北遊》，《船山全書》第 13 冊，頁 337。

靈公〉所言「禮者，天理自然之則也」，〔註133〕或是其讀〈先進〉所言「天埋、人欲，只爭公私誠僞。如兵農禮樂，亦可天理，亦可人欲」，〔註134〕人若能「公」能「誠」，則可寓天理於「禮」，此「禮」即不是外在禮儀之羈絆。〔註135〕要言之，船山所體證之「禮」，只是天理自然所轉化的道德秩序，〔註136〕非是人刻

〔註133〕王船山：《讀四書大全説》，《船山全書》第 6 冊，頁 819。此處將「禮」視爲「天理自然之則」，並非與勞思光所言「攝禮歸義」衝突，且觀勞氏所述，其言「一般知識份子大抵順流俗信仰而立論，以爲秩序制度，以所謂『天道』爲本；換言之，即假定某種『本有之秩序』，作爲文化中『創造之秩序』之基礎」（《新編中國哲學史》頁 112）。按此，勞氏以爲將「禮」之本歸諸於「天道」，即是背逆於孔子的「攝禮歸義」；然而，吾人必須釐清的是，船山所謂「禮」雖是「天理自然」所轉化衍生的人文秩序，但在以「神」爲開展的義理之中，除了不喪失天道之普遍性，更可保有「人道」之絕對之自主能動性。相關論証，請參見第二章第二節。

〔註134〕王船山：《讀四書大全説》，《船山全書》第 6 冊，頁 763。

〔註135〕船山讀〈鄉黨〉曾提及「禮」非屬外，其言「以禮制事，則禮外矣」（《船山全書》第 6 冊，頁 745）。然而，世俗之禮皆是用以制事，亦即將「禮」等同於「法」，蔡仁厚於《儒學的常與變》（頁 141～146）一書中，曾對此有所廓清辨析，其意爲「法」是具體的法律條文，而「禮」則是「法」的綱領準據，或言推類明理的基本準據。換言之，蔡氏以「禮」爲「道德原則」，此道德原則即不可直接等同於外在禮儀節文之事。又如錢穆注解〈陽貨〉「子曰：禮云禮云，玉帛云乎哉！樂云樂云，鐘鼓云乎哉」一則，其言「遺其本，專事其末，無其內，徒求其外，則玉帛鐘鼓不得爲禮樂」（《論語新解》頁 629），要言之，「禮」的完滿呈現，實指人以禮敬之心，由內而外轉化爲禮敬行爲，亦即將禮敬之心直接貫注於所用。正因爲「禮」是根植於德實（天理）而成，是故「禮」雖屬運用之寓庸，亦可隨順德實加以判斷，而無有滯礙。不過，無可諱言的，此種深層體證之「禮」，往往無法被體察，探究其主要癥結，應是人執於外在形式之不變，殊不知眞正不變者是內在禮敬之心，而外在禮儀節文則要合乎時、合乎勢之變化。

〔註136〕此義可以參見曾昭旭所論，其言「原來儒家所謂修道，就是通過一種物我互動的辯證歷程，即生活上的自然秩序而點化潤澤之以成道德秩序的努力，此之謂實踐，此之謂道德創造」（《存在感與歷史感：論儒學的實踐面相》，頁 4），誠如曾氏所示，筆者亦贊同船山屬於此種思維，並且由「天理自然」所轉化出來的「道德秩序」，方是船山眞正認可之「禮」。此外，李澤厚於《華夏美學》一書，曾提及「儒道互補」的型態，即是「道家和莊子提出了『人的自然化』的命題，它與『禮樂』傳統和孔門仁學強調的『自然的人化』，恰好既對立，又補充」（頁 86），按李氏所論，「禮」是「自然的人化」，此義可印證船山莊學，不過吾人必須釐清的是，李氏以「自然的人化」與「人的自然化」互爲對立且補充，如此説法卻不可套用於船山莊學，因爲船山義理重視不二之觀念，是故「對立」實已背離此種基本思考。換言之，船山莊學從「禮」所澈見之孔、莊融會，只是「自然」與「人」的和諧，或言無所衝突。

意爲之者。有關「禮」爲「天理」之所寄，吾人可再參閱船山讀〈顏淵〉「顏淵問仁」：

> 精而言之，禮之未復，即爲己私。實而求之，己之既克，未即爲禮。
> 必將天所授我耳目心思之則，復將轉來，一些也不虧欠在，斯有一
> 現成具足之天理昭然不昧於吾心，以統眾理而應萬事。若其與此不
> 合者，便是非禮，便可判斷作己，而無疑於克，故曰「非禮勿視」
> 云云。使非然者，則孰爲禮，孰爲非禮，孰當視，孰不當視而勿視，
> 直如以餅餌與千金授小兒，必棄千金而取餅餌矣。聖人扼要下四箇
> 「非禮」字，卻不更言「己」，即此可知。〔註137〕

識察此文，船山乃是釐清「克己」與「復禮」之問題，旨在駁斥「克己之外，無別復禮之功」〔註138〕之說。大體而言，船山所揭示之「禮」，非是一般世俗所論之禮，〔註139〕而是以爲「禮」乃天理於人之轉化顯現者。因此，船山對於佛氏將「禮」視爲本來所無的，顯然十分不能苟同，抨擊佛氏「硬把一切與己相干涉之天理都猜作妄」。〔註140〕職是之故，在船山莊學所論之禮，其所以落在負面性質，實因要對治於世俗之誤用或扭曲。一般而言，人對禮的冀望或期待，乃是在於有效承載「德」，進而鑄就「德」的穩定性。然而，值得吾人省思的是，禮增強「德」之穩定性，應是落在德實之豁顯。換言之，眞正之「禮」並非單純落在外在規範，而是凝存「天理自然之則」。〔註141〕顯而

---

〔註137〕王船山：《讀四書大全說》，《船山全書》第 6 冊，頁 765～766。

〔註138〕王船山：《讀四書大全說》，《船山全書》第 6 冊，頁 765。

〔註139〕所謂一般世俗所論之禮，即是執著於外在形式。林啓屏〈古代文獻中的「德」及其分化——以先秦儒學爲討論中心〉一文中，對於孔子之「禮」，曾有一段精闢的說解，其言「就孔子的學說言，他實是認爲周文之精華者在『禮』，而其恢復之道並非是『復古式』地返回周文的一切形式，相反地他以『道德精神』爲『禮』的大根大本，雖未必符合周初的原貌，但此背後反映的即是一種『創新』的精神」（《清華學報》第 35 卷第 1 期，2005 年 6 月，頁 113）。另外，此義亦可參見王邦雄等人所編撰的《中國哲學史》上冊，書中言「孔子不再拘限在客觀形式的禮樂制度上，而是自覺地反溯其背後的精神根源」（台北：里仁書局，2005 年，頁 55），誠如所論，孔子之「禮」非是僵執於周禮之恢復，其關注的重心，實是落在周禮所含載的人文精神，是故世俗執於外在形式，已然背離孔子原意矣。

〔註140〕王船山：《讀四書大全說》，《船山全書》第 6 冊，頁 765。

〔註141〕張立文有「仁禮互爲體用」之論，所謂互爲體用，即是仁禮不可偏執一方之義。換言之，「禮」自非屬純然外在形式，「仁」亦非純然內在而無有活動。張氏之說，參見《船山哲學》頁 66～67。唐君毅對於「禮」非單純外在形式，提出

易見的是，倘若將「禮」視爲外在形式，必然削弱個體生命的自主健動性，亦即事事皆以合乎外在形之禮爲考量，此即負面性之禮。

　　另外，船山對於〈大宗師〉「顏回曰：『回益矣。』仲尼曰：『何謂也？』曰：『回忘仁義矣。』……曰：『回忘禮樂矣。』」〔註142〕這段原文的看法，亦可呈現出船山莊學實未消弭禮的存在意義。近世的研究學者，以爲先忘「仁義」再忘「禮樂」是錯誤的，並且提出先忘「禮樂」再忘「仁義」的校正解讀，如張默生、陳鼓應、王叔岷、王孝魚……等等皆屬此見。姑且不論何者爲莊書原文，筆者以爲船山莊學的詮釋方式，自有其深層之義涵。船山言「先言仁義，後言禮樂者，禮樂用也，猶可寓之庸也，仁義則成乎心而有是非」，〔註143〕剋就船山莊學所開展的凝神義理，其對於「仁義」是要有所忘的，蓋如其言「仁義則成乎心而有是非」；然而，「禮樂」乃是所謂「用」，吾人若能透過無用之用，使天下皆在其大用之中，則「禮樂」亦爲「可寓之庸」。因此，吾人透過對「禮」的探究可知，船山所針砭的是陷溺於形名之德之「成心」，並非是要否定世俗之禮或「形名」之存在，若能德凝或神凝，則可「寓庸而隨成」〔註144〕或「無不可隨之以成」，〔註145〕故船山只是強調不滯礙而已。

## 二、名之德

　　前文已探究形之德，接下來則要針對名之德進行討論，船山解〈天運〉

---

「一半之行爲」的說法，其言「……而禮之行爲，即處于人之內在之心與德、及外在之事功之交界，而兼通于此內外之二者，亦足以爲貫通此內外二者之媒者。……故此禮儀之行爲，對直接成就事功之行爲言，吾名之爲一半之行爲……一切爲禮之事，亦皆可說只是一對人對己之實際的行爲，先作一準備，表示一態度。此態度，對實際之行爲言，即皆只可稱爲一半之行爲。」（《中國哲學原論・原道篇》卷2，頁116～118。）又張西堂於《王船山學譜》中有是言，「禮原于天而爲生人之本；天人之合，惟在于禮，故不可斯須去也。其曰性之藏而命之主者，則人心之中固有禮，非禮自外作也」（頁89），張氏雖是以《禮記章句》與《尚書引義》爲闡釋對象，然則其所豁顯之義理，亦可印証本文所論。

〔註142〕王船山：《莊子解・大宗師》，《船山全書》第13冊，頁174。

〔註143〕王船山：《莊子解・大宗師》，《船山全書》第13冊，頁174。

〔註144〕王船山：《莊子解・外物》，《船山全書》第13冊，頁410。

〔註145〕船山於《莊子解・則陽》提及，「以人知人，以物知物，以知人知物知天，以知天知人知物，無不可隨之以成，無不可求贏於兩見，己不化物，物自與我以偕化」（《船山全書》第13冊，頁395）。

曾言：

> 立仁義之名，爲成心而師之，益吾之所本無，而強以與物；陸魚相
> 呴之濕，能幾何哉！離江湖自然之樂而處於陸，乃見呴濕之恩。自
> 然者喪，徒以累心；目爲之眯，寐爲之不安。(《莊子解・天運》，《船
> 山全書》第 13 冊，頁 256～257)

船山莊學對於「仁義」並非是直接否定，其譴責批判的是，世人以「成心」
而「立仁義之名」。所謂「益吾之所本無」，即是指「成心」所衍生出來的仁
義之名。〔註146〕若以「魚」爲譬，申明「魚」之最自然狀態，即是可以悠游
於江湖。反之，當其脫離江湖而置身於陸地，彼此再「相呴之濕」，豈不是費
力於無根之舉而「徒以累心」。總之，所謂「立仁義之名」者，只是違逆「仁
義」的本然狀態，而處心積慮於虛假無根的仁義之名上。

有關船山莊學所抨擊的「名之德」，筆者嘗試將其架構出一套論証邏輯：
船山莊學對於「仁義之名」之立，提出了「聖人有爲之心啓之」的看法。聖
人本意雖然本是良善的，然而其所遺留的「聖人之成跡」與「聖知之法」，世
俗之人僅是執泥於「法」或「跡」，反而盪失眞正之「仁義」或「德」。更令
船山詬病的是，「仁義之名」一旦爲小人所用，立即淪喪至「貪質名而襲其實」
的狀態。其下即針對「聖人有爲之心啓之」、「『聖人之成跡』與『聖知之法』」
及「貪質名而襲其實」等三個層次，次第開展而論。

## （一）聖人有為之心啟之

在開始論述之前，必須先行釐清一事，此處所言「聖人有爲之心」之聖
人，並非是冥合大宗天均的眞正聖人，兩者不可混爲一談。楊儒賓於《莊周
風貌》一書，亦曾提及莊書中的「假」聖人：

> 莊子本文一再出現的「聖人」，其實就是統治者。統治者利用權勢佔
> 據了行政的中樞，囊括了所有的權力資源以後，爲了合理化及美化自
> 己的行逕，因此，也大量地裝飾自己，賦予自己崇高的道德形象，此
> 所以名之爲「聖人」。由於「聖人」的本質如此荒謬……，這樣的「聖

〔註146〕船山解〈則陽〉言「環中者，天也。……無內無外，通體一氣，本無有垠，
東西非東西而謂之東西，南北非南北而謂之南北；六合一環，行備而不溢。
運行於環中，無不爲也而無爲，無不作也而無作，人與之名曰天，而天無定
體。故師天者不得師天，天無一成之法則，而何師焉」(《船山全書》第 13
冊，頁 394)，天地是「本無有垠」，所謂「東西」、「南北」，皆是一己成心所
立，因此成心所立之仁義之名，即是「本無有垠」者。

人」最好越少越妙，「聖人不死」、「大盜」就不可能停止。〔註147〕
事實上，在船山莊學的義理表述中，聖人亦是隨著上下文脈，其義涵而有所
變動。是故，吾人必須明白的是，船山莊學所駁斥的聖人，實是架構在「有
爲之心」的負面意義。換言之，「聖人有爲之心啓之」之聖人，只是「以德分
人」〔註148〕之聖人，而非「聖人無名」〔註149〕或冥合大宗之至聖。

　　「仁義之名」從何而生？船山解〈馬蹄〉曾言：

> 以一人之情，蹩躠焉求合於眾人，而謂之仁；以一事之法，踶跂焉求
> 合于眾事，而謂之義；齊其不齊而爲禮，摘僻而已；和其不和而爲樂，
> 澶漫而已。此物不足，貸彼物以就之，一人不足，聯眾人以成之；能
> 之者號爲君子，不能者號爲小人。人無非黨也，此仁義禮樂之必繼以
> 兵戎寇讎也。皆聖人有爲之心啓之，而惡能禁之！（《莊子解·馬蹄》，
> 《船山全書》第13冊，頁194）

船山指明「謂之仁」、「謂之義」，乃是「聖人有爲之心啓之」。然而，船山爲
何要駁斥「有爲之心」？因爲「爲而必僞，僞而必失」，〔註150〕或是「爲之者
有跡可傳，傳之者有跡可學，群然道諛以相尙，皆俗也，非眞也」，〔註151〕
所以船山莊學認爲船人不可有「有爲之心」。其次，何謂「謂之仁」、「謂之義」？
援引船山解〈騈拇〉之文：

> 豈人謂之仁而仁，人謂之義而義乎！故既曰「仁義之謂」，又曰「所
> 謂仁義之謂」。始而見有仁而屬性於仁，見有義而屬性於義，非其性，
> 猶其仁義；至於謂之仁謂之義，則並不知有仁、知有義，而但知有
> 謂而已。（《莊子解·騈拇》，《船山全書》第13冊，頁190）

吾人分就兩方面作闡釋：其一，「謂之」是何義？即申明仁義是外在加諸之形
名，人之有仁、有義，乃是人「謂之仁」或「謂之義」，因此「仁義」只是「謂
之」的指稱對象。若是再進一步探究，所謂「指稱對象」的判斷標準何在？
意即外在的形名，是故船山言「形之於德而爲仁爲義，皆逐形名之末，以與
世爭持權柄；而不知前此者未有，後此者之不留，則所爲皆假耳」。〔註152〕

---

〔註147〕楊儒賓：《莊周風貌》，頁213。
〔註148〕王船山：《莊子解·徐無鬼》，《船山全書》第13冊，頁378。
〔註149〕王船山：《莊子解·逍遙遊》，《船山全書》第13冊，頁86。
〔註150〕王船山：《莊子解·庚桑楚》，《船山全書》第13冊，頁366。
〔註151〕王船山：《莊子解·繕性》，《船山全書》第13冊，頁265。
〔註152〕王船山：《莊子解·天道》，《船山全書》第13冊，頁244。

換言之，倘若將「仁義」規範於人所能聞見之行爲，此種詮釋方式即是「形之於德」，不可聞見則非屬「仁義」。此種「仁義」乃是「逐形名之末」之「但知有謂而已」，顯然悖離道德自律，抑或揚棄慎獨之可貴。其二，「謂之」架構而成的仁義，只是「見有仁而屬性於仁」。人有「仁」之行爲表現，是以將「性」稱爲有「仁」，亦即「性」是因「仁」而有之者。然而，船山莊學以爲「性」之發用顯爲「仁義」，則「仁義」與「性」是體用相涵，兩者並無高低位階之問題，故非「見有仁而屬性於仁」。總之，「謂之仁」之「仁」，僅是形名之仁，此仁與性無涉，亦即架空眞正之仁義。按此，船山方有「讀書而聞有仁，則以爲仁；讀書而聞有義，則以爲義」之譏諷。

「仁義之名」既然易使世人迷失於「名」，爲何聖人要「啓之」？船山解〈齊物論〉有一段闡釋：

> 求治，求明，而爲之名曰仁義，爲之辯曰是非，以要言之，利害而已。……堯舜之名，簒賊之惡也；周孔之文，俗儒之陋也。然則古之所賤，今之所貴；今之所是，後之所非……。若夫參萬歲而一成純者，大常而不可執，豈言論之所能及哉！忘言、忘知，以天爲府，則眞知之所徹，蘊之而已，無可以示人者。（《莊子解・齊物論》，《船山全書》第 13 冊，頁 115）

聖人將「足於內」之「德」，轉化成仁義之名，主要是「求治」、「求明」。不過，船山莊學顯然對於此種轉化方式，抱持著批判的立場。批判原因有二：其一是「古之所賤，今之所貴；今之所是，後之所非」，仁義之名並非是絕對性之「德」，隨著時間或空間的差異，陷落在永無標準的相對性，是故衍生出古賤今貴，抑或今是後非之情況；其二則是「大常而不可執，豈言論之所能及哉」，眞正的道德規範不是關注於相對性的形名層面，而是直指絕對性的內在本質。換言之，德性顯發而有之仁義，只能是「蘊之而已，無可以示人者」或言「善可居也，不可出以示人也」。〔註153〕此處所論「蘊之」，通同前章「凝神」之「凝」，亦即吾人若是持執示人，個體生命遂滯礙於有分有辨，有分有辨則內不虛，內不虛則「德」不可「充於內」，亦即「德」已非完善。

所謂「求治」、「求明」的論述，船山解〈馬蹄〉另有提及「矯不正而欲使之正」的概念：

> 役於仁義之名者，矯不正而欲使之正。其矯之也，仁有窮，義有詘，

---

〔註153〕王船山：《莊子解・天地》，《船山全書》第 13 冊，頁 227。

　　將必惴惴然憂不仁不義之不易去。夫立一表以爲正者，東望之成西，
　　南望之成北，正果安在哉？去東西南北之名，則隨在皆正；去仁不
　　仁義不義之名，則同歸于至正。無所不可正，而抑又何憂！憂困其
　　情，則情不可返通於性命。惟忘憂以順情，乃可以養生而冥合於道。
　　（《莊子解・駢拇》，《船山全書》第 13 冊，頁 187）

顯而易見的，「役於仁義之名者」，旨在矯枉不正者，〔註154〕可見宗旨是良善的、
理想的。然而，船山申明此法只是「立一表以爲正者」，實無釜底抽薪之眞正效
用。換言之，妄立「仁不仁義不義」之標準，不僅無法眞正規範出一套絕對之
「至正」，反倒自陷於相對性之「名」，是故船山以爲要「同歸于至正」，首在跳
脫「仁不仁義不義」之「名」。此義亦可參見船山解〈天地〉所言，「乃不知所
謂仁義者，非但離德背道，抑非果能端正而相愛者也」，〔註155〕或是其讀〈憲
問〉之文，「桓公則唯其所秉者正，遂奉一正以急正夫物，是以隘不可大，迫不
可久，身沒而周即內亂，楚即干盟，嗣子即失伯而陵夷」，〔註156〕無論是「離
德背道」，抑或是「迫不可久」，皆印証船山莊學擔慮世人陷溺於「仁義之名」。
誠如船山解〈養生主〉所申明的，「名者，天之所刑也」〔註157〕、「懸名以懸君
子」〔註158〕及「懸于名者，人不知其解」，〔註159〕「德」之「名」衍生出「仁
義」與「不仁不義」相峙對立，而難以超越有分有辨之相對層次。吾人如何能
夠跳脫此種相對性之德？船山解〈養生主〉有言，「知之變遷，緣喜、怒、哀、
樂、慮、歎、變、慹，而生左右、倫義、分辨、競爭之八德」，〔註160〕顯然相

----

〔註154〕船山解〈庚桑楚〉言「聖人知天之正而惡人之偏，乃欲矯其偏以反於天，而
　　　　不知移之初無有定者，正者移而偏，而偏者抑將移而正也」（《船山全書》第
　　　　13 冊，頁 367）。
〔註155〕王船山：《莊子解・天地》，《船山全書》第 13 冊，頁 233。船山解〈則陽〉
　　　　亦言，「揭仁義以爲標準，先自憂其不逮，而駭天下之耳目，身世趨於愁苦
　　　　之途，終身而不反其故，則可悲而已矣」（，《船山全書》第 13 冊，頁 393）。
〔註156〕王船山：《讀四書大全說》，《船山全書》第 6 冊，頁 803。
〔註157〕王船山：《莊子解・養生主》，《船山全書》第 13 冊，頁 123。
〔註158〕王船山：《莊子解・養生主》，《船山全書》第 13 冊，頁 124。
〔註159〕王船山：《莊子解・養生主》，《船山全書》第 13 冊，頁 124。
〔註160〕王船山：《莊子解・養生主》，《船山全書》第 13 冊，頁 120～121。成玄英疏
　　　　「德者，功用之名也。群生功用，轉變無窮，略而陳之，有此八種。斯則釋
　　　　前有畛之義也」（郭慶藩編、王孝魚整理：《莊子集釋》上冊，頁 85），又「畛，
　　　　界畔也。理無崖域，教隨物變，爲是義故，畛分不同」（頁 84），成疏所言之
　　　　「畛分不同」，正是申明八德之相對性質。

對性之八德，乃是由「知之變遷」而衍生的，因此若要跳脫「仁義之名」的桎梏，即是要刳去心知。總之，船山此處所批判的，只是將「求治求明」置換成「使之正」，然旨趣相近也。

最後，再次釐清船山莊學乃是針砭執於「仁義之名」之「成心」，並非扼殺「仁義」，或是否定「仁義之名」之存在，徵引船山解〈駢拇〉之言：

> 憂皆生於所欲去：小人欲去仁義，而情終礙於其性；君子欲去不仁不義，而性終拂於其情。一人之身，性情交搆，而況於天下？囂囂者宜其不息也！故近名之善，近刑之惡，終身大惑而不解。（《莊子解·駢拇》，《船山全書》第 13 冊，頁 187）

基本上，一般儒者所謂小人與君子之別，乃是體證「仁義」之有無，船山亦然。不過，船山莊學對於小人與君子之議題，更直接將關注焦點擺放在「欲去」，無論「小人欲去仁義」，抑或「君子欲去不仁不義」，顯然皆是陷溺於「性情交搆」之中。小人與君子，固然有「近刑之惡」與「近名之善」之差異，不過「終身大惑而不解」則是一也。按此，無論是「欲去仁義」，抑或是「欲去不仁不義」，因其有「欲去」之成心，〔註161〕皆已賊害「仁義」本然之狀態。是故，船山莊學所針砭者，非是消解「仁義」或「名」，而是消解執於「仁義」或「名」之「成心」。

## （二）「聖知之法」與「聖人之成跡」

大體而言，船山莊學之所以會質疑「聖人有爲之心啓之」，最主要的原因是，世俗之人只知依循「聖知之法」或「聖人之成跡」，遂使世俗之人僅知「法」或「成跡」，卻忽略眞正之仁義或「德」。有關聖人之「法」，援引船山解〈胠篋〉之論：

> 聖知之法，刑賞爲其大用，而桀紂即以之賞邪佞，而加刑於逢比。……聖人用法，僅可以弭一時之盜。施及後世，唯重聖人之法，而喪其所重，乃法徒爲盜守，徒爲盜積。所重唯法，則已輕矣。外重者，內淺其含也。唯含者爲人所不能竊。故甚患夫聖人之不含而亟暴之也。（《莊子解·胠篋》，《船山全書》第 13 冊，頁 198）

按此段引文所示，吾人可察見「聖知之法」有兩大缺陷：其一，「聖知之法」本是聖人「求治求明」之用，但是「桀紂」運用此「聖知之法」，獎賞邪佞狡獪者

---

〔註161〕船山解〈齊物論〉言，「欲之者，其成心也」（《船山全書》第 13 冊，頁 102）。

而箝制賊害忠良者，因此「聖知之法」易被誤用而偏執於「名」之一端。其二，「聖人用法」只能「弭一時之盜」，並非是長治久安之計，更令人擔慮的是，「聖知之法」的推行，使世俗「重」聖人之「法」，反而忽略聖人良善之初衷。在「所重唯法」的情況下，「外重」而「內洩其含」，亦即「喪其所重」之「內」。是故，船山莊學以爲最爲理想的狀態，則是「故聖知之所知，含之於心，而不可暴之爲法者也」，〔註162〕聖人固然已體證天道，卻應是「懷之」、「含之」，而使「天下固莫能不含矣」。〔註163〕有鑑於此，船山莊學遂抨擊「聖人以其聖知立法」：

> 聖人以其聖知立法，以齊一天下之聰明。法緣心生，窺見之者竊之而有餘矣。治人揭聖人之法以禁天下，曰「奚不如法」？亂人亦揭聖人之法以禁天下，曰「奚不如法」？則盜國毒民者，方且挾法以禁天下，而惡能禁之？欲不歸過於聖人而不得已。（《莊子解‧胠篋》，《船山全書》第13冊，頁199）

船山莊學強調「聖人之法」，乃是「治人」及「亂人」皆可用之「以禁天下」，因此船山不得不「歸過於聖人」。

復次，「聖人之成跡」同樣可見之於船山解〈胠篋〉：

> 乃申商雖謬於聖人，而實因聖人之成迹，緣飾而雕鑿之，則亦聖人啓之也。夫聖人有所含而後有所暴。其所含也，可以治一時之天下；乃有所暴矣，則必爲盜賊之守。若無所含而徒好知者，日爲揣摩以求明，則法旦立而天下夕受其殘劉。（《莊子解‧胠篋》，《船山全書》第13冊，頁201）

基本上，此段引文與前述「聖知之法」的旨趣相類，主要仍是申明「聖人之成跡」，因爲「有所暴」必爲盜賊所守。不可諱言的，無論是「法」是「跡」，不僅未能完成聖人求治求明之理想，更使天下陷於「法」、「跡」之賊害，是故船山方有「名法相生，擢德塞性」〔註164〕之體察，或是「古之所謂榮名，今之所謂覆轍，規規然據以爲常，自惑而惑天下矣！名惑之，法惑之也。」〔註165〕之感嘆。顯而易見的，「聖知之法」及「聖人之成跡」〔註166〕皆是直指盜賊可爲

---

〔註162〕王船山：《莊子解‧胠篋》，《船山全書》第13冊，頁197
〔註163〕王船山：《莊子解‧胠篋》，《船山全書》第13冊，頁200。
〔註164〕王船山：《莊子解‧駢拇》，《船山全書》第13冊，頁188。
〔註165〕王船山：《莊子解‧駢拇》，《船山全書》第13冊，頁188。
〔註166〕對於「聖人之成跡」，船山解〈天地〉亦有提及，「以迹傳者，欲人之似己；道諛者，唯恐其不似人。而不知可傳之迹，怳心勞形，以仁義拂人之性，爲

持守之處，因此船山解〈在宥〉有是言，「有其有，則且以所說者爲有，而仁義之名歸，道德之眞喪矣。此三王之利所以害也」。〔註167〕所害爲何？即是使世俗之人陷溺執持於仁義之名，卻不知仁義爲何，〔註168〕而且「執之愈固而德愈小」。〔註169〕

## （三）貪其名而襲其實〔註170〕

從「聖人有爲之心啓之」爲始，導致世俗關注於「聖知之法」或「聖人之成跡」，最終甚至會衍生出「貪其名而襲其實」的大禍害，船山解〈天道〉曾提及：

> 不自信而欲有其美者，皆所謂賊心也。竊物之餘，以施惠於所親愛而爲仁，乘己之足，以攘廉節而爲義，皆不能自信，而窺覦天下之美，欲居之耳。無其實而貪其名，貪其名而襲其實以自驕，而辭不美之名。賊心不息，而天下以巧知神聖之名歸之。（《莊子解・天道》，《船山全書》第13冊，頁243～244）

船山以「賊心」言「不自信而欲有其美者」，「賊心」是與「劌心」對反而論，船山解〈天地〉有是言：

> 人無不有其意欲，抑無不有其德性，故咸知自愛其身，愚者與有焉。人知自愛其身，則不善之心自消沮矣。獨志者，自愛自貴也。賊心者，竊人之名言，而忘其身之愛貴者也。上既危其觀臺，以自標異

---

屬而已。」（《船山全書》第13冊，頁233～234），更令人憂慮的是，「前之人爲之而偶效，因而有治跡之可傳，天下後世相與傳之以爲必然之善」（《船山全書》第13冊，頁233）。

〔註167〕王船山：《莊子解・在宥》，《船山全書》第13冊，頁216。

〔註168〕所謂不知仁義爲何，即船山解〈駢拇〉之言，「有虞氏之仁義，非今之仁義也。……惟舜以仁義名，而奉其名以爲法，有一不肖，則竊竊然憂之，究不知仁義之爲何物」（《船山全書》第13冊，頁188～189）。

〔註169〕船山解〈天運〉曾評議「自勉以役其德」，其言「勉而役者，不過因已往之陳迹，踉跂蹩躠以爲仁義，執之愈固而德愈小，勞己以勞天下，執一而不應乎時變」（《船山全書》第13冊，頁247）。

〔註170〕有關船山莊學批判「名」，可以參見於第二章。此處簡要言之，倘若與「刑」相較之，「名」之賊害實是更甚於「刑」。因此，船山對於「名」，亦有一番嚴辭，其言「天懸刑以懸小人，懸名以懸君子。一受其懸，雖死而猶縈繫之不已；而不知固有間也，不待釋而自不懸也。然懸于刑者，人知畏之；懸于名者，人不知解。」（《船山全書》第13冊，頁124）按此可知，船山對於君子自以爲有別於小人，提出了深刻的告誡，君子若懸于「名」實無異於小人懸于「刑」，而且「名之所在，即刑之所懸」（《船山全書》第13冊，頁126）。

於公忠恭儉之名，而使之投迹，則假竊其名，以併一其志於好知尚
賢之途，而適以日長其賊心而已。（《莊子解・天地》，《船山全書》
第 13 冊，頁 227）。

據此可知，「賊心」指不知「獨志」之「自愛自貴」，因此「假竊其名」的「賊
心者」，即是趨使心知而攖人之心者。〔註 171〕誠然，無論是言「不自信而欲有
其美者」，抑或言「賊心者」，船山皆是揭示其心已執於名。又此種「假竊其名」
或「貪其名」，只是有「仁義之名」而無「仁義」之實，正如船山駁斥的「貪其
名而襲其實」或「以仁義爲彼而視之聽之，則不知名實之合離」。〔註 172〕「仁
義之名」之立，使「無其實」者能夠以「名」居之，在覬覦「仁義之名」的成
心趨動之當下，「名」遂爲誆騙天下的詐術而已。〔註 173〕歸根究柢而言，船山
莊學以爲世人能夠執泥於「仁義之名」，乃是聖人以「有爲之心」立「仁義之名」
之故。更令人擔慮的是：

以己之德而使天下順之安之，興其治化，是亦以德冒天下，而德衰
矣。所謂德者，心之所然，非必天下之然也。心既生矣，識益發矣，
不極乎文而不止。文者，人情之所本無，以滅質而溺心，則人皆盡
忘其初，而從吾心之所好，是以知亂天下之恬，惑亂之所以日滋也。
（《莊子解・刻意》，《船山全書》第 13 冊，頁 266）

聖人若欲以「己之德」框限天下，遂立「文者」使天下人順之，殊不知文滅
其質而「人皆盡忘其初」。是故，「聖人有爲之心」實是造成世人「從吾心之
所好」而「以知亂天下之恬」，此即「此有虞之治所以三降而成乎戰國之兵爭
也」〔註 174〕之因。

　　歸結本節所論，船山莊學所批判的負面性之德，實非否定德形、德名之存
在，而是針砭執泥於德形、德名之成心。人若能刳去心知以懷含天光，人則無

〔註 171〕船山解〈天地〉言，「遊乎冥默，登乎高曠，幾與天地通矣。然因此以通乎事
而明民，則抑有陰陽以遂群生之情也，而玄同圓運之德喪矣。蓋終忘其獨而
攖人之心。心知也，聰明也，文言也，皆強索而不能遇者也」（《船山全書》
第 13 冊，頁 221）。
〔註 172〕王船山：《莊子通・駢拇》，《船山全書》第 13 冊，頁 504。
〔註 173〕《後漢書・張湛例傳》記載言，「張湛……矜嚴好禮，動止有則，居處幽室，
必自修整，雖遇妻子，若嚴君焉。及在鄉黨，詳言正色，三輔以爲儀表。人
或謂湛詐僞。湛聞而笑曰：『我誠詐也。人皆詐惡，我獨詐善，不亦可乎！』」
（《後漢書》卷 17，頁 414），此段文字正可印証內文所述之「詐」。
〔註 174〕王船山：《莊子解・天地》，《船山全書》第 13 冊，頁 235。

非天，隨寓而化成，無可亦無不可，德形或德名即能「用無不適」，〔註 175〕又豈是被否定者？要言之，船山莊學所體證之「德」，顯然是超越德形、德名之「德」，而「超越」是生命提昇至更高層次，非是消解德形、德名之存在。是故，吾人不可誤認船山莊學是否定德形或德名，其只是規勸世人不可自陷於「成心」而已。

## 第五節　本章結論

　　牟宗三曾言，「講文獻的途徑，第一步要通句意，通段落，然後形成一個恰當的概念，由恰當的概念再進一步，看看這一概念屬於那一方面的問題」，〔註 176〕誠如牟先生所論，本篇論文的二、三兩章，實是「通句意，通段落」之基礎工夫，藉由相關論証進而架構出「神」這個核心義理。本章則是進一步的闡釋，旨在透過融通孔、莊之「德」，進而釐清船山莊學以「神」貫穿全文之價值意義。

　　船山莊學所體證之「德」，實是含載「合於天德」、「不滑和者德也」及「德者自得」等義。又這種「德」之意涵，非是單純「以儒通莊」、「自立一宗」可以詮釋的，其旨在申明個體生命各自安頓於適切的位置，此種各自安頓的當下，即可完成天地萬有之和諧狀態，故「德」非是殊異性的相互牴牾，而是豁顯各適其得的整體和諧。然復須知，船山莊學所揭示之「德」，實是一種最根本的通義，是故此「德」無論置放於莊書義理，抑或視爲《論語》義理之一部份，甚至用之觀照老子「上德不德」，皆無不可。換言之，本章所抉發的「融通」之義，並非斷言孔、莊之「德」的全然等同，而是申明孔、莊的根本處之融通。

　　事實上，本章對「德」之剖析論証，已然察見船山莊學不僅是「入其壘，襲其輜，暴其恃，而見其瑕矣」，〔註 177〕更有其「見其優」的正面意義。所謂「見其優」，即是船山莊學所詮釋之「德」，直接關注於最根本處，而此根本處正可提供融通孔、莊之「德」之可能。是故，船山莊學以「神」解通莊書的價值，即是以「神」疏通各個義理環節，最終轉化成一套船山所體證的完善義理。

---

〔註 175〕王船山：《莊子解·齊物論》，《船山全書》第 13 冊，頁 105。
〔註 176〕牟宗三：〈研究中國哲學之文獻途徑〉，《鵝湖月刊》（第 11 卷第 1 期），頁 6。
〔註 177〕王船山：《老子衍》，《船山全書》第 13 冊，頁 15。

# 第五章　結　論

　　綜合前文所論，船山莊學實以「神」作爲義理核心，這種獨特的詮釋視野，不僅呈現出船山有別於前人解通莊書的意蘊，亦可彰顯船山莊學在船山義理中的定位及價值。其次，本文緊扣著「神」所進行的論述，主要是補足船山莊學研究之缺塊，冀望提供實質上的貢獻；不過，除了已完成的研究成果之外，仍有部份問題尚未處理，是以期許未來能夠廓清。因此，本文結論即以「船山莊學在船山義理中的定位及價值」、「研究成果與未來展望」作爲收束：

## 一、船山莊學在船山義理中的定位及價值

　　有關船山莊學在船山義理中之定位，曾昭旭以爲「船山於聖學中爲莊子置一席地也」，〔註1〕又「然道家之虛與儒家之實，則其間正無截然之分際，而可以引而通之者，唯待其人以善通之耳」，〔註2〕按曾氏所言，船山莊學在船山義理中的定位，顯然是收攝在「儒學義理」之中，意即存在價值是附屬性質的。基本上，筆者並不否定此種說法，船山莊學實有聯結儒、莊義理之效用；然而，除了此種思考之外，吾人更可從「船山莊學」直接抉發其存在價值。這種價值肯定，乃是將關注置放在船山莊學本身，而非必然納入儒學的架構中才見其意義。所謂「船山莊學」之價值，簡單而言，即是落在的豐富船山義理上，「豐富」不同於「收攝」，「收攝」是有層次高低之區別，「豐富」卻是多種樣態的呈現。正如本文第四章所論之「德」，船山莊學所抉發者，乃是最基本、最原始之「德」，

---

〔註 1〕 曾昭旭：《王船山哲學》，頁 242。
〔註 2〕 曾昭旭：《王船山哲學》，頁 246。

在此「德」的義涵之中，沒有儒、道高低分判，而是不同樣貌的各適其「德」。換言之，船山莊學在船山義理中，具有特別的價值意義，象徵船山思路的開放性，而非陷溺於一般俗儒的迂腐；而且，此種開放性的思考邏輯，更可逆證船山義理的客觀眞實，並非單純是其所是、非其所非。

## 二、研究成果與未來展望

無可諱言的，船山莊學以「神」爲核心的看法，船山之子王敔已有覺察，故非筆者之創見；不過，令人感到弔詭的是，無論是王敔或林文彬皆無詳加闡釋，甚至直接視爲想當然爾之實。因此，本文的主要論証，即是廓清「神」在船山莊學中的核心意義。本文先是透過「神」與「氣」的關係，闡釋「神」的普遍性及特殊性，進而以「神——心知——形」及「神——明——知」的義理架構，豁顯「神」的核心地位。其次，則是分就「遊」及「體用不二」，抉發「凝神」的整全義涵，乃是架構在境界與活動不二之中。更重要的是，「人」在歸復天人貫通的凝神當下，所謂「生命安頓」並非是抽離於「人」的存在場域。換言之，船山莊學所揭示之「神」或「凝神」，並非孤懸於「天」而是落實在「人」。按此，本文論証大致可以釐清兩項疑議：其一，吾人透過文本爬梳及剖析，已然澈見「神」在船山莊學的義理架構中，確實具有核心樞紐的地位。其二，船山莊學所論之「神」，並非只是落在「太虛神體」，〔註3〕其所體證之「神」更是緊扣著「人」，如此方能不違船山重視「人道」之旨。

本文的開展論証，則是處理船山莊學的義理歸屬問題。前人或言「以儒通莊」，或言「自立一宗」，然而本文透過對「德」的解析，發見在以「神」爲核心的義理系統之中，船山莊學乃是關注於最根本的通義上，此種根本通義的詮釋方式，實是提供融通各家各說之可能，意即豁顯出船山莊學並非著重於義理層次高低之分判，更遑論是執意於某一端。換言之，船山以「神」解通莊書，並非只是單純揀取一個「概念」貫穿整個詮釋系統。在以「神」爲核心的義理系統中，船山莊學重新界定義理概念，進而形成一套船山所體證的完善義理。因此，船山莊學以「神」爲核心的詮釋基點，實是有別於一

---

〔註 3〕 林文彬以「太虛之神」言船山莊學之「神」，並視爲莊子天人之學之基。此論是承續《正蒙注》的義理而生，實非《莊子解》或船山莊學的意涵。船山莊學所示之「神」，主要關注乃是落在「人」而言。有關林氏的說法，可以參閱第二章第一節的第四點「林文彬《王船山莊子解》。

般解注莊書者，可謂是匠心獨運的詮釋型態。總之，本文與前賢論証最大不同處，乃是透過「神」這個核心概念，對於船山莊學作一整體性之觀照，而非割裂式的分解閱讀，意即提供船山莊學研究的另一種切入視野。

有關以「神」爲核心的說法，或許有人會質疑「核心觀點」的認定是否妥當合宜？所謂核心觀點，實是汲取文本中的一個重要概念，再藉由此一重要概念貫穿文本，使得吾人在閱讀或詮釋之際，具有較系統性的理解視域。然而，不可諱言的，此種義理架構皆是研究者的體証及爬梳。因此，詮釋方式有著基本上的侷限，意即核心概念並非直接出於文本，如船山莊學並未明言「神」是義理核心。換言之，在吾人預設的核心觀點之外，他人若能進行合理推衍，亦可預設另一核心觀點。誠然，筆者研究船山莊學之際，無意否定此種可能性，不過必須強調的是，在學術研究的進行中，預設是必然且應然之事，若無預設，研究則無從著手。而且，學術研究本是多元性的，只要能夠合乎邏輯推理，採取任何詮釋方式，又未嘗不可。

最後，筆者在研讀船山莊學的過程中，尚有發見兩個議題：其一，船山解〈庚桑楚〉言「見天之謂誠，誠己之謂成」，〔註4〕解〈天下〉言「蓋君子所希者聖，聖之熟者神，神固合於天均」，〔註5〕「誠」、「聖」顯然與「神」有其密切關係、而「誠」與「聖」又是傳統儒學的重要義理，因此船山如何界定這三者的關係，實能拓展出新的議題。不過，此議題牽動層面甚大，實非筆者能力所及，冀望前賢後進有朝一日能夠廓清。其二，本文第四章曾申明船山莊學所論之「德」，乃是一種根本處之通義，進而融通孔、莊之「德」。不過，筆者亦有強調此「融通」非是全然等同，因此並非否定船山莊學以爲莊子缺乏「立人道之極」。又，筆者以爲未「立人道之極」非是無有人道，所謂「極」，實是指明「不完善」之意，亦即是「有」而不夠完善，然而究竟何處不完善，船山莊學卻未有明言。曾昭旭對此問題有一套說解，曾氏言儒是立實存之體，進而區別於莊子的無體之體。不過，筆者以爲曾氏之說，尚有討論空間，「無體之體」〔註6〕的詮釋方式，「無」非是全完剗除，只是將「體」化入「用」，此「寓體于用」的呈現型態，船山解〈齊物論〉已言「夫緣用而體始不可廢，如不適於用而立其體，駢母枝指而已。達者不立體而唯用之適」，

〔註4〕 王船山：《莊子解·庚桑楚》，《船山全書》第 13 冊，頁 358。
〔註5〕 王船山：《莊子解·天下》，《船山全書》第 13 冊，頁 465。
〔註6〕 王船山：《莊子解·天下》，《船山全書》第 13 冊，頁 466。

〔註7〕另外解〈天下〉「乃自處于無體之體，以該群言，而捐其是非之私，是以卮言日出之論興焉，所以救道于裂」〔註8〕之文字描述，亦是正面性的論述，因此不宜視作負面批判其無「體」。總之，有關船山莊學言莊不同於「君子之學」，乃是在於未「立人道之極」或「憚於力行」，然而在船山莊學的文字敘述中，卻未明言其因，是故筆者不敢妄下論斷，僅將此議題存而不論。

---

〔註7〕 王船山：《莊子解‧齊物論》，《船山全書》第13冊，頁105。
〔註8〕 王船山：《莊子解‧天下》，《船山全書》第13冊，頁466。

# 參考書目

編列順序依據出版時間而訂

## 一、專　書

1. 張西堂：《王船山學譜》，臺北：臺灣商務印書館，1967 年。
2. 方以智：《藥地炮莊》，嚴靈峰：《無求備齋莊子集成初編》卷 17，臺北：藝文書局，1972 年。
3. 胡文英：《莊子獨見‧莊子論略》，嚴靈峰：《無求備齋莊子集成初編》卷 21，臺北：藝文書局，1972 年。
4. 王孝魚：《船山學譜》，臺北：廣文書局，1975 年。
5. 余英時等著：《中國哲學思想論集：清代篇》，臺北：牧童出版社，1976 年。
6. 牟宗三：《中西哲學之會通十四講》，臺北：台灣學生書局，1980 年。
7. 戴洪森箋注：《姜齋詩話》，北京：人民文學出版社，1981 年。
8. 陳鼓應：《莊子今註今譯》，臺北：臺灣商務印書館，1981 年。
9. 牟宗三：《中國哲學十九講》，臺北：台灣學生書局，1983 年。
10. 牟宗三：《圓善論》，臺北：台灣學生書局，1985 年。
11. 唐君毅：《生命存在與心靈境界》（共兩冊），臺北：臺灣學生書局，1986 年。
12. 陳鼓應：《老子今註今譯》，臺北：臺灣商務印書館，1986 年。
13. 楊祖漢：《儒家與康德的道德哲學》，臺北：文津出版社，1987 年。
14. 王邦雄：《儒道之間》，臺北：漢光文化有限公司，1989 年。
15. 蔡仁厚：《儒學的常與變》，臺北：東大圖書公司，1990 年。

16. 林聰舜:《明清之際儒家思想的變遷與發展》,臺北:台灣學生書局,1990年。

17. 中村元著、徐復觀譯:《中國人之思維方法》,臺北:臺灣學生書局,1991年。

18. 林安梧:《王船山人性史哲學之研究》,臺北:東大圖書公司,1991年。

19. 憨山德清:《莊子內篇註》,臺北:廣文書局,1991年。

20. 錢穆:《莊老通辨》,臺北:東大圖書公司,1991年。

21. 楊儒賓:《莊周風貌》,臺北:黎明文化有限公司,1991年。

22. 唐君毅:《中國哲學原論:原性篇》,臺北:台灣學生書局,1991年。

23. 唐君毅:《中國哲學原論:原道篇》卷一,臺北:台灣學生書局,1992年。

24. 吳光明:《莊子》,臺北:東大圖書公司,1992年。

25. 曾昭旭:《在說與不說之間》,臺北:漢光文化出版社,1992年。

26. 楊祖漢:《儒家的心學傳統》,臺北:文津出版社,1992年。

27. 李紀祥:《明末清初儒學之發展》,臺北:文津出版社,1992年。

28. 阿部正雄著、王雷泉與張汝倫譯:《禪與西方思想》,臺北:桂冠圖書公司,1992年。

29. 王煜:《老莊思想論集》,臺北:聯經出版社,1993年。

30. 黃俊傑閱、陳榮捷編:《中國哲學文選編》下冊,臺北:巨流圖書公司,1993,頁815～823年。

31. 唐君毅:《中國哲學原論:原道篇》卷二,臺北:台灣學生書局,1993年。

32. 唐君毅:《中國哲學原論:原論篇》卷二,臺北:台灣學生書局,1993年。

33. 唐君毅:《中國哲學原論:導論篇》,臺北:台灣學生書局,1993年。

34. 胡楚生:《清代學術史研究》,臺北:臺灣學生書局,1993年。

35. 郭慶藩編、王孝魚整理:《莊子集釋》(共兩冊),臺北:萬卷樓圖書公司,1993年。

36. 鄭世根:《莊子氣化論》,臺北:台灣學生書局,1993年。

37. 張默生:《莊子新釋》,臺北:明文書局,1994年。

38. 蔡仁厚:《中國哲學的反省與新生》,臺北:正中書局,1994年。

39. 熊十力:《佛家名相通釋》,臺北:明文書局,1994年。

40. 王船山:《莊子通・莊子解》,臺北:里仁書局,1995年。

41. 勞思光:《新編中國哲學史》(共四冊),臺北:三民書局,1996年。

42. 羅光：《王船山形上學思想》，《羅光全書》卷 18，臺北：台灣學生書局，1996 年。

43. 曾昭旭：《王船山哲學》，臺北：遠景出版公司，1996 年。

44. 熊十力：《體用論》，北京：中華書局，1996 年。

45. 李澤厚：《華夏美學》，臺北：三民書局，1996 年。

46. 李明輝主編：《儒家思想的現代詮釋》，臺北：中國文哲研究所籌備處，1997 年。

47. 唐君毅：《中國文化之精神價值》，臺北：正中書局，1997 年。

48. 楊儒賓：《中國古代思想中的氣論及身體觀》，臺北：正中書局，1997 年。

49. 劉瀚平：《儒家心性與天道》，臺北：商鼎文化出版社，1997 年。

50. 袁爾鉅：《大儒列傳：王夫之》，吉林：文史出版社，1997 年。

51. 杜保瑞：《莊周夢蝶》，臺北：書泉出版社，1997 年。

52. 王船山：《船山全書》，長沙：嶽麓書社，1998 年。

53. 苗潤田：《中國儒學史·明清卷》，廣東：教育出版社，1998 年。

54. 徐復觀：《中國藝術精神》，臺北：台灣學生書局，1998 年。

55. 牟宗三：《中國哲學的特質》，臺北：臺灣學生書局，1998 年。

56. 錢穆：《中國學術思想論叢（五）》，《錢賓四先生全集》第 22 冊，臺北：聯經出版社，1998 年。

57. 楊儒賓：《儒家身體觀》，臺北：中央研究院文哲所籌備處，1999 年。

58. 張麗珠：《清代義理學新貌》，臺北：里仁書局，1999 年。

59. 趙園：《明清之際士大夫研究》，北京：北京大學出版社，1999 年。

60. 徐復觀：《中國人性論史：先秦篇》，臺北：台灣商務印書館，1999 年。

61. 葉朗：《中國美學史》，臺北：文津出版社，1999 年。

62. 北京大學哲學系編：《中國哲學的詮釋與發展》，北京：北京大學出版社，1999 年。

63. 劉志盛、劉萍：《王船山著作叢考》，湖南：人民出版社，1999 年。

64. 王先謙：《莊子集解》，臺北：三民書局，1999 年。

65. 陳鼓應：《莊子哲學》，臺北：台灣商務書局，1999 年。

66. 姜聲調：《蘇軾的莊子學》，臺北：文津出版社，1999 年。

67. 張立文：《船山哲學》，臺北：七略出版社，2000 年。

68. 梁啓超：《清代學術概論》，上海：上海古籍出版社，2000 年。

69. 錢穆：《學術思想遺稿》，臺北：蘭臺出版社，2000 年。

70. 高柏園：《莊子內七篇思想研究》，臺北：文津出版社，2000 年。

71. 錢穆：《論語新解》爲政篇，臺北：東大圖書公司，2000 年。

72. 錢穆：《孔子與論語》，臺北：素書樓文教基金會，2000 年。

73. 吳冠宏：《聖賢典型的儒道義蘊試詮》，臺北：里仁書局，2000 年。

74. 朱哲：《先秦道家哲學研究》，上海：上海人民出版社，2000 年。

75. 李大華：《生命存在與境界超越》，上海：上海文化出版社，2001 年。

76. 錢穆：《中國思想史》，臺北：蘭臺出版社，2001 年。

77. 李大華：《生命存在與境界超越》，上海：上海文化出版社，2001 年。

78. 池田知久：《莊子：「道」的思想及其演變》，黃華珍譯，臺北：國立編譯館，2001 年。

79. 葛兆光：《中國思想史》，上海：復旦大學出版社，2001 年。

80. 張立文：《正學與開新——王船山哲學思想》，北京：人民出版社，2001 年。

81. 胡發貴：《王夫之與中國文化》，貴州：人民出版社，2001 年。

82. 章啓輝：《曠世大儒：王夫之》，河北：人民出版社，2001 年。

83. 蕭萐父、許蘇民合著：《王夫之評傳》，南京：南京大學出版社，2002 年。

84. 鍾泰：《莊子發微》，上海：上海古籍出版社，2002 年。

85. 杜維明：《論儒學的宗教性》，《杜維明文集》卷 3，武漢：武漢出版社，2002 年。

86. 曾昭旭：《存在感與歷史感：論儒學的實踐面相》，臺北：台灣商務印書館，2003 年。

87. 曾振宇：《中國氣論哲學研究》，山東：山東大學出版社，2003 年。

88. 張麗珠：《清代新義理學：傳統與現代的交會》，臺北：里仁書局，2003 年。

89. 葛瑞漢（A.C.Graham）著、張海晏譯：《論道者：中國古代哲學論辨》，北京：中國社會科學出版社，2003 年。

90. 張學智：《明代哲學史》，北京：北京大學出版社，2003 年。

91. 嚴壽澂：《近世中國學術通變論叢》，臺北：國立編譯館，2003 年。

92. 王德有：《莊子神遊》，香港：中華書局，2003 年。

93. 包兆會：《莊子生存美學研究》，南京：南京大學出版社，2004 年。

94. 唐君毅：《中國哲學原論：原教篇》，臺北：臺灣學生書局，2004 年。

95. 孫以楷主編：《道家與中國哲學·魏晉南北朝卷》，北京：北京出版社，2004 年。

96. 陳來：《詮釋與重建：王船山的哲學精神》，北京：北京大學出版社，2004 年。

97. 吳海慶：《船山美學思想研究》，河南：人民出版社，2004 年。

98. 牟宗三：《智的直覺與中國哲學》，《牟宗三先生全集》卷 20，臺北：聯經出版社，2004 年。

99. 王邦雄：《中國哲學論集》，臺北：臺灣學生書局，2004 年。

100. 錢穆：《國學概論》，北京：商務印書館，2004 年。

101. 牟宗三：《宋明儒學的問題與發展》，上海：華東師範大學出版社，2004 年。

102. 牟宗三：《生命的學問》，廣西：廣西師範大學出版社，2005 年。

103. 王邦雄等人合撰：《中國哲學史》（共兩冊），臺北：里仁書局，2005 年。

## 二、期刊論文

1. 曾昭旭：〈論王船山之即氣言體（上）〉，《鵝湖月刊》第 1 卷第 10 期，1976 年 4 月，頁 8～14。

2. 曾昭旭：〈論王船山之即氣言體（下）〉，《鵝湖月刊》第 1 卷第 11 期，1976 年 5 月，頁 22～26。

3. 王家儉：〈晚明的實學思潮〉，《漢學研究》第 7 卷第 2 期，1989 年 12 月，頁 279～300。

4. 徐師聖心：〈真人不夢與莊周夢蝶〉，《中國文學研究》第 5 期，1991 年 5 月，頁 65～93。

5. 張懷承：〈自然與道德──王船山的理欲之辨〉，《孔孟月刊》第 30 卷 12 期，1992 年 8 月，頁 13～22。

6. 張懷承：〈王船山天人之道學說的倫理價值〉，《中國文化月刊》第 161 號，1993 年 3 月，頁 25～39。

7. 王澤應：〈王夫之與康德人學思想之比較研究〉，《中國文化月刊》第 164 號，1993 年 6 月，頁 41～63。

8. 杜保瑞：〈從氣論進路說到船山的人道論思想〉，《哲學與文化》第 20 卷第 9 期，1993 年 9 月，頁 935～949。

9. 潘小慧：〈從王船山的本體論看其人性論〉，《哲學與文化》第 20 卷第 9 期，1993 年 9 月，頁 935～949。

10. 張懷承：〈王船山由「道」入「德」論簡議〉，《鵝湖月刊》第 19 卷 10 期，1994 年 4 月，頁 21～27。

11. 張懷承：〈王船山道德價值論精華〉，《孔孟學報》第 68 期，1994 年 9 月，235～259。

12. 曾昭旭：〈王船山兩端一致論衍義〉，《鵝湖月刊》第 21 卷第 1 期，1995 年 7 月，頁 9～13。

13. 賀興武：〈論王夫之的"物質不滅"思想〉，《船山學刊》，1995 年第 2 期，頁 65～69。

14. 雷國梁：〈略論王夫之對矛盾同一性的理解〉，《江漢論壇》，1996 年第 6 期，頁 31～8。

15. 袁爾鉅：〈"歷憂患而不窮，處死生而不亂"——論王夫之的人性觀〉，《船山學刊》，1996 年第 2 期，頁 1～8。

16. 劉鄂培：〈論孟子的認識論——反映論、可知論——兼論從孟子到王夫之中國古代識識論的唯物傳統〉，《船山學刊》，1996 年第 2 期，頁 74～90。

17. 蔡振豐：〈「離形」與「去知」——「聽之以耳，聽之以心，聽之以氣」的詮釋〉，《臺大中文學報》第 8 期，1996 年 4 月，頁 219～236。

18. 林安梧：〈明末清初關於「格物致知」的一些問題——以王船山人性史哲學為核心的宏觀理解〉，《中國文哲研究集刊》第 15 期，1999 年 9 月，頁 313～336。

19. 周大興：〈王坦之〈廢莊論〉的反莊思想：從玄學與反玄學、莊學與反莊學的互動談起〉，《中國文哲研究集刊》第 18 期，2001 年 3 月，頁 269～323。

20. 林安梧：〈從「牟宗三」到「熊十力」再上溯「王船山」的哲學可能——後新儒學的思考向度〉，《鵝湖月刊》第 27 卷第 7 期，2002 年 01 月，頁 16～30。

21. 陳祺助：〈王船山論惡的問題——以情才為中心的分析〉，《鵝湖月刊》第 28 卷第 3 期，2002 年 9 月，頁 25～33。

22. 陳立驤：〈王船山天道論性格之衡定〉，《鵝湖月刊》第 28 卷第 4 期，2002 年 10 月，頁 29～38。

23. 徐師聖心：〈莊子尊孔論〉，《臺大中文學報》第 17 期，2002 年 12 月，頁 21～66。

24. 陳來：〈道學視野下的船山心性學（上）——以《讀四書大全說》的大學部分為中心〉，《鵝湖月刊》第 28 卷第 12 期，2003 年 6 月，頁 7～14。

25. 陳來：〈道學視野下的船山心性學（下）——以《讀四書大全說》的大學部分為中心〉，《鵝湖月刊》第 29 卷第 1 期，2003 年 7 月，頁 8～17。

26. 鄭小江：〈論王船山的生死哲學〉，《孔孟月刊》第 42 卷第 3 期，2003 年 11 月，頁 38～47。

27. 王興國：〈船山學研究的新進展〉，《中國哲學》，2003 年第 7 期，頁 100～102。

28. 張學智：〈王夫之的格物知性與由性生知〉，《中國哲學》，2003 年第 9 期，頁 49～55。

29. 陳來：〈王船山《論語》詮釋中的氣質人性論〉，《中國哲學》，2003 年第 10 期，頁 63～70。

30. 陳來：〈王船山的氣善論與宋明儒學氣論的完成〉，《中國哲學》，2003 年第 11 期，頁 12～26。

31. 陳來：〈船山的「中庸」首章詮釋及其思想（上）〉，《鵝湖月刊》第 29 卷第 7 期，2004 年 1 月，頁 11～16。

32. 鄭富春：〈物我一原，死生一致 —— 船山《正蒙注》生死觀初探〉，《鵝湖月刊》第 29 卷第 7 期，2004 年 1 月，頁 55～64。

33. 陳來：〈船山的「中庸」首章詮釋及其思想（下）〉，《鵝湖月刊》第 29 卷第 8 期，2004 年 2 月，頁 10～18。

34. 林文彬：〈王船山援莊入儒論〉，《興大人文學報》第 34 期，2004 年 6 月，頁.223～246。

35. 嚴壽澂：〈“兩行”與治道 —— 讀王船山《莊子解》〉，《中國哲學》，2004 年第 4 期，頁 84～95。

36. 劉昌佳：〈王船山的「以物爲師」論〉，《逢甲人文社會學報》第 9 期，2004 年 12 月，頁 41～60。

37. 孫世民：〈王船山生命實學論〉，《國文學誌》，2004 年 12 月，頁 167～199。

38. 孫敏強：〈儒道互補歷史原因管窺〉，《中國哲學》，2004 年第 2 期，頁 42～46。

39. 丁懷軫：〈從塵世的超越到精神的逍遙〉，《中國哲學》，2004 年第 7 期，頁 42～49。

40. 劉笑敢：〈莊子之苦樂觀及其啓示〉，《漢學研究》第 23 卷第 1 期，2005 年 6 月，頁 107～129。

41. 唐亦男：〈王夫之通解莊子「兩行」說及其現代意義〉，《鵝湖月刊》第 30 卷第 9 期，2005 年 3 月，頁 22～27。

42. 林啓屏：〈古代文獻中的「德」及其分化 —— 以先秦儒學爲討論中心〉，《清華學報》新 35 卷第 1 期，2005 年 6 月，頁 113。

## 三、學位論文

1. 李增財：《從讀通鑑論宋論淺窺王船山的思想》，臺北：私立輔仁大學哲學研究所碩士論文，1972 年 6 月。

2. 林文彬：《王船山莊子解研究》，臺北：國立臺灣師範大學國文研究所碩士論文，1985 年。

3. 劉榮賢：《王船山張子正蒙注研究》，臺中：私立東海大學中文研究所碩士論文，1985 年。

4. 徐師聖心：《莊子「三言」的創用及其後設意義》，臺北：國立臺灣大學中文研究所博士論文，1997 年。

5. 李美惠：《王船山人性論之研究》，新竹：國立中央大學中文研究所碩士論文，1997 年。

6. 傅淑華：《王船山《老子衍》之研究》，新竹：國立中央大學中文研究所碩士論文，2000 年。

7. 劉用端：《船山《論語》詮釋之研究》，臺北：國立臺灣師範大學國文研究所博士論文，2002 年。

8. 莊凱雯：《王船山《讀四書大全說》研究——由心性論到知人之學》，臺中：私立東海大學中文研究所碩士論文，2002 年。

9. 鄭雪花：《非常行旅：〈逍遙遊〉在變世情境中的詮釋景觀》，臺南：國立成功大學中國文學研究所博士論文，2005 年。

10. 周芳敏：《王船山「體用相涵」思想之義蘊及其開展》，臺北：國立政治大學中文研究所博士論文，2005 年。

# 附錄一：船山生平大事紀及重要著作

| 分期〔註1〕 | 西元 | 年齡 | 大　事　紀〔註2〕 | 著　作〔註3〕 |
|---|---|---|---|---|
| 奮發為學尋功名 | 1619 | 1 | 生於明萬曆四十七年。 | |
| | 1622 | 4 | 入家塾，從長兄石崖先生讀書。 | |
| | 1625 | 7 | 從長兄石崖受讀，學畢《十三經》。 | |
| | 1627 | 9 | 父武夷先生家居，船山稟承庭訓。 | |
| | 1632 | 14 | 考中衡陽秀才，並且入縣學深造。 | |
| | 1633 | 15 | 與其兩位兄長（石崖、礦齋），共往武昌應鄉試，然而未能及第。 | |
| | 1634 | 16 | 跟從叔父王廷聘開始學為詩，始從里中和四聲者問韻。〔註4〕 | |

〔註1〕　本文所述的三個分期，乃是依據曾昭旭在《王船山哲學》中之分期法（頁 8～37），即 24 歲以前、24～35 歲及 35 歲以後等三期。

〔註2〕　有關本文所述之船山略傳，主要參考文獻如下：王敔：〈大行府君行述〉（《船山全書》第 16 冊，長沙：嶽麓書社出版，1996 年，頁 69～85）張西堂：《王船山學譜》（台北：商務印書館，1972 年）、劉毓崧：《王船山先生年譜》（《船山全書》第 16 冊，頁 137～275）、王之春：《船山公年譜》（《船山全書》第 16 冊，頁 276～385）、曾昭旭：《王船山哲學》（台北：遠景出版社，1996 年）、胡發貴：《王夫之：王夫之與中國文化》（大陸：貴州人民出版社，2001 年）等書。

〔註3〕　張西堂於《王船山學譜》之〈著述考〉中，曾言「先生著述凡百餘種。其著錄有名者，凡經類二十五種，史類五種，子類十八種，集類四十一種，已共八十八種。而如《家世節錄》之類，併在文集之中計算；其他佚亡不可考者，諒亦甚多。《王譜》據《家譜》所稱前後著書百餘種之說，概為實錄。」（頁 171）有關著作之成書年代，本文除了參考張西堂《王船山學譜》之外，另有參酌劉志盛、劉萍《王船山著作叢考》（大陸：湖南人民出版社，1999 年）及袁爾鉅《大儒列傳王夫之》（大陸：吉林文史出版社，1997 年）。

〔註4〕　見於船山〈述病枕憶得〉，引於理之春：《船山公年譜》（《船山全書》第 16 冊，

| | | | |
|---|---|---|---|
| 1636 | 18 | 湖廣提學僉事水佳允科試衡州府，船山列一等第一名。<br>再與長兄共應武昌鄉試，然落第。 | |
| 1637 | 19 | 從牧石先生讀史。 | |
| 1638 | 20 | 娶元配陶孺人，〔註5〕讀書岳麓，加入友人鄺鵬升所組之「行社」 | |
| 1639 | 21 | 與郭鳳躚、管嗣裘等人結業匡社。<br>與兩位兄長赴武昌鄉應鄉試，落榜。 | |
| 1642 | 24 | 湖廣提學僉事高世泰科試衡郡，船山列為一等。又刑部郎中蔡鳳，徵會文課，船山蒙特獎。是年，與長兄再赴武昌應試，以春秋中式第五名掄魁。 | |
| 為<br>國<br>奔<br>走<br>欲<br>抗<br>清 | 1644 | 26 | 清兵5月入北京，9月定都北京，王船山遭逢國變，遂作〈悲憤詩〉。 | 〈悲憤詩〉 |
| | 1645 | 27 | 居「續夢菴」，聞福王降，續《悲憤詩》一百韻。 | 〈續悲憤詩〉 |
| | 1646 | 28 | 讀《周易》，且受父命編撰《春秋家說》，而元配陶氏亦在是年逝世。 | 〈陶孺人像贊〉<br>〈悼亡詩〉 |
| | 1648 | 30 | 與管嗣裘等人衡山起義，兵敗。 | |
| | 1649 | 31 | 認識方以智。〔註6〕 | |
| | 1650 | 32 | 受瞿式耜之推荐，擔任永歷政權的「行人司行人」，娶繼室鄭孺人。 | |
| | 1651 | 33 | 由桂林返回衡陽。 | |
| | 1652 | 34 | 徙居耶薑山側。 | |
| 歸<br>隱<br>山<br>林<br>疏<br>百<br>經 | 1653 | 35 | | 〈章靈賦〉 |
| | 1655 | 37 | 變性名為猺人，隱於常甯西莊園。<br>是年春，客寓興甯晉甯寺，<br>且為從遊者說解春秋。 | 《周易外傳》<br>《老子衍》 |
| | 1656 | 38 | 居常甯西莊園，冬還衡陽雙髻峰。 | 《黃書》 |
| | 1657 | 39 | 是年夏，徙居衡陽蓮花峰下之續夢庵。 | |
| | 1658 | 40 | | 〈家世節錄〉 |

頁291）。

〔註5〕據劉毓崧《王船山先生年譜》之記載，見於《船山全書》第16冊，頁155。

〔註6〕船山與方以智交情甚篤，兩人相識之後，多有書信往返，如船山詩作〈寄懷青原藥翁〉、〈得青原書〉及〈十二時歌和青原藥地大師〉……等等。甚至，方以智遇難之後，船山寫〈聞極丸翁凶問不禁狂哭痛定輒吟二章〉及〈廣哀詩──青原極丸老人前大學士方公以智〉悼哀之。

| | | | |
|---|---|---|---|
| | 1660 | 42 | 徙居湘西金蘭鄉，造小室「敗葉盧」。 | |
| | 1661 | 43 | 繼室鄭孺人卒。 | 〈來時路悼亡詩〉〈岳峰悼亡詩〉〈續哀雨詩〉 |
| | 1662 | 44 | 吳三桂絞殺南明永歷帝於昆明，南明永歷政權亡。王船山續「悲憤詩」。 | 〈續悲憤詩〉 |
| | 1663 | 45 | | 《尚書引義》 |
| 歸隱山林疏百經 | 1665 | 47 | | 《讀四書大全說》 |
| | 1668 | 50 | | 《春秋家說》《春秋世論》 |
| | 1669 | 51 | 定居於觀生居。是年夏，與唐端笏遊，為之剖析學術源流。另納側室。船山自行將戊子（清順治五年）以來之古近體詩，集結為《五十自定稿》。 | 《五十自定稿》 |
| | 1671 | 53 | 好友方以智屢勸船山逃禪，然船山不允，作〈極丸老人書所示劉安禮詩垂寄情見乎詞愚一往吃吶無以奉艙聊次其韻述懷〉。 | 〈極丸老人書所示劉安禮詩垂寄情見乎詞愚一往吃吶無以奉艙聊次其韻述懷〉 |
| | 1672 | 54 | 重訂《老子衍》 | |
| | 1674 | 56 | 三蕃抗清，船山走訪上湘、衡山、洞庭等地， | |
| | 1675 | 57 | 於石船山築「湘西草堂」 | |
| | 1678 | 60 | 拒替吳三桂寫《勸進表》，而迫走深山。 | |
| | 1679 | 61 | 避兵於櫨林山中。 | 《莊子通》《六十自定稿》 |
| | 1681 | 63 | 自觀生居歸湘西草堂。 | 《相宗脈絡》《莊子解》〔註7〕 |

〔註 7〕有關《莊子解》的成書年代，歷來學者分為兩種看法，其一是張西堂在《王船山學譜》（台北：台灣商務印書館，1972 年）提出《莊子解》成書於《莊子通》之前；其二，曾昭旭《王船山哲學》以為《莊子解》成書晚於《莊子通》。然則，本文認為曾氏的論點較為合理，且觀其反駁張說之言，「張譜疑莊子解成書在莊子通之前，其於著述考莊子通條下云：『是書（按指莊子通）目次，徐無鬼、寓言、列禦寇，闕。無讓王以下四篇。是書之成，蓋晚于莊子解，莊子解三十三卷，雖以讓王以下四篇贗篇，不置說，而猶載原文，此則論已定矣，故目次更不列之也。』按僅此定莊子通後作，證據嫌未足。蓋二書體裁不同，莊子通屬札記之體，乃遷拪己意者，當無意可拪，自可從闕，而贗

| | 1682 | 64 | | 《說文廣義》<br>《噩夢》 |
|---|---|---|---|---|
| | 1684 | 66 | | 《俟解》 |
| | 1685 | 67 | | 《楚辭通釋》<br>《周易內傳》<br>《發例》<br>《張子正蒙注》 |
| 歸隱山林疏百經 | 1686 | 68 | 正月三十日，船山胞兄王介之病逝，船山抱病奔喪陽長樂鄉。 | 《傳家十四戒》<br>《石崖公傳略》<br>《爲家兄作傳略已示從子敞》 |
| | 1687 | 69 | 始撰《讀通鑑論》。 | |
| | 1688 | 70 | 重定《尙書引義》。<br>編定《七十自定稿》，並作序 | 《七十自定稿》 |
| | 1689 | 71 | 因年老衰病，船山自稱「船山病叟」，或「衰病老人」。 | |
| | 1691 | 73 | 王敔在〈大行府君行述〉曾言，「年七十三，久病喘嗽，而吟誦不衰。」 | 《宋論》<br>《讀通鑑論》<br>修定《張子正蒙注》<br>〈船山記〉 |
| | 1692 | 74 | 春正月初二日卒，葬衡陽縣金蘭鄉高節里大羅山。 | |

篇更不列目。至莊子解則注疏體，乃以原文爲主者，固不可以注者立場破裂原文，故讓王以下四篇雖判爲膺作而不注，仍當原文具列也。故此處不從張譜之見。蓋莊子解或作於莊子通之前，或在其後，而以理推之，則在後爲近也。」（頁 41）此外，倘若將兩作相互比較，實可察見《莊子解》所闡發之義理，明顯較爲深刻，應該精心力作，而《莊子通》則屬偶書雜記，體證略有不足。總括而論，本文採用曾昭旭的說法，將《莊子解》視爲船山六十三歲或此後數年間之作。

# 附錄二：王船山《詩經》學之開展運用

## 試析《宋論》中的「主體─《詩》─歷史」<sup>※</sup>

## 提　要

　　有關船山《詩經》學的研究，前人主要聚焦於《詩經稗疏》、《詩經考異》、《詩經叶韻辨》及《詩廣傳》等作品。無庸置疑的，這些研究實爲船山《詩經》學的重要基石，不過我們亦不能自守藩籬，以爲即是船山《詩經》學研究之全部。因爲，依據筆者的閱讀經驗，船山秉持著《論語》「不學詩，無以言」的儒學傳統，除了專門研究《詩經》的著作之外，亦在其它著作行文裏，善用《詩經》爲例、爲證。正緣此故，本文將欲討論《宋論》中的「主體──《詩》──歷史」，嘗試一窺船山《詩經》學之開展運用。全文論述概分爲二：其一「《宋論》引用《詩經》的四種樣態」，旨在說明船山於《宋論》之中，究竟如何引用《詩經》，這是基本層面的釐清；其二「《宋論》所呈現的『主體──《詩》──歷史』」，申明船山透過「主體」所內化之《詩》來檢證「歷史」，而其當下「主體」亦在此種普遍性的人之共思共感中反思自我。是以，無論「主體」、「詩」，抑或「歷史」的價值判斷，不再陷溺於各說各話。歸結而論，經由本文所討論的「主體──《詩》──歷史」，實可察見船山《詩》學在《宋論》上的展開運用。更重要的是，船山透過「主體」對《詩》的內化，與「歷史」產生聯結，進而更深刻地闡釋「詩」、「歷史」以及「主體」。

關鍵詞：王船山、宋論、船山詩經學、詩經、詩經學

---

※　本論文發表於「第三屆有鳳初鳴學術研討會」（2008 年 6 月 13 日）。

## 一、問題意識之緣起

　　基本上，有關王船山（1619～1692）〔註1〕《詩經》學的研究，〔註2〕前人主要聚焦於《詩經稗疏》、《詩經考異》、《詩經叶韻辨》及《詩廣傳》這四部作品，〔註3〕如陳章錫《王船山詩廣傳義理疏解》〔註4〕、林詩娟《王夫之《詩經稗疏》研究》〔註5〕、袁愈宗《《詩廣傳》詩學思想研究》〔註6〕……等等。無庸置疑的，上述研究實爲王船山《詩經》學研究的重要基石，不過吾人也不能自守藩籬，以爲即是王船山《詩經》學研究之全部。又，依據筆者的閱讀經驗，王船山顯然秉持著《論語‧季氏》「不學詩，無以言」〔註7〕的

---

〔註1〕王敔〈大行府君行述〉：「亡考船山府君，諱夫之，字而農，別號薑齋；中歲稱一瓠道人，更名壺；晚歲仍用舊名。居於湘西蒸左之石船山，自爲之記。蒸湘人士莫傳其學；間有就而問字者，稱爲船山先生。所評選有漢魏六朝詩一帙，四唐詩一帙，明詩一帙，古文一帙；緒論一帙，皆駁時尚而辨僞體，名曰夕堂永日。人士之贈答者，又稱夕堂先生焉。」（《船山全書》第16冊，長沙：嶽麓書社，1998年，頁70）。王船山之先世，本是揚州高郵人，明代永樂之初，有前人王成任官衡州衛，遂爲衡州之衡陽人。待明亡之時，船山本有反清復明之志，然而時局已變，勢不可逆矣，其後遂隱於湘西蒸左之石船山，世稱船山先生。

〔註2〕此處必須釐清一事，本文所言「船山《詩經》學」，乃指船山對於《詩經》的相關論述，包括《詩廣傳》（《船山全書》第3冊）、《詩經稗疏》（《船山全書》第3冊）、《詩經考異》（《船山全書》第3冊）、《詩經叶韻辨》（《船山全書》第3冊），以及在其餘作品中的引詩、論詩等等。要言之，「船山《詩經》學」是有別於一般論者的「船山詩論」，所謂「船山詩論」，不僅涵概上述的《詩經》學著作，《薑齋詩話》（《船山全書》第15冊）、《薑齋詩集》（《船山全書》第15冊）、《古詩評選》（《船山全書》第14冊）、《唐詩評選》（《船山全書》第14冊）、《明詩評選》（《船山全書》第14冊）亦屬「船山詩論」的研究範疇。亦有學者以「詩學」稱之，如崔海峰於《王夫之詩學範疇論》一書中提及，「王夫之的詩學著作主要有《夕堂永日緒論》、《詩繹》、《詩廣傳》、《楚辭通釋》、《古詩評選》、《唐詩評選》、《明詩評選》等。此外，他撰有《李詩評》、《杜詩評》等詩學著作，均已散佚。」（北京：中國社會科學出版社，2006，頁8）。

〔註3〕《詩經稗疏》等四部作品，見於《船山全書》第3冊，（長沙：嶽麓書社，1998年）。

〔註4〕陳章錫：《王船山詩廣傳義理疏解》，（臺北：臺灣師範大學國文系碩士論文，1984年）。

〔註5〕林詩娟：《王夫之《詩經稗疏》研究》，（彰化：彰化師範大學國文系碩士論文，2004年）。

〔註6〕袁愈宗：《《詩廣傳》詩學思想研究》，（山東：山東師範大學文藝學博士論文，2006年）。

〔註7〕劉寶楠：《論語正義》下冊，（北京：中華書局，2007年），頁668。此處言船山《詩經》學所秉持的儒學傳統，固然關注於「詩言志」這個面向，然而王

---

儒學傳統，除了專門研究《詩經》的著作之外，小仕其它著作行文裏，善用《詩經》爲例、爲證。正緣此故，本文藉以討論《宋論》〔註8〕中的「主體 —— 《詩》 —— 歷史」，嘗試一窺王船山《詩經》學之開展運用。

　　本文將論述概分爲二：其一「《宋論》引用《詩經》的四種樣態」，旨在說明王船山於《宋論》之中，究竟如何引用《詩經》，這是基本層面的釐清；其二「《宋論》所呈現的『主體 —— 《詩》 —— 歷史』」，此處要進一步揭示「詩」（詩經）在《宋論》的文字脈絡之中，其實扮演著一個極具關鍵的角色，意即「主體」透過《詩》置放進「歷史」，進而體驗出「主體」的存在價值。下文即次第開展而論。

## 二、《宋論》引用《詩經》的四種樣態

　　在進入主題討論之前，本文先行說明王船山《宋論》引《詩經》的四種樣態，藉此指出王船山在《宋論》的相關行文之中，乃是十分熟稔地引用或運用《詩經》。更重要的是，吾人透過《宋論》引用《詩經》的爬梳，可以初步證明王船山已將《詩經》轉化成生命體認，而此遂能作爲下文所欲討論「主體 —— 《詩》 —— 歷史」的基礎。

### （一）作為六經之一

　　王船山曾言「六經責我開生面，七尺從天乞活埋」，〔註9〕顯見「六經」佔有極重要的地位，而在《宋論》的史評之中，「六經」是被不斷引用的，無論是以「六經」的整體，抑或是六經之一的《詩經》：

> 非此，則抑有誦一先生之言，益以六經之緒說，附以歷代之因革，
> 時已異而守其故株，道已殊而尋其蠡跡，從不知國之所恃賴，民之
> 所便安，而但任其聞見之私，以爭得失。（《全書》11，頁85）

---

船山在《詩廣傳》的義理闡述之中，「情」也是被關注討論者，如「聖人者，耳目啓而性情貞，情摯而不滯，已與物交存而不忘，一無敝焉，柬山之所以通人之情也。」（《詩廣傳》，《船山全書》第3冊，頁384），以及「言之而欲其聽，不以其情，嫌於不相知而置之也。言之而爲可聽，不自以其情，彼將謂我之有別情而相媚也。故曰「詩達情」。」（《詩廣傳》，《船山全書》第3冊，頁353）等等。

〔註8〕王船山：《宋論》，《船山全書》第11冊，（長沙：嶽麓書社，1998年）。下文將多次徵引《宋論》，爲求簡明，僅於引文之後，以括號註明「《全書》11，頁碼」，不再另行加注。

〔註9〕王敔：〈大行府君行述〉，《船山全書》第16冊，頁73。

六經、語、孟之文，有大義焉，如天之位於上，地之位於下，不可
倒而置也。有微言焉，如玉之韞於山，珠之函於淵，不可淺而獲也。
（《全書》11，頁 166）

人之爲言也，貿貿而思之，綿綿而弗絕，天可指，地可畫，聖人可
唯其攀引，六經可唯其摭拾，而以成乎其說。違道之宜而以爲德，
大害於天下而以爲利。（《全書》11，頁 228）

立庭之訓，止於詩、禮，夜飲之戒，嚴於朝廷。（《全書》11，頁 63）

聖王不作，而橫議興，取詩、書、周禮之文，斷章以飾申、商之刻
覈，爲君子儒者汩沒不悟，哀我人斯，死於口給，亦慘矣哉！（《全
書》11，頁 75）

較彼掄才司訓之職官，以詩、書懸利達之標，導人弋獲者，其於淑
世之大用，得失相差，不已遠乎？（《全書》11，頁 81）

## （二）引用篇章之名

在第二種引用《詩經》的樣態中，王船山會直接引用篇章之名，多半是
擷取篇章之詩旨。如王船山言「四牡以綏武臣」，即是《詩經‧小雅‧四牡》
的詩旨，參見屈萬里所論，「詩序：『四牡，勞使臣之來也。』按：此（四牡）
當是出征者思歸之作，而用爲勞使臣之詩也。」。〔註10〕

三代之治，其詳不可聞矣。觀於聘、燕之禮，其用財也。……故皇
華以勞文吏，四牡以綏武臣，杕杜以慰戍卒，卷阿以答燕游，東山
詠結褵之歡，茉莒喜春遊之樂，皆聖王敬以承天而下宜乎人者。（《全
書》11，頁 94）

宋初之風邈矣！不可追矣！而況采薇、天保雅歌鳴瑟之休風乎！
（《全書》11，頁 96）

## （三）引用「詩」某句

有關王船山引用《詩經》的樣態，主要是「詩曰：『……』」或「詩云：『……』」：

《詩》曰：「鑒觀四方，求民之莫。」德足以綏萬邦，功足以戡大亂
皆莫民者也。（《全書》11，頁 19）

三代之隆，學統於上，故其《詩》曰：「周王壽考，遐不作人。」然

---

〔註10〕屈萬里：《詩經詮釋》，（臺北：聯經出版社，2006 年），頁 283。

而聲教所訖，亦有涯矣，吳、越自習文身，杞、莒淪於夷禮，王者亦無如之何也。（《全書》11，頁 80）

《詩》云：「思無疆，思馬斯臧。」此（固）（國）自牧畜之證，而保馬可廢矣。」（《全書》11，頁 167）

此處所謂「引用『詩』某句」，其「某章」雖未標明，不過因為王船山引用詩句之前，已言「詩曰」或「詩云」，是以吾人能夠確切認知典出《詩經》，這與最末項「僅引詩句」的引用方式，有其差異性。

### （四）僅引詩句（未言「詩曰」或「詩云」）

誠如前述，「僅引詩句」是有別於「引用『詩』某句」，乃因其未明言「詩曰」或「詩云」：

若夫為人後者，以所後之父母為父母，而不得厚其私親，周禮也；非周之畫天下萬世於不可變者也。……則「謂他人父」，「謂他人母」，割其天性之恩，以希非望之獲，何有於尊親？而執古以律今，使推恩靳於周極，不亦悖乎？（《全書》11，頁 44～45）

「謂他人父」與「謂他人母」是《詩經・葛藟》的詩句，然而王船山並未標舉「詩曰」或「詩云」，僅是單純援引「詩句」為用。

綜觀前面羅列的引詩樣態可知，王船山於《宋論》的史評論述之中，確實出現不少《詩經》的引文或觀點。不過，無可諱言的，本節僅作整理性的工夫，至於王船山《詩經》學在史評論述裡，究竟占有何種位置？或言，王船山《詩經》學在《宋論》裡，究竟產生什麼作用？則要留待下節再進一步去探討。

## 三、《宋論》所呈現的「主體——《詩》——歷史」

事實上，有關《宋論》中的王船山《詩經》學，是一個極為有趣的議題。因為，此處所論的王船山《詩經》學，不再是單純的《詩經》詮解問題，它更涉及了開展運用等等層面。倘若吾人進一步追問，王船山《詩經》學究竟如何在《宋論》中開展運用？簡言之，主要是落在兩個層面上，一是「主體——詩」，另一則為《詩》——歷史」。更令筆者感到驚訝的是，前述兩個層面又因「詩」的居中效應，可以將「主體」與「歷史」緊密聯結，本文暫且以「主體——《詩》——歷史」作為表述。其下分就「主體——《詩》」與

「主體──《詩》──歷史」進行討論。

### （一）「主體──《詩》」

大體而言，王船山承繼孔子《詩》教的儒學傳統，而孔子《詩》教的一項重要內涵，即是《詩》的生活化，或言多面向的實際運用，徵引《論語》所言觀之：

> 誦《詩》三百，授之以政，不達；使之四方，不能專對；雖多，亦奚以爲？（《論語·子路》）〔註11〕

> 不學《詩》，無以言。（《論語·季氏》）〔註12〕

> 小子何莫學夫《詩》？詩，可以興、可以觀、可以群、可以怨。邇之事父，遠之事君，多識於鳥獸草木之名。（《論語·陽貨》）〔註13〕

「授之以政」體現出《詩》的政治性，「無以言」說明了《詩》的應對效用，而興、觀、群、怨、事父、事君及「多識於鳥獸草木之名」，則豁顯出《詩》的整體性作用。要言之，《詩》對於孔子來說，不僅是一部經典古籍，而是活脫的生命體認。在《禮記·孔子閒居》的一段文字中，此意亦可得到證明，「志之所至，《詩》亦至焉；《詩》之所至，禮亦至焉；禮之所至，樂亦至焉；樂之所至，哀亦至焉。哀樂相生，是故正明目而視之，不可得而見也；傾耳而聽之，不可得而聞也；志氣塞乎天地。此之謂"五至"。」〔註14〕按引文所載，吾人不難察見，孔子對於《詩》的認知，並非流於表面引用，而是具有深層的賦志意涵。換言之，在「志──《詩》──禮──樂──哀」的結構之中，《詩》是被視爲性情所發者，而個體生命之志與《詩》之間，已然融會無隔，否則難以「志之所至，《詩》亦至焉」。細察王船山《宋論》的史評論述，此種「志──《詩》」渾融也潛藏其中，試觀其於《宋論》引用「謂他人父」之例：

> 若夫爲人後者，以所後之父母爲父母，而不得厚其私親，周禮也；非周之畫天下萬世於不可變者也。……則「謂他人父」，「謂他人母」，割其天性之恩，以希非望之獲，何有於尊親？而執古以律今，使推恩靳於罔極，不亦悖乎？（《全書》11，頁44～45）

「謂他人父」及「謂他人母」之詩句，皆出自於《詩經·葛藟》，「緜緜葛藟，

---

〔註11〕劉寶楠：《論語正義》下冊，頁525。
〔註12〕劉寶楠：《論語正義》下冊，頁668。
〔註13〕劉寶楠：《論語正義》下冊，頁689。
〔註14〕陳戌國：《禮記校注》，（長沙：岳麓書社，2004年），頁401。

在河之滸。終遠兄弟，謂他人父。謂他人父，亦莫我顧。緜緜葛藟，在河之涘。終遠兄弟，謂他人母。謂他人母，亦莫我有。」然而，前節討論曾提及，王船山此段引用《詩》之法，並未在詩句前標明「詩曰」或「詩云」。正因如此，若非熟讀《詩》之人，一時之間似乎也難知典出何處。〔註15〕更令人疑惑的是，王船山於《宋論》的行文之中，多半採取「而況采薇、天保雅歌鳴瑟之休風乎！」（《全書》11，頁96），抑或「詩曰：『鑒觀四方，求民之莫。』」（《全書》11，頁19），也就是在其引用文字之中，《詩》篇或《詩》文是顯而易見的；然則為何此處既非引用「篇章」之名，又不以「詩曰」或「詩云」為始？依據本文的大膽推測，王船山必然知曉「謂他人父」出於《詩經‧葛藟》，卻因為《詩》句已然內化成為個體生命之思，是以在其撰寫論述過程之中，想當然爾地作為己話而說出。其次，在前述的推測之外，吾人亦可細察王船山對於《詩》旨之深刻體認，其以「謂他人父」評論「宋定婦為舅姑服及封贈本生父母之禮」（《全書》11，頁43）這段歷史，實際上已活用了《詩經‧葛藟》的整篇詩旨，援引《詩廣傳‧王風論葛藟》為證：

> 無事謂他人而父之，無事謂他人而母之，無事謂他人而昆之，疲民
> 之淫也；迫則謂他人而父之，迫則謂他人而母之，迫則謂他人而昆
> 之，疲民之窮也。兄弟不力而親他人，他人不情而思兄弟，疲民之
> 變也。淫必窮，窮必變，變而不出於淫，疲民可哀而君子弗哀，惡
> 其淫也。〔註16〕

姑且不論王船山所體認的詩旨，是否等同《詩經》原意，然而吾人可以確定的是，《宋論》對於「宋定婦為舅姑服及封贈本生父母之禮」的評論，顯然是將其所體認之詩旨轉化成一種性情流露。由此可知，王船山不僅熟讀《詩》，更將《詩》內化成個體生命的一部份，遂能將「謂他人父」的《詩》句活用。在《詩廣傳‧周南論關雎一》也有類似運用：

> 周衰道弛，人無白情，而其《詩》曰「豈不爾思，畏子不奔」，上下
> 相匿以不白之情，而人莫自白也。「夫人自有兮美子，蓀何以兮愁

---

〔註15〕王船山在《讀通鑑論》的用《詩經》之法，亦有類似情況；甚至有些文字段落，不僅未言「詩曰」或「詩云」，只是化用《詩經》之意，如「雖帝王不能不下邱民以守位，雖聖人不能不下芻蕘以取善」（《船山全書》第10冊，頁95），「芻蕘」顯然是取材化用《詩經‧大雅‧板》「我言維服，勿以為笑。先民有言，詢於芻蕘」（屈萬里：《詩經詮釋》，頁506）。

〔註16〕王船山：《詩廣傳》，《船山全書》第3冊，頁343。

> 苦」，愁苦者，傷之謂也。淫者，傷之報也。傷而報，舍其自有之美
> 子，而謂他人父、謂他人昆；傷而不報，取其自有之美子，而視爲
> 愁苦之淵藪，而佛老進矣。〔註17〕

王船山所討論者雖是《詩經・關雎》，但卻也運了《詩經・大車》「豈不爾思，
畏子不奔」，以及《詩經・葛藟》「謂他人父、謂他人昆」進行說明。換言之，
這種以《詩》證《詩》的呈現，揭示王船山將《詩》內化成生命後的隨處點
染，與前論《宋論》引《詩》，有異曲同工之妙。事實上，王船山於《詩廣傳》
曾提及一個對《詩》的重要看法，「故詩者，所以盪滌怘滯而安天下於有餘者
也」。〔註18〕試問，王船山所指爲何？曾昭旭認爲「船山在這裡提出一個『餘
情』的概念。所謂餘情就是情不執著封閉於一事一物之中，而能當幾通流到
新的事物之上。」〔註19〕按此可知，王船山所體認之《詩》，非是單純就知識
去分析闡釋，《詩》是能夠「盪滌怘滯而安天下於有餘者」，是能夠「當幾通
流到新的事物之上」。要言之，王船山是關注在《詩》的運用層面，而《詩》
之所以能夠被內化運用，關鍵則在「故詩者，象其心而已矣。」〔註20〕意即
「主體——《詩》」彼此間的溝通應和。

　　有關王船山將《詩》內化成個體生命的想法，吾人可以從《四書訓義・
論語學而》的一段文字中，再得到輔証：

> 於是夫子深喜其有見於遠大之理，而實致其反求之思，乃嘉與之曰：
> 賜也，而見及此乎，始可與言詩也已。詩之爲教，興起人無已之心，
> 而微示人以靜求之益者也。切磋琢磨之功，非爲貧富言也，而涵泳
> 有得焉，則夫人之學必於此，天下之道盡於此矣。推而廣之於處貧

---

〔註17〕 王船山：《詩廣傳》，《船山全書》第3冊，頁300。
〔註18〕 王船山：《詩廣傳》，《船山全書》第3冊，頁302。
〔註19〕 曾昭旭：《性情與文化》，（臺北：時報文化出版，1987年），頁220。
〔註20〕 王船山：《詩廣傳》，頁487。有關「故詩者，象其心而已矣」的討論，張思
　　　　齊於〈論王夫之關於《詩經》中宗教特徵的思想〉一文中提及，「王夫之認
　　　　識到了《詩經》的宗教性，並且提出一個命題"詩者象其心"。」（《詩經
　　　　研究叢刊第七輯》，北京：學苑出版社，2004年，頁76），以及「"詩者象
　　　　其心"，也就是說，詩歌可以摹寫心靈。而且，既然心靈有與天意神靈合
　　　　一的時刻，那麼詩歌就可以摹寫神靈了。」（頁81）顯然地，張氏從「宗教
　　　　性」去討論「故詩者，象其心而已矣」；有關張氏的論述，此處不必去評斷
　　　　優劣，但是要特別強調的是，本文是針對「主體——《詩》——歷史」
　　　　的討論，主要關注於王船山《詩》學的生命安頓上，意即一種生命實踐與
　　　　歷史的聯結。

富而盡其道，引而伸之於學修而知其通，以此言詩，三百篇皆身心之要矣。〔註21〕

此段引文，乃是王船山訓釋《論語‧學而》的「子貢曰：『詩云：“如切如磋，如琢如磨。”其斯之謂與？』子曰：『賜也，始可與言詩已矣！告諸往而知來者。』」〔註22〕試問，為何孔子認為可與子貢言《詩》？依其原文所示，蓋因子貢已能「告諸往而知來者」。復觀王船山之論，其認為孔子之所以稱許子貢，關鍵即在子貢能夠「實致其反求之思」，能夠「引而伸之於學修而知其通」。換言之，《詩》的重要性，取決於學《詩》者能將所學活用，是故王船山特別申明「詩非授人以必遵之矩也，非示人以從入之途也，其以移易人之性情而發起其功用者，思而已矣」，〔註23〕而所謂「思」正是《詩》的內化，意即「其詩之所以言君子自治之功之謂與」〔註24〕之「自治之功」。

　　誠如前述，《詩》之所以能夠置放且被活用在《宋論》史評裡，必然要歸功於王船山對《詩》的「引而伸之於學修而知其通」，或言《詩》的內化。而《宋論》所呈現出來「主體 ──《詩》」，也就是說明《詩》被真切的體認，意即跳脫片面文字的知識攝取。總而言之，《詩》於「學」的修養工夫之中，顯然不只是一種外在知識的攝取，更是生命的真實擴充，因此吾人在《宋論》所見之引《詩》，意味著王船山將《詩》涵納入生命個體之中，這也就是本文首要揭示的「主體 ──《詩》」的概念。〔註25〕

## （二）「主體 ──《詩》── 歷史」

　　基本上，吾人藉由「主體 ──《詩》」的爬梳，已可察見王船山將《詩》融攝進個體生命之中；不過，無須諱言的，倘若僅就此種現象而論，似乎能

〔註21〕王船山：《四書訓義‧論語學而》，《船山全書》第7冊，頁274。
〔註22〕劉寶楠：《論語正義》上冊，頁33。
〔註23〕王船山：《四書訓義‧論語為政》，《船山全書》第7冊，頁279。
〔註24〕王船山：《四書訓義‧論語學而》，《船山全書》第7冊，頁274。
〔註25〕蔡先金等人所撰著的《孔子詩學研究》，曾言「孔子對於《詩》三百往往夾雜著個人的感情成分，這樣運用現代哲學家的眼光看來，孔子是置身於詩作之中的，那就是一種“在場”。孔子從一位讀者角度出發，在對《詩》的接受過程中表現出了心理結構層次的反映，但其欲“辭達而已”時則字斟句酌。」（濟南：齊魯書社，2006年，頁71）本文所論之「主體 ──《詩》」，表面上與「在場」相類，但實質卻非等同。基本上，「主體 ──《詩》」固然也夾雜王船山的個人情感，不過「置身於詩作之中」非是目的，而是反求之思，或引而申之的過程。總之，若要言王船山「主體 ──《詩》」屬於「在場」，則必須有更詳盡的說明，否則不能等同視之。

夠擺放在諸多文人學士身上，〔註26〕實難判明王船山《詩》學於《宋論》的特殊性。職是之故，此處要再進一步揭櫫，所謂「主體——《詩》」乃是「主體——《詩》——歷史」的基礎，而「主體——《詩》——歷史」方爲王船山《詩》學於《宋論》所呈現出來的整全樣貌。前文討論「主體——《詩》」之時，旨在處理個體生命與《詩》的融會，接下來在「主體——《詩》——歷史」討論中，吾人則要釐清個體生命如何透過《詩》，與「歷史」產生緊密聯結，或言《詩》如何讓個體生命置放入「歷史」長流之中。

　　首先，本文所後設之「主體——《詩》——歷史」，在前節「主體——《詩》」的論述中，曾經提及王船山《詩》學的一個重要概念，即「故詩者，所以盪滌忝滯而安天下於有餘者也」；〔註27〕而此處所進行「主體——《詩》——歷史」的討論，則是要扣緊「所以盪滌忝滯而安天下於有餘者也」之「安」。試問，王船山《詩》學爲何運用於《宋論》的史評之中？本文認爲，在其引《詩》評「史」之背後，其實蘊含王船山《詩》學所揭示之「安」的一些想法。有關王船山《詩》學所論之「安」，其於《詩廣傳》如此闡釋：

> 故安而行焉之謂聖，非必聖也，天下未有不安而能行者也。安於所事之中，則餘於所事之外；餘於所事之外，則益安於所事之中。見其有餘，知其能安。人不必有聖人之才，而有聖人之情。……故詩者，所以盪滌忝滯而安天下於有餘者也。〔註28〕

按引文所示可知，王船山並非關注於「聖人之才」，因爲「聖人之才」非人人皆有。不過，「聖人之情」卻是聖人與我無異者，此情若能調節得當即是「安」。如何能夠「安於所事之中」？如何能夠調節得當？顯然地，王船山認爲透過《詩》可以達到效果。進一步來說，「安於所事之中」並非只是停駐於當下生命之「安」，王船山體察出《詩》在被「主體」內化之際，不僅在生命當下有所助益，更能將個體生命完全開展，進而安置於歷史縱軸之中。〔註29〕蓋因

---

〔註26〕　朱自清曾言，「言語引詩，春秋時始見，左傳裏記載極多。私家著述從論語創始；著述引詩，也就從論語起始。以後墨子和孟子也常引詩；而荀子引詩獨多。荀子引詩，常在一段議論之後，作證斷之用……」(《詩言志辨》，臺北：臺灣開明書店，1964年，頁114) 誠如朱氏所言，「著述引詩」實是淵源流長，非獨王船山使然。

〔註27〕　王船山：《詩廣傳》，頁302。

〔註28〕　王船山：《詩廣傳》，頁301～302。

〔註29〕　沙特 (Jean-Paul Sartre 1905～1980) 曾言「作者也是歷史性的。這就是爲什麼有些作家想藉躍入永恒以逃避歷史的理由。作品是個媒介物，它生活在同一

《宋論》所呈現的「主體——《詩》」，除了傳遞主體對《詩》的內化之外，在《詩》被內化的同時，「人」亦因感受到《詩》所潛藏的普遍性，衍發出人所共思之普遍性，而此普遍性正是契入「歷史」之鑰。王船山於《四書訓義·論語泰伯》曾言：

> 教之以《詩》、而使咏歌焉者，何也？以學者之興，興於《詩》也。善之可爲，惡之必去，人心固有此不昧之理，乃理自理而情自情，不能動也。於《詩》而咏歎焉，淫泆焉，覺天下之理皆吾心之情，而自不善以遷善，自善以益進於善者，皆勃然而不自已，則《詩》實有以興之也。〔註30〕

所謂「人心固有此不昧之理」，即是一種「普遍性」的呈現。然而，吾人皆知王船山不喜妄立虛幻之理，是故多以「事理」而論，如其於《續春秋左氏傳博議》曾言，「有即事以窮理，無立理以限事」。〔註31〕無疑地，王船山將《詩》視爲「事理」之「理」，或是一種人所共思之普遍性，透過此種以《詩》論「史」之法，正可避免執持一不可確立之理或普遍性。要言之，王船山透過《詩》所呈現的實體實事，確保「普遍性」或「不昧之理」不會落入孤懸架空之桎梏，這也就是王船山爲何要強調「義理可日新，而訓詁必依古說」，〔註32〕《詩》正是《宋論》「依古說」的驗證。

從另一處來說，王船山將《詩》視爲普遍性的人所共思，作爲評論《宋論》之資，亦可由《宋論》看出一些端倪。試觀下引之文，即可察見王船山對於所引之《詩》，直接作爲信史的歷史材料：

---

歷史，共同創造同一歷史的人之間，建立一個歷史的聯繫」(《沙特文學論》，臺北：志文出版社，1991 年，頁 94)，本文此處可以再進一步來說，王船山不是「藉躍入永恒以逃避歷史」，而是透過《詩》創造出一條「作者」或「讀者」契入「歷史」之路。

〔註30〕 王船山：《四書訓義·論語泰伯》，《船山全書》第 7 冊，頁 540。

〔註31〕 王船山：《續春秋左氏傳博議》卷下，《船山全書》第 5 冊，頁 586。有關王船山著重於「事理」，前人已多有論述，如唐君毅於《中國哲學原論·導論篇》提及，「至於自明末至清如王船山、顏習齋、戴東原、焦里堂、章實齋等之哲學思想，自其異於宋明理學之處而觀之，則正在標明事之重要。……故吾人可說清代思想史所重之理乃事理。」(臺北：臺灣學生書局，1993 年，頁 75)；而陳贇則於《回歸真實的存在——王船山哲學的闡釋》進一步說明，「不管是"在物之理"，還是"在心之理"，都是在"事理"(實踐之理)展開的過程中，而不是在靜觀著的意識中得以顯現的。」(上海：復旦大學出版社，2007 年，頁 5)。

〔註32〕 王船山：《詩經稗疏·大雅·黃流在中》，《船山全書》第 3 冊，頁 170。

三代之隆，學統於上，故其《詩》曰：「周王壽考，遐不作人。」然而聲教所訖，亦有涯矣，吳、越自習文身，杞、莒淪於夷禮，王者亦無如之何也。（《全書》11，頁80）

故其在《詩》云：「濟濟多士，文王以寧。」以文王之德，且非是而無以寧也。育人材以體天成物，而天下以靖。（《全書》11，頁39）

無疑地，王船山對於《詩》中的周朝歷史，顯然採取用即不疑的信任態度。無論是以「周王壽考，遐不作人」贊「三代之隆，學統於上」，抑或引「濟濟多士，文王以寧」，戒君王要「育人材以體天成物」，皆將《詩》中材料視為信史，用以評述宋代歷史事件。換言之，王船山是引《詩》如「史」，《詩》作為史評引證之時，其本身亦是歷史的一部份。再者，因為個體生命能夠將《詩》內化，是以《詩》遂成為己身與歷史交錯的關鍵，主體透過《詩》去觀照「歷史」，不僅促使主體置身於歷史場域，也是架構出「主體——《詩》——歷史」的相互檢證。要言之，在「主體——《詩》——歷史」的結構之中，《詩》的樞紐性在於，同時兼具可被「主體」內化，以及可被「歷史」檢驗的普遍性，這正是「詩，所以會古今之志也者」〔註33〕的最佳印證。

　　誠如前述，王船山將《詩》視為普遍性的人所共思，更重要的是，以《詩》為樞紐來聯結「主體」與「歷史」，架構出一種殊特的《詩》學意涵。接下來，我們直接從《宋論》的相關記載去進行探析「主體——《詩》——歷史」，藉此釐清「主體」透過《詩》置身於「歷史」，對於王船山而言，究竟產生何種特殊意涵？首先援引《宋論·太祖》的一段文字來說明：

帝王之受命，其上以德，商、周是已：其次以功，漢、唐是已。《詩》曰：「鑒觀四方，求民之莫。」德足以綏萬邦，功足以戡大亂，皆莫民者也。得莫民之主而授之，授之而民以莫，天之事畢矣。乃若宋，非鑒觀於下，見可授而授之者也。何也？趙氏起家什伍，兩世為裨將，與亂世相浮沈，姓字且不聞於人間，況能以惠澤下流繫邱民之企慕乎！其事柴氏也，西征河東，北拒契丹，未嘗有一矢之動；滁關之捷，無當安危，酬以節鎮而已逾其分。以德之無積也如彼，而功之僅成也如此，微論漢、唐底定之鴻烈，即以曹操之掃黃巾、誅董卓、出獻帝於阽危、夷二袁之僭逆，劉裕之俘姚泓、馘慕容超、誅桓玄、走死盧循以定江介者，百不逮一。（《全書》11，頁19〜20）

〔註33〕荊門市博物館《郭店楚墓竹簡·語叢一》，（北京：文物出版社，1998年）。

依據此段引文所示，王船山對於宋太祖的評價極低，言其既無商、周之德，亦無漢、唐之功，甚至也不及曹操、劉裕。然而，這種歷史事件的評斷，究竟採取何種價值基準？難道不會陷入偏執一端的自說自話嗎？正因如此，王船山徵引《詩經·大雅皇矣》「鑒觀四方，求民之莫」作爲評斷基準，而所謂「求民之莫」即是「求人民之安定」或「探求人民疾苦」；〔註34〕換言之，無論是贊美商、周、漢、唐之德、功，抑或抨擊宋太祖「德之無積」、「功之僅成」，皆是置放在能否「莫民」這個平台上受到檢驗。由此故知，王船山以「鑒觀四方，求民之莫」架構出來「莫民」這個基準，潛藏著「主體 ——《詩》—— 歷史」的義理結構，意即「主體」透過《詩》置身於「歷史」之中。而且，在「主體 ——《詩》—— 歷史」相互檢證的過程之中，對於「主體」的生命安頓來說，具有相當重要的體認或思考。吾人以「濟濟多士，文王以寧」爲例，王船山引之評論宋太祖「省州縣官而增其俸」（《全書》11，頁38～40），並且申明「以文王之德，且非是而無以寧也。育人材以體天成物，而天下以靖。」基本上，王船山所言「育人材以體天成物，而天下以靖」，乃是緊扣著《詩》的歷史背景，如傅隸樸亦如此闡釋，「歌頌文王建立周家的基業，網羅天下的賢士，得到商朝子孫的臣服，並且警戒周家的子孫，不可違背了文王的德行，喪失了上天的大命。」〔註35〕顯然地，兩者在詮解上有其共通之歷史脈絡。不過，王船山在以《詩》論「史」的另一面，則是同時處理「主體」的兩種難題困境：

> 士之有志，猶農之有力也。農以力爲賢，力即不勤，而非無其力；士以志爲尚，志即不果，而非無其志，士之知有善，猶工賈之知有利也。工賈或惑於善，而既已知利，必挾希望之情；士或惑於利，而既已知善，必忌不肖之名。爲人上者，因天之材，循人之性，利導之者順，屈抑之者逆。學而得祿者，分之宜也；菀而必伸者，人之同情也。

> 夫論者但以吏多而擾民爲憂耳。吏之能擾民者，賦稅也，獄訟也，工役也。……乃若無道之世，吝於俸而裁官以擅利，舉天下之大，不能養千百有司。而金蝕於府，帛腐於笥，粟朽於庾，以多藏而厚

---

〔註34〕有關「求民之莫」的解讀，本文是參照屈萬里《詩經詮釋》（頁471），以及裴普賢《詩經評註讀本》下冊（臺北：三民書局，1997年，頁415）的說法。

〔註35〕傅隸樸：《詩經毛傳譯解》下冊，（臺北：臺灣商務印書館，1985年），頁864。

亡。天所不佑，人所必讎，豈徒不足以君天下哉？君子所弗屑論已。

（《全書》11，頁 39～40）

此段引文，接續於王船山引《詩》論「史」之後，「士之有志，猶農之有力也」等等之云，固然針砭著「濟濟多士，文王以寧」的議題；不過，稍作審視則知，王船山在歷史評論之中，流露出對「人」或「主體」的價值認定，甚至最終以「君子所弗屑論已」為結，更是「主體」內化《詩》後的「歷史」評論。平心而論，何人「弗屑論已」？又是何人知其緣由而發議論？顯然就是王船山自身，這是一種歷史評論中的自我反思。〔註36〕前文有言，王船山以《詩》論「史」，其實能夠處理兩種難題，剋就「人」而言，不僅有生命當下的存有之疑，亦有如何置放在歷史上的存在之惑。然而，主體所認知的自我價值，多半來自於生命當下的存有，至於歷史長河中的存在迷惑，似乎是無法被處理的棘手問題。令人感到有趣的是，在《宋論》所蘊含的「主體──《詩》

〔註36〕趙沛霖於〈打破傳統研究模式的《詩經》學著作──讀王夫之《詩廣傳》〉曾提及，「船山遵循以詩"正得失"、"移風俗"的儒家詩教」（《求索》第 3 期，1996 年，頁 103），若再進一步闡釋，儒家詩教的首要，實非用以教人，應是自立自驗為本。事實上，王船山在歷史評論中的自我反思，顯然受到《詩序》的影響。而有關《詩序》的客觀性，已有不少學者提出質疑，如朱熹曾言，「《詩序》實不足信。向見鄭漁仲有《詩辨妄》，力詆《詩序》，其間言語太甚，以為皆是村野妄人所作。始亦疑之，後來子細看一兩篇，因質之《史記》、《國語》，然後知《詩序》之果不足信。因是看《行葦》、《賓之初筵》、《抑》數篇，《序》與《詩》全不相似。以此看其他《詩序》，其不足信者煞多。」（朱熹：《朱子語類‧卷八十》第 6 冊，北京：中華書局，1985 年，頁 2076）；或如袁愈宗於其博士論文《《詩廣傳》詩學思想研究》提及，「主張依《序》說詩的漢學派在《詩經》的解釋中，往往把各篇的詩旨與某一社會政治事件或某個歷史人物聯系起來。由此而導致在傳《詩》時，有時為了附會歷史，就采取斷章取義的方法，而不顧詩篇的整體性。」（山東：山東師範大學文藝學博士論文，2006 年，頁 21）無可諱言的，在某個解《詩》面向而言，朱、袁二氏是指出了一些缺漏；不過，吾人復觀王船山在《宋論》所論之法，其實是不同層面的問題。基本上，王船山並未非直接在《詩》中解《詩》，意即「主體──《詩》──歷史」非是單純在《詩》上作文章。更確切的說，《詩》在「主體──《詩》──歷史」的架構裏，主要是作為一種客觀的社會經驗，用以去裁斷歷史上政治事件。當然，此處所論「客觀的社會經驗」，已非單純就《詩》言《詩》了。此處必須申明的是，本文立旨非在釐清王船山對《詩》本義之看法，而是揭示王船山運用了一種「實體實事」的現實驗證，藉以將《詩》完全置放入生命之中，進而融入整個歷史長流。或許，「主體──《詩》──歷史」會被人所譏笑為道德守舊者，不過站在「個體生命」面對時代洪流的應對上，其實是王船山對於主體的見證，更是對《詩》、對「歷史」的真誠反應。

——歷史」結構中，工船山提供了一種特殊的觀照方式，一種可以面對生命困境的自我觀照，意即透過《詩》走入「歷史」，將「主體」置放在「歷史」之中。總之，船山《宋論》中的引《詩》、用《詩》，乃是「主體——歷史」之間的溝通媒介，並且形成「主體」、「《詩》」及「歷史」三者的詮釋圓環。

　　或許有人會如此質疑，根據王船山隱居山林的現實狀態而言，這種「主體——《詩》——歷史」的構思，不過是自我滿足的想像罷了。不過，此處筆者藉用「文學社會學」的概念，試替王船山作些辯解，埃斯卡皮（Robert Escarpit 1918～2000）於《文學社會學》一書中曾言，「不論經由抄寫、印刷或影印，書籍的目的就是保留言論，並可一再重現內容，廣為流傳。」〔註37〕王船山雖然受到現實困境的影響，最終選擇了避兵山林，〔註38〕然而透過「著書立言」，不再僅是與當代聯結，實有更大的企圖，意即與整個歷史社會交流。因此，王船山這種隱居的著書立言，固然不能顯於當世，但卻可能獲至「一再重現內容，廣為流傳」的歷史定位。

## 四、結　論

　　梁啓超於《中國近三百年學術史》一書中曾言：

> 自將《船山遺書》刻成之後，一般社會所最歡迎的是他的《讀通鑑論》和《宋論》。這兩部自然不是船山第一等著作，但在史評一類書裡頭，可以說是最有價值的。〔註39〕

誠如梁氏所言，《讀通鑑論》與《宋論》兩部史評著作，已在史評範疇中佔有一席之地。但是，王船山所撰寫的《宋論》，卻非僅僅具有「史評」價值，亦

---

〔註37〕埃斯卡皮：《文學社會學》，（臺北：遠流出版社，1990年），頁19。

〔註38〕王船山於《莊子通・敘》曾言，「己未春，避兵林山中，麋麕之室也，眾籟不喧，枯坐得以自念：念予以不能言之心，行乎不相涉之世，浮沉其側者五年弗獲已……」（《船山全書》第13冊，頁493）；而王船山之子王敔於〈大行府君行述〉亦有提及，「三桂死，世璠受討。衡州地當戰衝，人民逃死。亡考避入萬山中，猶攜陶詩日評論以示敔，又和陶飲酒詩。逃兵掠野，砲震林木，亡考處之泊如也。烽息，仍返船山……」（《船山全書》第16冊，頁75）。

〔註39〕梁啓超：《中國近三百年學術史》，（天津：天津古籍出版社，2004年），頁91。事實上，前人對《宋論》的評價，乃有正、負兩面，梁啓超之說法是正面的。至於提出負面評價者，如趙治樂於〈從《宋論》看王夫之的思想局限〉一文中言，「單考《宋論》，除了一些議論比較深刻，能夠自成一說之外，它也暴露了王夫之本人晚年的一些思想局限。」（《湖北省社會主義學院學報》，2003年3月，頁57）

可抉發出王船山學術的其它面向，如《宋論》乃是王船山《詩》學進一步開展運用之處。歸結全文所論，首先以「《宋論》引用《詩經》的四種樣態」，說明《宋論》中引《詩》的樣態，作為下文進一步探究的基礎。其次，在「主體——《詩》——歷史」的闡釋中，申明王船山透過「主體」所內化之《詩》來檢證「歷史」，而其當下「主體」亦在此種普遍性的人之共思共感中反思自我。是以，無論「主體」、「《詩》」，抑或「歷史」的價值判斷，不再陷溺於各說各話。要言之，經由本文所討論的「主體——《詩》——歷史」，實可察見王船山《詩》學在《宋論》上的展開運用。更重要的是，王船山透過「主體」對《詩》的內化，與「歷史」產生聯結，進而更深刻地闡釋「詩」、「歷史」以及「主體」。

## 五、參考書目

### （一）古籍文獻

1. 漢・鄭玄：《毛詩鄭箋》（臺北：學海出版社，1999 年 9 月）。

2. 宋・朱熹：《詩經集註》（臺北：萬卷樓發行，2004 年 9 月）。

3. 宋・朱熹：《朱子語類》第 6 冊（北京：中華書局，2004 年 2 月）。

4. 明・王船山：《詩經稗疏》，《船山全書》第 3 冊（長沙：嶽麓書社，1998 年 11 月）。

5. 明・王船山：《詩經考異》，《船山全書》第 3 冊（長沙：嶽麓書社，1998 年 11 月）。

6. 明・王船山：《詩經叶韻辨》，《船山全書》第 3 冊（長沙：嶽麓書社，1998 年 11 月）。

7. 明・王船山：《詩廣傳》，《船山全書》第 3 冊（長沙：嶽麓書社，1998 年 11 月）。

8. 明・王船山：《續春秋左氏傳博議》，《船山全書》第 5 冊（長沙：嶽麓書社，1998 年 11 月）。

9. 明・王船山：《讀通鑑論》，《船山全書》第 10 冊（長沙：嶽麓書社，1998 年 11 月）。

10. 明・王船山：《宋論》，《船山全書》第 11 冊（長沙：嶽麓書社，1998 年 11 月）。

11. 明・王船山：《莊子通》，《船山全書》第 13 冊（長沙：嶽麓書社，1998 年 11 月）。

12. 明・王敔：〈大行府君行述〉，《船山全書》第 16 冊（長沙：嶽麓書社，

1998 年 11 月）。

13. 清・劉寶楠：《論語正義》（北京：中華書局，2007 年 6 月）。

14. 民・陳戌國：《禮記校注》（長沙：岳麓書社，2004 年 5 月）。

## （二）近人著作

### 1. 船山研究

1. 張西堂：《王船山學譜》，臺北：臺灣商務印書館，1967 年。

2. 王孝魚：《船山學譜》，臺北：廣文書局，1975 年。

3. 林安梧：《王船山人性史哲學之研究》，臺北：東大圖書公司，1991 年。

4. 曾昭旭：《王船山哲學》，臺北：遠景出版公司，1996 年。

5. 袁爾鉅：《大儒列傳：王夫之》，吉林：文史出版社，1997 年。

6. 劉志盛、劉萍：《王船山著作叢考》，湖南：人民出版社，1999 年。

7. 張立文：《船山哲學》，臺北：七略出版社，2000 年。

8. 張立文：《正學與開新——王船山哲學思想》，北京：人民出版社，2001 年。

9. 胡發貴：《王夫之與中國文化》，貴州：人民出版社，2001 年。

10. 章啓輝：《曠世大儒：王夫之》，河北：人民出版社，2001 年。

11. 蕭萐父、許蘇民合著：《王夫之評傳》，南京：南京大學出版社，2002 年。

12. 陳來：《詮釋與重建：王船山的哲學精神》，北京：北京大學出版社，2004 年。

13. 吳海慶：《船山美學思想研究》，鄭州：河南人民出版社，2004 年。

14. 鄭輝：《王船山歷史哲學研究》，長沙：岳麓書社，2004 年。

15. 張思齊：〈論王夫之關於《詩經》中宗教特徵的思想〉，中國詩經學會編：《詩經研究叢刊第七輯》，北京：學苑出版社，2004 年，頁 76～91。

16. 崔海峰：《王夫之詩學範疇論》，北京：中國社會科學出版社，2006 年。

17. 陳贇：《回歸眞實的存在——王船山哲學的闡釋》，上海：復旦大學出版社，2007 年。

### 2. 詩經研究

1. 朱自清：《詩言志辨》，臺北：臺灣開明書店，1964 年。

2. 何定生：《定生論學集——詩經與孔學研究》，臺北：幼獅文化出版社，1978 年。

3. 傅隸樸：《詩經毛傳譯解》，臺北：臺灣商務印書館，1985 年。

4. 林慶彰編：《詩經研究論集（一）》，臺北：臺灣學生書局，1987 年。

5. 林慶彰編：《詩經研究論集（二）》，臺北：臺灣學生書局，1987 年。

6. 康曉城：《先秦儒學詩教思想研究》，臺北：文史哲出版社，1988 年。

7. 夏傳才：《詩經語言藝術》，臺北：雲龍出版社，1990 年。

8. 裴普賢：《詩經評註讀本》下冊，臺北：三民書局，1997 年。

9. 程俊英：《詩經譯注》，上海：上海古籍出版社，2000 年。

10. 黃忠慎：《朱子《詩經》學新探》，臺北：五南出版社，2002 年。

11. 龍宇純：《絲竹軒詩說》，臺北：五四書店：2002 年。

12. 中國詩經學會編：《第五屆詩經國際學術研討會論文集》，北京：學苑出版社，2002 年。

13. 屈萬里：《詩經詮釋》，臺北：聯經出版社，2006 年。

14. 蔡先金等著：《孔子詩學研究》，濟南：齊魯書社，2006 年。

### 3. 其 他

1. 曾昭旭：《性情與文化》，臺北：時報文化出版，1987 年。

2. 埃斯卡皮：《文學社會學》，臺北：遠流出版社，1990 年。

3. 沙特：《沙特文學論》，臺北：志文出版社，1991 年。

4. 唐君毅：《中國哲學原論·導論篇》，臺北：臺灣學生書局，1993 年。

5. 荊門市博物館：《郭店楚墓竹簡·語叢一》，北京：文物出版社，1998 年。

6. 唐君毅：《中國哲學原論：原教篇》，臺北：臺灣學生書局，2004 年。

7. 梁啟超：《中國近三百年學術史》，天津：天津古籍出版社，2004 年。

## （三）學位論文

1. 李增財：《從讀通鑑論宋論淺窺王船山的思想》，臺北：私立輔仁大學哲學研究所碩士論文，1972 年。

2. 陳章錫：《王船山詩廣傳義理疏解》，臺北：臺灣師範大學國文系碩士論文，1984 年。

3. 林文彬：《王船山莊子解研究》，臺北：國立臺灣師範大學國文研究所碩士論文，1985 年。

4. 楊晉龍：《明代詩經學研究》，臺北：臺灣大學中文系博士論文，1996 年。

5. 杜保瑞：《論王船山易學與氣論並重的形上學進路》，臺北：臺灣大學哲學研究所博士論文，1993 年。

6. 涂治瑛：《王船山宋論之研究》，高雄：高雄師範大學國文系碩士論文，2001 年。

7. 林詩娟：《王夫之《詩經稗疏》研究》，彰化：彰化師範大學國文系碩士論文，2004 年。

8. 周芳敏：《王船山「體用相涵」思想之義蘊及其開展》，臺北：政治大學中文研究所博士論文，2005 年。

9. 施盈佑：《王船山莊子學研究：論「神」的意義》，臺中：靜宜大學中文研究所碩士論文，2006 年。

10. 袁愈宗：《《詩廣傳》詩學思想研究》，濟南：山東師範大學文藝學博士論文，2006 年。

## （四）期刊論文

1. 陳章錫：〈王船山「詩廣傳」論道德倫理〉，《鵝湖月刊》第 11 卷第 12 期（1986 年 6 月），頁 50～56。

2. 高平：〈從《宋論》看王夫之的史論特點〉，北京：《北京教育學院學報》第 3 期（1995 年），頁 21～30。

3. 趙沛霖：〈打破傳統研究模式的《詩經》學著作 —— 讀王夫之《詩廣傳》〉，《求索》第 3 期（1996 年），頁 102～104。

4. 曾玲先：〈王船山《詩廣傳》的文化感及其它〉，衡陽：《衡陽師範學院學報（社會科學）》第 22 卷第 4 期（2001 年 8 月），頁 113～117。

5. 趙治樂：〈從《宋論》看王夫之的思想侷限〉，武漢：《湖北省社會主義學院學報》（2003 年 3 月），頁 57～59。

6. 黃忠慎：〈王夫之「詩經」學新探〉，《國文學誌》第 8 期（2004 年 6 月），彰化：彰化師範大學國文系，頁 299～322。

7. 袁愈宗：〈從《詩廣傳》看王夫之的詩情觀〉，武漢：《船山學刊》第 56 卷第 2 期（2005 年 2 月），頁 17～19。

8. 朱孟庭：〈王夫之論《詩》的文學闡釋〉，《東吳中文學報》第 11 期（2005 年 5 月），臺北：東吳大學中文系，頁 191～220。

9. 侯潔之：〈由道器之辨論王船山證立形而上的進路〉，《國文學報》第 38 期（2005 年 12 月），臺北：臺灣師範大學國文系，頁 31～57。

10. 施盈佑：〈船山莊學之研究：探析「凝神」之飽滿義涵〉，《人文學報》第 30 期（2006 年 12 月），桃園：中央大學文學院，頁 347～385。

11. 涂波：〈《詩廣傳》主旨新探〉，武漢：《船山學刊》第 63 卷第 1 期（2007 年 1 月），頁 16～18。

# 後　記


　　本論文爲了因應此次出版，將原本徵引至《莊子通・莊子解》（里仁書局）的船山莊學之引文，全部調整爲現今學界所通用的《船山全書》第 13 冊（嶽麓書社），並於文後附錄一篇對王船山研究的單篇論文：〈王船山《詩經》學之開展運用——試析《宋論》中的「主體——《詩》——歷史」〉。作者冀望本論文出版之後，能夠在船山思想的研究領域之中，或多或少提供一些個人的研究心得。

　　本論文爲筆者的學位畢業論文（靜宜大學中文系碩士班 2006），而筆者在學位論文的完成過程，誠蒙諸多師長的提攜鼓勵，業師徐聖心先生、參與碩論口試的胡森永老師及祝平次老師、靜宜大學中文系的魯瑞菁主任及呂素端老師、中央大學中文系的楊自平老師；另外，曾經在論文研討會給予我指正的楊祖漢老師、趙中偉老師及黃瑩暖老師，以及諸多我所尊敬但未詳及的師長們，謝謝你們。最後，當然也要感謝我的家人，爸爸、媽媽、大哥及二哥，謝謝你們長久以來的包容及支持，能夠與你們成爲一家人，是我人生最大的幸福。